ULLSTEIN

Das Buch

Ein Buch über Deutschland und die Deutschen – von einem Franzosen! Wer glaubt, dass hier alte Vorbehalte wiederbelebt werden, wird von Daniel Goeudeverts Liebeserklärung eines Besseren belehrt. Verwundert stellt der Autor fest, dass das Selbstbild der Deutschen in vielerlei Hinsicht unzutreffender und klischeebeladener ist als die Meinungen, die man andernorts über sie hegt. Während etwa laut einer internationalen Umfrage deutsche Urlauber als die angenehmsten Gäste empfunden werden, wollen Deutsche im Ausland möglichst nicht als ihresgleichen erkannt werden. Solche Verzerrungen nimmt Goeudevert zum Anlass, sich intensiver mit dem Land auseinander zu setzen, das sein Leben maßgeblich bestimmt hat. Dabei streift sein Blick die deutsche Literatur und Kultur, Vergangenheit, Politik, Arbeitswelt – und nicht zuletzt die Liebe.

Der Autor

Daniel Goeudevert, geboren 1942 in Reims, hat 25 Jahre in Deutschland gelebt und hier eine außergewöhnliche Karriere gemacht, die ihn bis an die Konzernspitze von Volkswagen führte. In Deutschland lernte er auch seine zweite Frau kennen. Nach seinem Ausscheiden aus dem Management widmete er sich dem Aufbau einer europäischen Managerschule. Er hat mehrere Sachbücher veröffentlicht, die allesamt Bestseller wurden.

In unserem Hause ist von Daniel Goeudevert bereits erschienen:

Der Horizont hat Flügel

Daniel Goeudevert

WIE GOTT IN DEUTSCHLAND

Eine Liebeserklärung

Ullstein

Besuchen Sie uns im Internet:
www.ullstein-taschenbuch.de

Umwelthinweis:
Dieses Buch wurde auf chlor- und säurefreiem Papier gedruckt.

Ullstein Verlag
Ullstein ist ein Verlag der Ullstein Buchverlage GmbH.
1. Auflage Juli 2004

Umschlaggestaltung: Thomas Jarzina, Köln
Titelabbildung: Rudi Meisel/VISUM
Druck und Bindearbeiten: Ebner & Spiegel, Ulm
Printed in Germany
ISBN 3-548-36666-X

Inhalt

Vorwort

> Zu seiner Belehrung sollte ein Schriftsteller mehr leben als lesen. Zu seiner Unterhaltung sollte ein Schriftsteller mehr schreiben als lesen. Dann können Bücher entstehen, die das Publikum zur Belehrung und zur Unterhaltung liest.
>
> KARL KRAUS

Leben »wie Gott in Deutschland«. Gut leben? In diesem Land? Das könne doch wohl nur ironisch gemeint sein, bemerkte ein Dortmunder Bekannter in mitwissendem Ton, als ich ihm erzählte, woran ich gerade arbeite und welchen Titel ich dem Buch zu geben beabsichtige. Und mit der Ironie, fügte er sogar noch vorsichtig hinzu, als wolle er mich vor einem Fehler bewahren, sei das so eine Sache; damit täten sich die Deutschen ja bekanntlich schwer. Ob meine Leserinnen und Leser mir das danken würden?

Ja, so sind sie, die Deutschen. Unter anderem. Von sich selbst, ihrem Land, ihren Landsleuten haben sie für gewöhnlich keine sehr hohe Meinung. Leicht missmutig, häufig grüblerisch und stets leidensbereit scheinen sie das Schlechte dem Guten, das Negative dem Positiven vorzuziehen. Als stünden sie immer an der Schwelle irgendeines Abgrunds, dessen Anblick sie jedes Zutrauen in den Wert der Dinge, in die Verlässlichkeit sozialer und politischer Verhältnisse oder in die Sicherheit der eigenen materiellen Existenz als Illusion erkennen lässt. Das hält den Zweifel, auch den Selbstzweifel wach und macht misstrauisch: So nah am Abgrund kann schließlich schon der nächste Schritt ins Leere, in die Katastrophe führen. Da ist Vorsicht angeraten.

Diese ängstlich verunsicherte Haltung, die man sogar

schon im Ausland mit dem Namen »German Angst« belegt hat, ist übrigens nicht, wie man es immer mal wieder liest oder hört, bloß aufgesetzt, sie ist keine Pose, auch keine erst infolge des Nationalsozialismus antrainierte Korrektheit oder Bescheidenheit. Nein, die Wurzeln reichen wohl tiefer, vermutlich weit zurück in eine Zeit, von der zum Beispiel das beliebte Kinderlied »Maikäfer flieg« erzählt. Diese kleine Volksweise gehört laut einer kürzlich durchgeführten Umfrage bis heute zu den bekanntesten Kinderliedern in Deutschland. Nahezu 70 Prozent aller Deutschen kennen Melodie und Reim.

»Maikäfer flieg. Dein Vater ist im Krieg, die Mutter ist in Pommerland, Pommerland ist abgebrannt. Maikäfer flieg!« Kein gerade fröhlich stimmender Text, dessen Inhalt und Herkunft sich darüber hinaus einem Kind von heute wohl kaum erschließen dürften. Dennoch hat sich das Lied ins Gedächtnis der meisten eingeschrieben. Es besingt den Dreißigjährigen Krieg, der vor weit mehr als 350 Jahren mit dem Westfälischen Frieden von 1648 sein Ende fand und in dessen Verlauf fast die Hälfte aller Deutschen gestorben war – diese »Deutschen« bewohnten damals freilich noch kein Deutschland, sondern verschiedene Fürstentümer, König- und Kaiserreiche. Dreißig Jahre Krieg hatten die deutschen Länder verwüstet. Entvölkerung, völlige Verarmung, kulturelle Stagnation und ein demütigendes Interventionsrecht ausländischer Mächte – Frankreich und Schweden – waren die lang anhaltenden Folgen, die, so scheint es, das Selbstbild der Deutschen nachhaltig geprägt haben. Keine kriegerische, stolze Marianne wie in Frankreich steht für das nationale Selbstbewusstsein, sondern der deutsche Michel, der hier, in dieser längst vergangenen Zeit seinen Ursprung hat.

Lange nach Beendigung dieses Krieges, rund 150 Jahre später, am Anfang des 19. Jahrhunderts, bereiste die französische Schriftstellerin Madame de Staël das Land und kam in ihrem 1813 in England veröffentlichten Buch *Über die Deutschen* zu einem ähnlichen Ergebnis: »In einem Reich, das seit Jahrhunderten zersplittert ist und wo, fast immer durch fremden Einfluss bewogen, Deutsche gegen Deutsche kämpften, kann keine große Vaterlandsliebe existieren, und auch die Liebe zu Ruhm kann nicht sehr lebhaft sein in einem Land, wo es kein Zentrum, keine Hauptstadt, keine Gesellschaft gibt.«

Nun gut. Seitdem ist wiederum viel Zeit vergangen. Deutschland hat inzwischen eine prächtige Hauptstadt, eine stabile Gesellschaft, ist längst nicht mehr verarmt – alles andere als das – und glücklicherweise auch nicht mehr zersplittert, nicht einmal mehr »geteilt«. Wie steht es also heute mit den Deutschen? Hat ihr Selbstbild mit diesen Veränderungen Schritt gehalten und sie ein neues Selbstverständnis ausbilden lassen? Oder wirken die Traumata ihrer Geschichte bis in die Gegenwart nach? Ist es immer noch der deutsche Michel, der den Nationalcharakter am treffendsten verkörpert? Gibt es überhaupt so etwas wie einen Nationalcharakter, eine deutsche Mentalität? Oder übernimmt die Rede davon lediglich die verzerrenden Stereotype, die den verschiedenen Nationen – selten in bester Absicht – vor allem von außen angedichtet wurden und werden? Haben solche Zuschreibungen möglicherweise mit der Lebenswirklichkeit in einem Land nicht das Geringste zu tun?

Keine Sorge! Ganz so ernst, wie die Fragen hier gestellt sind, werden meine Antworten gewiss nicht ausfallen. Ich bin kein Wissenschaftler und ich möchte niemanden langweilen, sondern bemühe mich, der Empfehlung von Karl Kraus zu folgen, die ich als Motto vorangestellt habe. Aber nach der einen oder anderen Antwort suche ich als neugieriger Mensch durchaus. Nicht zuletzt deshalb, weil mich solche Bemerkungen wie die meines Dortmunder Freundes immer wieder und immer noch verwundern. Und worüber ich mich wundere, dem versuche ich auf den Grund zu gehen.

»Nein«, musste ich ihm dann auch entschieden versichern und sein Missverständnis aufklären, »die Titelformulierung mag verspielt sein. Ironisch ist sie nicht. Die Aussage gibt vielmehr recht genau wieder, wie ich mich in Deutschland gefühlt habe und bis heute fühle. Das Buch soll also alles andere als eine Abrechnung sein, eher schon eine Liebeserklärung« – womit ich dem Dortmunder Gespräch am Ende unverhofft nicht nur einen Einstieg in das Thema, sondern auch den Untertitel verdanke.

Ja, eine Liebeserklärung. Ich habe 25 Jahre meines Lebens in Deutschland verbracht. Zwei Drittel der Bücher in meinen Regalen sind deutsche Bücher. Inzwischen träume ich sogar in deutscher Sprache. Das Land und seine Menschen haben mir fast alles gegeben: Arbeit, Erfolg, Liebe, so dass ich gar nicht anders kann, als zurück zu lieben. Hier ist mir eine wundersame Karriere geschehen, die mich über Führungspositionen bei Citroën und Renault sowie den Vorstandsvorsitz der deutschen Ford-Werke bis in die Konzernspitze von Volkswagen geführt hat – und für die ich am Ende, als wäre all das nicht schon Lohn genug gewesen, auch noch mit dem Bundesverdienstkreuz geehrt wurde.

Deutschland ist mir Heimat geworden. Hier fühle ich mich mindestens so gut verstanden wie in meinem Geburtsland Frankreich. Und das ist schon recht bemerkenswert, da mir nichts Deutsches in die Wiege gelegt worden war und es von seiten meiner Familie nicht das Geringste gab, was meinen Weg nach und mein Verhältnis zu Deutschland vorgezeichnet hätte. Ich bin deshalb geneigt, von meinem »deutschen Schicksal« zu sprechen, das mich durch viele unverhoffte Fügungen ereilt hat.

Davon handelt dieses Buch. Ich wollte mich des seltsamen Geschehens, das man im Rückblick »mein Leben«

nennt, noch einmal schreibend vergewissern. Und ich wollte versuchen, sowohl meine Beziehung zu den Deutschen als auch die Beziehung der Deutschen zu sich selbst zu verstehen. Denn solange ich mittendrin war, mehr Teilnehmer als Beobachter, habe ich zwar unendlich viel erlebt und gelernt, war aber von dem jeweils Gegenwärtigen derart absorbiert, dass mir zur Besinnung kaum Zeit blieb. Erst heute und aus einem gewissen Abstand sehe ich vieles klarer, manches Erlebte erscheint in anderem Licht, einiges bislang Unverstandene will völlig neu bedacht sein.

Aber noch einmal: keine Sorge! Zu einer solchen Erkundung ist reine Schwärmerei natürlich denkbar ungeeignet, weshalb der Untertitel, das Wort »Liebeserklärung«, nicht zu eng ausgelegt werden sollte. Lauter Freundlichkeiten wären ja auf Dauer auch langweilig und finden sich hier deshalb nicht. Harmonie und Gleichklang, Geistes- und Wahlverwandtschaften werden zwar angesprochen, sind aber für das Erkennen wie für das Schreiben viel weniger ergiebig als die Misstöne, die Unterschiede, das Fremde und Befremdliche.

Erst durch Fremdheit und Befremdung kommt das Denken in die Welt. Deshalb ist es im Nachhinein nicht verwunderlich, dass die Eigenarten der Deutschen, die Unterschiede etwa zwischen Deutschland und Frankreich in der Folge ein viel größeres Gewicht einnehmen, als ich es mir anfangs vorgestellt hatte. Dabei sind sich beispielsweise Franzosen und Deutsche, trotz mancher Differenzen, sehr viel ähnlicher, als gemeinhin angenommen wird. Ja, die Gemeinsamkeiten sind in Wahrheit zahlreicher als die Unterschiede, es gibt mehr Verbindendes als Trennendes. Aber erst die kleinen und großen Differenzen sind es, die Neugier und Interesse wecken. Neugier und Interesse wiederum stehen am Beginn und sind die Voraussetzung jeder Liebesbeziehung. Und nur bleibende Neugier und anhaltendes Interesse können eine Liebe lebendig erhalten – so wie meine Liebe zu Deutschland, aber auch, weit wichtiger noch, die Liebe zu meiner Frau.

Doch nun habe ich fast schon zu viel verraten. Ich möchte deshalb nicht weiter vorgreifen und muss vorab auch gar nicht viel erklären, weil das Buch seinen eigenen Entstehungsprozess sozusagen miterzählt. Denn es war nicht so, dass ich eines Morgens aufwachte und begann, einen lange gehegten Plan endlich in die schreibende Tat umzusetzen. An ein weiteres Buch hatte ich vielmehr, wie es den Leserinnen und Lesern meines vorherigen bekannt sein dürfte, gar nicht mehr gedacht. Und doch hat es sich dann aber, wie so vieles in meinem Leben, irgendwie ergeben; nicht das Buch natürlich, sondern die Tatsache, dass ich es schreiben wollte – und auch sollte – und also geschrieben habe. Wie es sich ergeben hat, ist gleich nachzulesen, weshalb ich diese kleine Vorrede knapp halten und hier beenden kann.

Alles begann mit einem Gespräch ...

Frühstück im Kerzenschein

Liebe und Kunst umarmen nicht, was schön ist, sondern was eben dadurch schön wird.
KARL KRAUS

»Du hast ja die Kerzen noch gar nicht angezündet!« Ihr Tadel erreicht mich, während mein Blick und meine Gedanken irgendwo dort draußen sind, jenseits der Fensterscheiben unseres Hauses, und eine wunderschöne Landschaft durchstreifen, die gerade zu erwachen und das Grau der Nacht abzuschütteln beginnt. Überall treten Farben aus dem Dunkel hervor, als würde jemand oder etwas gestaltend eingreifen und eine bis dahin schwarz-weiß-graue Szenerie lustvoll kolorieren. Unzählbare Details werden plötzlich aus der Unsichtbarkeit befreit – hier ein Stein, da ein Strauch, dort eine Blüte – und scheinen im einsetzenden Wechselspiel von Licht und Schatten miteinander in Korrespondenz zu treten. Kontraste und Konturen werden schärfer und geben der Natur ein Gesicht, Kenntlichkeit, fast möchte man sagen, Charakter ... An dieser Stelle dringen ihre Worte in mein Bewusstsein. Die Kerzen! Ich fühle mich ertappt wie ein Kind, das seine Hausaufgaben nicht gemacht hat, und kehre reumütig von meinem Ausflug zurück. Zu mir, zu ihr, zum gemeinsamen Frühstück.

Es ist etwa acht Uhr morgens. Die Sonne steigt gerade aus den nahe gelegenen Hügeln empor und schickt ihre ersten Strahlen durch die geöffnete Terrassentür. Gabi, meine Frau, schenkt Kaffee ein und unterstreicht ihren Tadel mit einem strengen Blick. »Träum nachher weiter, Goeudevert, jetzt mach dich erst mal nützlich. Oder träumst du gerade die Realität, suchst wieder mal Flügel am Horizont?« Wie immer, wenn ich unaufmerksam bin oder wenn sie irgendetwas anderes an mir auszusetzen hat, nennt sie mich beim Nachnamen. Eine erste Verwarnung sozusagen. »Ich kann die Streichhölzer nicht finden«, entschuldige ich mich ebenso halbherzig wie heuchelnd, denn ich habe gar nicht gesucht. Sie weiß das. »Ach, bleib schon sitzen, dann mach ich's eben selbst.«

Ihre – zumeist spielerische – Ruppigkeit gefällt mir. Und ich mag Kerzenschein beim Frühstück, wenngleich ich diese Angewohnheit meiner Frau anfangs für eine seltsame Marotte hielt, eine spießige Form von Extravaganz. Aber nur anfangs. Mittlerweile würde auch ich die Kerzen vermissen, obwohl sie bei Lichte besehen keinerlei Funktion erfüllen. In der südfranzösischen Provence, wo wir zu Hause sind, werden wir fast das ganze Jahr über von der Sonne verwöhnt. Wenn wir unseren ersten Kaffee trinken, steht sie meistens schon an einem noch tiefblauen Himmel und gibt den Farben unseres Gartens – wie jener sanft hügeligen Landschaft, deren (all-)morgendliche Neuerschaffung ich eben noch versunken betrachtet hatte – die größte Intensität des Tages.

Auch der Garten gehört übrigens zu Gabis Reich, seit sie ihn sich gegen zum Teil hartnäckigen Widerstand erobert und ihn im besten Sinne »kultiviert« hat. Zu ihren ärgsten Widersachern hierbei zählte ein schwer zu entfernendes, langwurzeliges Unkraut, das sie bezeichnenderweise »Franzosenkraut« nennt; ich weiß nicht, ob der Name eine eigene Schöpfung ist oder ob es sich um die korrekte botanische Bezeichnung handelt, ich weiß nur, dass ich mich jedes Mal ein wenig schuldig fühlte, wenn sie wieder irgendwo dieses ungeliebte Kraut entdeckte, und ich weiß, dass sie den »französischen« Gegner am Ende besiegen konnte. Heute befindet sich der Garten in ähnlich bewundernswertem Zustand wie unser Frühstückstisch: ungezwungene Akkuratesse, als sei die Ordnung Natur und hätte keines fremden Zugriffs bedurft. Alles scheint genau dort zu sein, wo es hingehört, harmonisch, an seinem angestammten Platz – alles, nur nicht die Streichhölzer. »Die gehören auch nicht auf den Tisch«, belehrt mich Gabi, während sie mit einer demonstrativ beleidigten Geste die Kerzen anzündet.

Unser morgendliches Frühstücksritual an einem nicht üppig, aber mit einem hoch entwickelten Sinn für Details gedeckten Tisch – ein wenig Käse, zwei Sorten Konfitüre, natürlich Baguette, aber auch deutsches Brot, das ich leidenschaftlich gern selbst backe, eine Blume in der Vase und eben die Kerzen, um die ich mich in der Regel ganz selbständig, also ungefragt kümmere – ist mir lieb geworden. Es hat mein Leben reicher gemacht, wie so vieles andere, was ich mit und durch Gabi erst kennen und schätzen gelernt habe. Das heißt, Gabi ist es, die mein Leben reicher macht, und zwar nicht obwohl, sondern gerade weil sie und ich sehr verschieden sind. Denn das sind wir tatsächlich; auch deshalb liebe ich sie ja.

Ich meine damit keineswegs Verschiedenheit im landläufigen Sinne, etwa der Art, dass wir lediglich solche unterschiedlichen Fähigkeiten, Einstellungen und Gewohnheiten hätten, von denen so gern behauptet wird, sie würden sich in einer glücklichen Beziehung »ergänzen«. Ich halte das für eine zumeist schönfärberische Behauptung, der in ihrer defensiven Variante bereits die Trauer und Resignation darüber anzuhören ist, dass sich ein Partner den Veränderungswünschen des anderen hartnäckig verweigert, und die in ihrer offensiven Variante dazu dient, die eigene Trägheit zu rechtfertigen und die gängigen Rollenmuster, den Status quo festzuschreiben: bloß nichts verändern. Dabei kann meiner Überzeugung und Erfahrung nach nur eine dynamische Beziehung glücklich sein, eine, in der beide Partner voneinander lernen und sich permanent miteinander wandeln. »Ergänzen« ist nicht genug; und wer sich immer nur aneinander anpasst, sich angleicht, Unterschiede einebnet, der macht aus einer Beziehung am Ende ein starres Verhältnis, in dessen Verhaltensroutine die Liebe nicht lange wird überleben können.

»Hört, hört«, wirft eine zuletzt sichtlich amüsierte Gabi ein. »Das klingt interessant. Können wir das vertiefen? Mir würde bestimmt so einiges einfallen, was du noch lernen könntest.«

Es fällt mir nicht leicht, die Ironie zu übergehen und Gelassenheit vorzutäuschen, statt zurückzuschießen. »Nein, nein, diesmal werde ich dir nicht auf den Leim gehen, mich nicht aus der Ruhe bringen lassen«, denke ich. Aber meiner Frau bleibt natürlich nicht verborgen, dass ich mich durch ihren Zwischenruf sehr wohl provoziert fühle. Sie kennt mich eben. Doch überraschenderweise setzt sie heute nicht weiter nach. Offenbar überwiegt ihre Neugier, weshalb sie mich den Gedanken zunächst einmal weiter spinnen lässt.

»Unsere Verschiedenheit ist meines Erachtens erst recht nicht auf ganz basale Unterschiedlichkeiten rückführbar«, setze ich meine kleine Ausführung fort, »also darauf, dass wir einerseits zwei eigene, eigenständige Personen und andererseits von unterschiedlichem Geschlecht sind« – ja, gern nochmal in Klartext: Männer und Frauen sind verschieden. Ich weiß, eine gefährliche Aussage; man beziehungsweise frau stelle mir die Fettnäpfe schon mal bereit, ich werde bestimmt noch hineintreten, mehrfach. »Das alles trifft es nicht. Es kommt etwas hinzu, das ich noch nicht richtig begreifen und erfassen kann. Wir sind irgendwie noch weitaus verschiedener. Und das ist gut so. Denn die dadurch bedingte Distanz will stets aufs Neue überbrückt werden, wodurch wiederum eine Grundspannung zwischen uns erhalten bleibt, die unserer Liebe als scheinbar unerschöpflicher Treibstoff dient – eine Art emotionales Perpetuum mobile.«

»Nun mal stopp, Goeudevert. Wovon redest du da?« Gabis Geduld hat nun offenbar ein Ende. »Das wird ja immer verstiegener. Ich finde zwar nett, was du sagst, habe aber nicht die geringste Ahnung, wovon du sprichst. Dass wir verschieden sind, sehe ich auch. Sonst müsste ich ja nicht ständig hinter dir herräumen. Aber verschiedener als verschieden? Das klingt mir dann doch zu dadaistisch. Als könnte man schwangerer sein als schwanger. Würdest du dich also bitte etwas klarer ausdrücken. Ich kann dir sonst nicht folgen.«

Ich bin ein wenig unschlüssig, ob ich wirklich gut daran tue, der Sache ernsthaft weiter nachzugehen und die schönen Unterschiede dadurch womöglich zu entzaubern, ihnen ihr Geheimnis zu nehmen. Schon bin ich geneigt, den Gedanken wieder fallen zu lassen, und beginne stattdessen – zugegeben, kein bisschen weniger nebulös –, unsere Ehe zu preisen und von der Aura zu schwärmen, die uns umgibt. Es sei sicher klüger, unser Glück nicht durch eitlen Wissensdrang auf die Probe zu stellen. Solange es uns gut geht, ist doch alles in Ordnung. Die Sonne scheint, der Garten wartet. Warum sollten wir das Unproblematische problematisieren? Da hielte ich mich schon lieber an Marcel Duchamp, der einmal treffend formuliert hat: »Es gibt keine Lösung, weil es kein Problem gibt.«

Doch Gabi verstellt mir nun jeden Ausweg und stoppt meine kindische Flucht ins Ungefähre, kaum dass ich sie angetreten habe: »Entweder bist du feige, Goeudevert, oder du wirst alt. Beides würde mir nicht gefallen. Du kannst jetzt nicht einfach zurückrudern. Wenn du etwas wissen willst, dann finde es gefälligst heraus. Du glaubst doch nicht, dass ich mich mit der bloßen Andeutung zufrieden gebe, du könntest das Geheimnis unserer Liebe lüften. Nein, nein, nun lüfte mal schön. Jetzt lass ich dich da nicht mehr raus, jetzt hast du mich neugierig gemacht. Ich kann es kaum noch erwarten, von dir zu erfahren, worin und warum wir so verschieden sind. Und was daran so bemerkenswert sein soll. Also, keine Ausreden. Leg los!«

So ist sie. Zum Beispiel. Aber warum? Das mit den Kerzen beim Frühstück etwa dürfte schwerlich auf ihr Geschlecht zurückzuführen sein, und eine genetische Bedingtheit kann man wohl ebenso ausschließen. Also Erziehung, Herkunft, Kultur? Mentalität oder Charakter gar? Und wie steht's mit dem Garten? Vollbringt sie ihre Wunder darin instinktiv? Hat sie einen »grünen Daumen«? Offenbart sich hier demnach eine geheimnisvolle Empathie, eine kreatürliche Verbundenheit? Oder, im Gegenteil, Kontroll- und Ordnungssehnsucht, der Wunsch, die Natur zu »bezwingen«? Sobald ich tastend zu einem Antwortversuch ansetze, öffnet sich ein Universum neuer Fragen, sehe ich Fallstricke, Widersprüche, Untiefen vor mir, die – besonders, weil es um Gabi geht – zu großer Aufmerksamkeit und Vorsicht nötigen. Und hierzu fühle ich mich im Schein der Frühstückskerzen nicht imstande. Außerdem, noch einmal: »Will ich das wirklich wissen?«

»Du versuchst ja immer noch, dich zu entziehen«, protestiert Gabi hartnäckig. »Baust einen Schutzwall aus Begriffen vor dir auf, die dir allesamt die Sicht nehmen. Trag den mal schön wieder ab, schau einfach hin und beschreib, was du siehst. Du bist doch sonst nicht so zimperlich.«

»Aber bedenken, was ich sehe, werde ich schon noch dürfen«, versuche ich, Zeit zu gewinnen.

Keine Einwände: »Denkend hab ich dich doch am liebsten. Aber mach nicht so lange.« Es klingt wie ein Auftrag. »Und wie ich dich kenne, Goeudevert«, fügt sie, mir wie immer weit voraus, hinzu, »glaubst du doch, die Antwort längst zu wissen. Aber aus irgendeinem Grund traust du dich nicht, sie auszusprechen.«

Ein folgenschwerer Satz, der in mir, das ahnte ich sofort, noch lange nachklingen sollte.

Kleines Gespräch, große Wirkung. Die geschilderte Szene hat sich – jedenfalls so ähnlich – vor einiger Zeit tatsächlich abgespielt. Seitdem hat uns, hat mich das Thema nicht mehr in Ruhe gelassen, habe ich nachgedacht, gelesen und – nach meinen Möglichkeiten und Vorstellungen – »geforscht«. Aber worüber? Denn zunächst einmal musste ich mir eingestehen, dass meine Frau – wie immer – Recht hatte. Unser Dialog enthielt so etwas wie einen verborgenen Subtext, ein »eigentliches« Thema, das an keiner Stelle direkt zur Sprache gekommen war. Es waren in der Tat nicht die Fragen, die mich beunruhigten, sondern meine schon feststehende Antwort darauf. Auch ging es mir in keinem Moment darum, meine Gefühle oder das Gefüge unserer Ehe zu ergründen, sondern – aber das wurde mir erst langsam bewusst – ein sich über viele Jahre verfestigtes und durch zahllose Erlebnisse und Beobachtungen genährtes »Stereotyp« aufzuklären. Um es am scheinbar unverfänglichen Beispiel endlich beim Namen zu nennen: Die Angewohnheit, am helllichten Tag im Kerzenschein zu frühstücken, ist für mich – ich schreib es ungeschützt – etwas »typisch Deutsches«.

Jetzt ist es heraus. Und eben das war es auch, was mich irritiert hatte: die Vorstellung, dass viele der für mich liebenswerten Eigenschaften und Talente meiner Frau womöglich national geprägt, mindestens national imprägniert sind. Konnte das möglich, durfte das wahr sein? Hieße das nicht, nach allem, was ich gesagt habe, ich würde meine Frau lieben, *weil* sie eine Deutsche ist? Der Gedanke ist befremdlich und das Kriterium erscheint mir, jedenfalls meine Frau betreffend, nach wir vor als ganz und gar irrelevant. Gabi, die im schlesischen Breslau geboren wurde und die meiste Zeit ihres Lebens in Deutschland, vor allem in Dortmund, verbracht hat, ist für mich – auf dieser Inkonsequenz muss ich bestehen – keine »Deutsche«, sondern schlicht die Frau, die ich liebe. C'est tout. Gleichwohl kann ich an ihr Einstellungen, Verhaltensweisen, Angewohnheiten, Vorlieben, Ängste ausmachen, die mir aus meiner Zeit in Deutschland sehr vertraut sind, auf die ich, selbstverständlich in ganz unterschiedlichen Varianten und Ausprägungen, im Umgang mit Deutschen immer wieder treffe. Und die mir deshalb auffallen, weil sie von vielen meiner Einstellungen, Verhaltensweisen, Angewohnheiten, Vorlieben, Ängste mehr oder weniger deutlich abweichen.

Um solche Abweichungen geht es mir hier. Ich möchte Eigenheiten und Eigenartigkeiten beschreiben, die, um es vorsichtig auszudrücken, Deutschland-spezifisch sind. Ich will mich aber auch nicht scheuen, weiter zu gehen und bestimmte Merkmale »typisch« oder »charakteristisch« zu nennen, wohl wissend, wie heikel solche distinkten Zuschreibungen sind – wie sie wohl aber von allen Nicht-Deutschen mindestens heimlich vorgenommen und wie sie leider auch von einigen Deutschen lauthals propagiert werden. Da ich kein Wissenschaftler bin, kann ich mich hierbei jederzeit auf meine Subjektivität berufen; da ich meine Leserinnen und Leser nicht zuletzt auch unterhalten will, sollten manche Überzeichnungen und Zuspitzungen, Unverschämtheiten und Vereinfachungen nicht nur erlaubt, sondern nachgerade gefordert sein.

Dabei will ich vorab ausdrücklich betonen – und ich meine das nicht als vorauseilende, um Nachsicht werbende Beschwichtigung, sondern sehe das wirklich so –, dass es meiner Ansicht und Erfahrung nach beispielsweise zwischen Franzosen und Deutschen weit mehr Gemeinsamkeiten als Unterschiede, mehr Verbindendes als Trennendes gibt. Wenn ich mich nun in der Folge vor allem mit den zum Teil ins Klischee überdrehten Differenzen beschäftige, mag dennoch der Eindruck entstehen, als spräche ich von grundverschiedenen Menschengattungen. In Wahrheit erscheinen aber manche Unterschiede nur deshalb groß, weil ich die Gemeinsamkeiten nicht entsprechend würdige – und weil die Besonderheiten wahrscheinlich sowohl interessanter als auch amüsanter sind.

Aber wie gesagt, ich mache diese Einschränkung nur der Vollständigkeit halber und nicht, um mir im Vorfeld ein Generalpardon zu erbitten. Sollte sich jemand durch bestimmte Charakterisierungen getroffen fühlen, wäre mir dies ja gerade Bestätigung und würde dem Autor zur Ehre gereichen.

Kurz: Es geht hier um meine Erfahrungen in Deutschland und mit Deutschen. Wer also nach den obigen Anfangspassagen auf eine Homestory gehofft hat, wird vermutlich enttäuscht werden. Wenngleich ich durchaus den einen oder anderen Einblick gewähre, soll mein Privatleben privat bleiben. Und ein Buch über meine Frau käme mir ganz sicher nicht in den Sinn. Ich müsste ja verrückt sein. Aber sie ist mindestens zwischen den Zeilen stets präsent, weil ich durch sie das Bild, das ich von Deutschland und den Deutschen habe, weiter ausdifferenzieren und stark verfeinern konnte – und weil sie es war, die mir schließlich in jenem Gespräch den letzten Anstoß gab, dieses Bild einmal so weit auszumalen, dass man es von allen Seiten betrachten kann.

Ihr, die zugleich meine wichtigste Stichwortgeberin und meine schärfste Kritikerin ist, widme ich daher dieses Buch.

Ein Dank

Außer Gabi gibt es natürlich noch eine Reihe anderer (deutscher) Menschen, denen ich viel zu danken habe und die zwischen den kommenden Zeilen ebenso präsent sind. Da ich sie unmöglich alle aufzählen kann, seien hier stellvertretend Ingke Brodersen und Rüdiger Dammann genannt, die mein Deutschland- wie mein Selbstbild um viele Facetten bereichert haben, die mir ohne sie verborgen geblieben wären.

Dieses Buch betreffend gilt mein besonderer Dank, neben Gabi, meinem Lektor Rüdiger Dammann, der mich nun schon zum wiederholten Male über die gesamte Strecke eines Textes begleitet hat. Wegen des Themas hatte ich zu Beginn angenommen, ich würde es ihm diesmal noch schwerer machen als sonst, denn schließlich gehört er jener Nationalgattung an, über die ich meine Ein- und Ansichten vorlegen wollte. Und in der Tat weiß ich nicht, wie er es geschafft hat, meine stets ausufernden Gedanken wenigstens in einer gewissen Ordnung zu halten. Das können sie eben, die Deutschen: Ordnung machen. Interessanterweise waren in unserer Zusammenarbeit aber nicht, wie ich zunächst befürchtet hatte, die weniger schmeichelhaften oder gar negativen »deutschen Eigenschaften« strittig. Nein, wenn wir uns überhaupt einmal uneins waren, dann betraf dies ausschließlich Textpassagen, in denen ich meine positiven Eindrücke über Deutschland und die Deutschen schildere. Und das ist nicht nur interessant, es ist bezeichnend und führt deshalb schon mitten hinein ins Thema: Ich kenne kein anderes Land, dessen Bewohner sich selbst so wenig mögen – und sich selbst so wenig kennen. Aber ich greife vor …

Deutschlandbilder

Deutschland? Aber wo liegt es? Ich weiß das Land nicht zu finden. Wo das Gelehrte beginnt, hört das Politische auf.

FRIEDRICH SCHILLER

Ein Buch über Deutschland und die Deutschen? Du lieber Himmel! Wer möchte das denn lesen? Bei vielen Leuten, zum Beispiel bei älteren Franzosen, dürfte sofort die Erinnerung an den »Blitzkrieg« wach werden, an scharfe Kommandos, gewichste Stiefel, braune Hemden und Fremdherrschaft. Andere wiederum denken vermutlich spontan an »Gemütlichkeit«, »Anstand« oder »Gründlichkeit«, an den »Kegelverein«, das »Abendbrot« oder den Biergarten – allesamt Begriffe, die in andere Sprachen kaum zu übersetzen sind und die etwas in anderen Ländern ganz und gar Fremdes bezeichnen, dessen Exotik aber nur zur Satire zu taugen scheint. Den Worten und was sie benennen haftet so keinerlei Neugier weckende Sinnlichkeit an – und kein Humor. Ganz im Gegenteil, »ernst« ist des Deutschen Wesen – gefährlich ernst zuweilen –, gewissenhaft, ehrlich und geradlinig, strebsam und ordnungsliebend – dem in Dosen konservierten »Sauerkraut« weit näher als dem frei wachsenden, wilden Franzosenkraut. Und darüber ein Buch?

Wer an Deutschland denkt und mit keinerlei eigenen Kenntnissen behaftet ist, tut dies zumeist in den obligatorischen Klischees, etwa der folgenden Art: Während in England, so eine schon sprichwörtliche Weisheit, alles als erlaubt gilt, was nicht ausdrücklich verboten ist, und in Frankreich alles als erlaubt gilt, selbst wenn es verboten ist – in Italien sogar »besonders wenn es verboten ist« –, gilt in Deutschland von vornherein alles als verboten, es sei denn, es ist ausdrücklich erlaubt. Spontaneität, Eigenmächtigkeit, Entscheidungsfreiheit oder gar Aufsässigkeit sind des Deutschen Sache nicht. Er handelt nach Vorschrift oder er handelt nicht. Und hierüber, über solche Klischees, ein Buch?

Doch auch demjenigen, der nicht nur anschauungslos an Deutschland denkt, sondern auch schon einmal dort gewesen ist, kommen schnell Zäune in den Sinn und gefegte Straßen, Verbotsschilder und geschützte Grünanlagen, Mülltrennung und Vergangenheitsbewältigung, in einem Wort: Ordnung. Bonjour tristesse. Die Deutschen werden zwar geachtet, respektiert, nicht selten bewundert, sie leisten viel und sind dadurch zu Recht wohlhabend geworden, sie leben in einem schönen, sauberen Land und haben sich für scheinbar alle Wechselfälle des Alltags ein ausgeklügeltes Regelwerk ersonnen, das dem Zufall und dem Unvorhergesehenen kaum noch eine Chance lässt.

Spaß oder Freude jedoch, von Ausgelassenheit gar nicht zu reden, möchte bei ihnen nicht so recht aufkommen; es sei denn, die Freude ist gut vorbereitetes und eingeübtes Programm, eine närrische Pflicht gar, wie etwa beim rheinischen Karneval: Da wird, praktisch auf Knopfdruck, jedenfalls ohne sonst wie erkennbaren Anlass, geschunkelt und gesungen, da werden Krawatten abgeschnitten, da setzen sich die Deutschen lustige Hüte auf. Ein »ordentlicher« Spaß, dessen streng terminierter Frohsinn und dessen nicht weniger streng reglementierte Tabubrüche sich einem Außenstehenden aber wohl kaum je werden erschließen können – außer vielleicht einem Ethnologen, der darin einen fremden Brauch erkennen mag, durch den »das Andere«, Verdrängte, Nicht-Zugelassene, Verbotene im Ritual gezähmt und »unschädlich« gemacht wird. Darüber ein Buch?

Nicht einmal im Urlaub, worin die Deutschen, wie in so vielem anderen auch, »Weltmeister« sind, lassen sie in ihrem

Ehrgeiz und ihrem Kontrollstreben nach. Von Lockerheit oder Gelassenheit kaum je eine Spur. Auch die Ferien und die so genannte Freizeit werden akkurat organisiert und zum Teil über Jahre im Voraus verplant. Immer neue Höchstleistungen – schöner, teurer, weiter, wärmer, brauner – und die Steigerung der eigenen »Bestmarken« erfordern schließlich penible Vorbereitung. Man wechselt, saisonbedingt, zwar gern einmal das Outfit, den Aufenthaltsort, den Bräunungsgrad der Haut oder, so kommt es uns aus Mallorca zu Ohren, den Alkoholpegel des Blutes, nicht aber das Niveau der Anspannung, die Leistungsbereitschaft. Man will es sich eben besonders schön machen, sich für die Mühen des Alltags entlohnen; und dafür wiederum werden weder Mühen noch Kosten gescheut. Erholung ist schließlich eine ernsthafte, zuweilen strapaziöse Angelegenheit, denn das Besondere verlangt besondere Anstrengungen, die dann auf allen denkbaren Medien, möglichst digital, dokumentiert und via Mobiltelefon – »Ich bin jetzt am Strand. Die Hitze ist kaum auszuhalten, und mein Sonnenbrand bringt mich fast um den Verstand. Aber ansonsten ist es traumhaft hier« – oder über das Internet an die Lieben daheim kommuniziert werden. Man hat es ja. Und das will man auch zeigen. Wozu hat man es denn sonst? Und wofür sollte man sich sonst so anstrengen? – Ja, wofür?

Die heilige Pflicht

Die Deutschen, dieses Eindrucks kann ich mich als Franzose schwer erwehren, sind irgendwie verknotet, der Unmittelbarkeit gänzlich entfremdet, sie sind, in einem Wort, »angestrengt«. Und entsprechend langweilig. Fast möchte man sagen, sie tun nur so, als lebten sie, »als ob« sie leben würden. Nie scheint ihnen zu genügen, was sie haben oder sind, Geltung zählt weit mehr als Sein, das »Hier und Jetzt« ist immer nur ein Übergang – wohin nur? –, Erlebnisse werden nicht einfach erlebt, sondern für später »gesammelt« und gewinnen erst als erinnerte oder vorzeigbare einen Wert. Man will gar nicht nach Bali oder Thailand oder Mexiko fahren – der lange Flug, die Hitze, das fremde Essen, die peinliche Armut, möglicherweise Ungeziefer, außerdem kostet der Spaß ein Vermögen –, aber auf Bali oder in Thailand oder in Mexiko *gewesen sein*, das ja; man hat gar keine Lust auf diese Ausstellung oder jenes Museum, möchte das darin Gezeigte aber *gesehen haben*; man würde abends liebend gern zu Hause die Beine hochlegen, zieht aber noch einmal los, um unterwegs *gewesen zu sein* – und bei nächster Gelegenheit davon erzählen, darüber sprechen, davon schwärmen zu können – wie von einem fassbaren Besitz: »Mein Auto, meine Yacht, mein Pferd, meine Urlaubsreise.« Als ginge es nur um eine eigentümliche Verzierung des Lebenslaufs, nicht aber um das Leben, um eine Sache, eine Aktivität, ein Ereignis oder gar ums Erleben selbst.

Den Deutschen, so ließe sich zugespitzt feststellen, scheint das jeweils Gegenwärtige überhaupt eine Last zu sein, mal mehr, mal weniger, aber immer belastend, als sei ihnen das Leben als ein Projekt aufgetragen, das zu bewältigen sie sich verpflichtet fühlen – und zwar zur vollsten Zufriedenheit des Auftraggebers, wer immer dies sein mag; denn die obskure Instanz ist ja für die meisten modernen Deutschen nicht etwa ein Gott; ihre Imperative sind zwar gleichfalls unergründlich, spenden aber keine Hoffnung mehr auf göttliche Milde oder Güte, auch nicht auf jenseitige Vergebung. Nein, jeder Anflug von Flatterhaftigkeit, Schwäche und schuldhaftem Versagen scheint unter höchste Strafen gestellt – welche immer das sein mögen, denn tatsächlich erlitten hat sie bislang, soweit ich weiß, wohl noch niemand.

Derart unter Druck gesetzt, gerät die Existenz für viele zum Konjunktiv. »Ich bin eigentlich ganz anders, aber ich bin nie dazu gekommen«, hat der Dramatiker Christian

Dietrich Grabbe, ein Weggefährte Georg Büchners, im frühen 19. Jahrhundert einmal gesagt und damit dieser merkwürdigen »Achsverschiebung« ein treffendes, bis heute gültiges Motto gegeben. Wenn dies oder jenes nicht wäre, wenn diese oder jene Umstände sich ändern würden, wenn ich mehr Geld und weniger Verpflichtungen hätte, kurz, wenn ich könnte, wie ich wollte – ja, dann ... Dann begänne das wirkliche, das »eigentliche« Leben, in das ich ansonsten erst einzutreten hoffen kann, so das unausgesprochene Heilsversprechen, wenn alle Pflichten erfüllt und alle Aufgaben erledigt sind – was, wie jede Erfahrung leidvoll lehrt, doch wohl niemals der Fall sein wird.

Also wollen die Deutschen, tragischen Helden und, pardon, Heldinnen gleich, bis auf weiteres, was sie vermeintlich wollen sollen, wozu sie ein ominöses Gebot anhält: »tüchtig« sein, keiner Nachlässigkeit schuldig werden, sich keiner üblen Nachrede ausgesetzt sehen, etwas gelten. Letzteres vor allem. »Esse est percipi«, Sein ist Wahrgenommenwerden: Dieser alte, aus dem 18. Jahrhundert stammende und schon häufig widerlegte philosophische Grundsatz, wonach nur existiert, wer oder was wahrgenommen wird, scheint in Deutschland immer noch für gültig gehalten zu werden. Dabei sollte unmittelbar einleuchten, dass ein einsamer Waldspaziergänger während der Dauer seiner Wanderung ja nicht einfach zu existieren aufhört, weil ihn gerade niemand wahrnimmt.

Hinzu kommt, dass es den Deutschen natürlich nicht genügt, einfach nur zu existieren. Gut wollen sie selbstverständlich auch sein, das ist Ehrensache, sowohl überhaupt als auch in dem, was sie tun, die Besten möglichst, eben »deutsche Wertarbeit« liefern und dafür Anerkennung finden. Und falls sie einmal nicht die Besten sein sollten und – weit schmerzlicher noch – nicht einmal als die Besten gelten, so wollen sie sich zumindest nach Kräften darum bemüht und »alles dafür gegeben« haben, wenigstens das.

Und dieses »heiße Bemühen« (Goethe) muss natürlich glaubwürdig sein, also sichtbar, belegbar, dokumentierbar werden, damit ja niemand auf die Idee kommen kann, ihren festen Willen und ihr tätiges Streben in Zweifel zu ziehen – und damit schon gar niemand auf die Idee verfällt, »Schuld« zuzuweisen, woran auch immer. Denn das wäre das Schlimmste.

Nehmen wir ein prominentes, aber harmloses Beispiel: Wenn etwa die deutsche Fußball-Nationalmannschaft wieder einmal verkrampfte Ratlosigkeit demonstriert, weil sie zwar die Regeln, nicht aber den Ball beherrscht und weil sie sich durch die Spieler der gegnerischen Mannschaft derart in der Ausübung ihrer Pflichten behindert sieht, dass einem schon die Lust vergehen und das Laufen schwer werden kann, dann beschwören die Kommentatoren landauf, landab die »deutschen Tugenden«, auf die es sich zu besinnen gelte: über den Kampf zum Spiel finden, nicht gequält dreinschauen, sondern sich quälen. Disziplin, Einsatz, Kampfeswille. Ehrliche Arbeit wolle man sehen. Schön zu spielen, sei sekundär, schließlich könne man auch in Schönheit sterben, weshalb man derlei »Dolce-vita-Sentimentalität« lieber anderen überlassen solle; etwa den Südländern, die zwar das Leben genießen, dafür aber, wie man ja wisse, häufig nichts Gescheites zuwege bringen.

Nein, für die Deutschen zählt vor allem das Ergebnis, »was hinten rauskommt« – um einen ehemaligen Kanzler, den der Einheit, zu zitieren. Mit Spiel, Spaß und Unterhaltung, also den »eigentlichen« Funktionen des Fußballsports, hat all das selbstverständlich kaum noch etwas zu tun. Vor allem der Spaß kommt, wie in so vielen anderen Lebensbereichen auch, allenfalls noch im Konjunktiv vor. Sei's drum. Es gibt Wichtigeres, und das lässt sich, soviel lehrt die Erfahrung – auch die »Blitzkrieg«-Erfahrung –, am besten ohne jeden Schnickschnack, mit möglichst einfachen Mitteln und auf dem kürzesten Weg erreichen. Widerstand ist zwecklos, er wird ohnehin niedergerungen – so, wie es uns die deutschen Fußball-Angestellten in kurzen Hosen dann auch tatsächlich ein ums andere Mal vorgeführt haben. Erst kürzlich wieder.

Nun gut, Vize-Weltmeister. Da sollte ich mich als enttäuschter, beim letzten Weltturnier schon nach der Vorrunde ohne Mannschaft dastehender Franzose nicht dem charakterlosen Neid ergeben, sondern Respekt zollen. Bitteschön. Schließlich hat auch die französische Sportzeitung *L'Equipe* Größe bewiesen und die Spieler von Rudi Völler ganz entgegen ihrer Gewohnheit für deren Leistung im Endspiel gelobt: »Die Deutschen haben sich dem Spiel nicht verweigert.« Immerhin. Da klang berechtigte Anerkennung über die angenehme Überraschung durch. Denn in der Regel ist es der deutschen Fußball-Nationalmannschaft noch stets gelungen, nicht nur den Fußballern anderer Länder, sondern auch den Zuschauern Spiel und Spaß zu verderben.

Aber darum geht es ihnen gar nicht, jedenfalls nicht in erster Linie. Wir wollen nicht ungerecht werden: Die Deutschen sind keine notorischen Spiel- und Spaßverderber, schon gar nicht aus Überzeugung. Dass der Spaß aufhört, wenn sie ins Spiel kommen, mag hin und wieder ein Ergebnis sein, ist aber durchaus nicht ihre vordringliche Absicht. Nein, sie können nicht anders, so sehr sie sich auch bemühen. Das Feine, Zarte, Leichte, Raffinierte ist ihre Sache nicht. Das Verlieren noch viel weniger. Aber gewinnen können sie eben nur auf ihre Art, und die ist »eigenartig«. Die Deutschen mögen's grob: grobe Leberwurst, gerade Linien, deftige Kost, klare Aufgabenverteilung, kräftige Physis; außerdem ist die Mannschaft, das Kollektiv, der Star nicht ein Einzelner, weshalb niemand aus der Reihe zu tanzen, sondern jeder sich dem vorgegebenen Takt unterzuordnen hat. Übersichtliche Verhältnisse sind gefragt, Kenntlichkeit.

Und genauso, nach denselben Kriterien wird auch das Agieren anderer beurteilt: Als die beste Leistung gilt den

Deutschen diejenige, der man ansieht, welche Anstrengungen und Leiden zu ihrer Erbringung erforderlich waren oder, besser noch, sind. Blut, Schweiß und Tränen sind gefragt, zumindest im übertragenen Sinne. Bloß nicht herumtändeln, klotzen statt kleckern! Talent allein oder ein Können, dessen Kunst gerade darin besteht, das harte Training und die vielen Übungs- oder Probestunden im eleganten, leichthändigen, leichtzüngigen oder leichtfüßigen Vortrag vergessen zu machen, ist ihnen suspekt. Leichtigkeit überhaupt ist ihnen nicht geheuer. Weil unbekannt. Wegen jener »Last«, die ihnen das Leben notwendig auferlegt und die zu tragen eben »anstrengend« ist.

Die tiefe Seele

Ich könnte nun auf gelebte Erfahrungen zurückgreifen und diese Haltung auch an zahllosen Beispielen aus der deutschen Arbeitswelt veranschaulichen, glaube aber, dass dies gar nicht nötig ist, weil jeder wissen wird, was hier in Rede steht. An dieser Stelle deshalb nur so viel: Wer kennt ihn nicht, den heimlichen Wettbewerb, der wohl in den meisten Firmen ausgetragen wird und dessen schlichte Spielregel besagt, dass ein jeder Mitspieler nicht einfach nur tut, wofür er angestellt ist und bezahlt wird, sondern jeden Handschlag auch kommuniziert und möglichst als unzumutbar qualifiziert. Man erkennt die aussichtsreichsten Wettbewerbsteilnehmer am leichtesten daran, dass sie sich schon belästigt oder gar gekränkt zeigen, wenn man ihnen die kleinste Selbstverständlichkeit abfordert und dass sie jede Gelegenheit nutzen, um zunächst einmal über die unhaltbare Arbeitssituation und ihre chronische Überforderung zu klagen. Man fragt sich oft, wann diese Leute überhaupt noch dasjenige tun können, worunter sie ohne Unterlass so wortreich leiden. Doch wer so fragt, ist schon aus dem Spiel.

Wessen Zumutungen am Ende als die größten erscheinen, wer es also »am schwersten« hat – und trotz dieser ungeheuren Belastung seine Aufgaben wie nebenbei erfüllt –, darf sich dann als Etappensieger fühlen, wird aber keine Muße finden, den Sieg zu genießen, weil die Konkurrenz sofort weiter attackiert. Wer hingegen denkt, er habe Besseres zu tun, als seine Zeit mit solchen Ego-Spielchen zu verkleckern, und sich dem Wettbewerb der »Lastenträger« verweigert, unterschätzt möglicherweise die diesem Wettbewerb zugrunde liegende »Mentalität« und wird sehr wahrscheinlich auch nicht mehr an einem noch wichtigeren Spiel, dem Karrierespiel, teilnehmen dürfen. Denn in der Regel wird nicht unbedingt belohnt, belobigt und befördert, wer seine Arbeit am besten erledigt, sondern wer am besten darüber sprechen und die eigene Leistung großreden kann, wer diese Art des Selbstmarketing am besten beherrscht. Denn darauf scheint es in Deutschland, wie bereits erwähnt, vor allem anzukommen: Der Einsatz muss vorzeig- und entsprechend darstellbar sein, der Wille sichtbar werden. Präsentation ist alles. Was nicht wahrgenommen wird, ist nicht.

Ich erinnere mich noch gut an mein Befremden über das deutsche Theater in den 1970er und 1980er Jahren, als selbst die klassischen Dramen zu Akrobatikdarbietungen mutierten, die Sprache hinter die körperliche Aktion zurücktrat und das sprichwörtliche Klappern das Schauspielhandwerk nahezu ersetzte. Auf deutschen Bühnen wurde geschrien, gestöhnt, gelitten, geächzt, geschwitzt, geweint, gespuckt und geturnt, was die untrainierten und möglichst wenig bekleideten Körper hergaben. Als hätten Regisseure und Intendanten ihre Schauspieler beschworen, sich wieder auf die »deutschen Tugenden« zu besinnen und über den Kampf zum (Schau-)Spiel zu finden, um die scheinbar erlöschende Gunst der Zuschauer neu zu entfachen. Blut, Schweiß und Tränen sollten eine in meinen Augen deplatzierte, weil kunstfremde Hochleistung bezeugen – und wohl in erster Linie die Theaterbesucher, also uns, überzeugen, dass die Kunst durchaus nichts Halbseidenes, sondern etwas »Reelles« ist, und dass sich die Schauspieler ihr Honorar durch harte Arbeit »redlich« verdienen müssen, die ganze Veranstaltung mithin ihren Eintrittspreis wert ist.

Abgesehen davon, dass es offenbar zur Beruhigung beiträgt, wenn nicht gar eine tiefe Befriedigung erzeugt, vorgeführt zu bekommen – ob auf der Bühne, im Stadion oder im Schauspiel des Alltags –, dass alle ihr Kreuz zu tragen haben und dass die Last anderer zwar nicht schwerer – das geht nicht –, aber auch nicht sehr viel weniger wiegt als die eigene, ist eine derartige »Überzeugungsarbeit« in Deutschland auch deshalb chronisch notwendig, um eine Leidenschaft zu besänftigen, die ich nun wirklich für typisch deutsch halte: den Neid, die Missgunst. »Diese Schauspieler! Schlafen bis mittags, lernen ein bisschen Text und bekommen für das Vergnügen ihrer Selbstdarstellung auch noch einen Haufen Geld. Was leisten die denn schon (im Unterschied zu mir)?« – »Diese Fußballer! Verdienen Unsummen und gerieren sich wie Diven, für deren Unpässlichkeiten ich als Zuschauer dann auch noch Verständnis aufbringen soll.« – »Weshalb verdient mein Kollege so viel mehr als ich? Wofür?« – »Wieso fährt mein Nachbar ein größeres Auto? Um mich zu ärgern! Aber wie kann er sich das leisten?« – Und so weiter und so fort.

Sogar Menschen, die von ihrer Bildung und Lebensausstattung her über solche kleinlichen Gefühle erhaben sein sollten, bleiben nicht verschont. Als ich einmal im VW-Vorstand den Vorschlag machte, dass auch die Vorstandsmitglieder Flagge zeigen und künftig statt des damals obligatorischen Audi A8 einen Passat als Dienstwagen fahren sollten, haben mir das einige Kollegen nachhaltig übel genommen. Sie fürchteten wohl, in der engen Wolfsburger Welt ihr Gesicht zu verlieren, wenn sie plötzlich ein weniger teures Auto hätten als ihre gut situierte Nachbarschaft –

obwohl dieses Auto doch das Spitzenprodukt des von ihnen geleiteten Unternehmens war. Meine Initiative verlief dann auch im Sande; sie wäre heute übrigens wohl nicht mehr nötig, da das Image-Problem mit dem Phaeton-Modell gelöst sein dürfte. Und selbst Stefan Effenberg soll schon in einem Passat gesehen worden sein.

Der so genannte Sozialneid spielt in Deutschland eine nicht zu unterschätzende Rolle, er scheint mit wachsendem Wohlstand sogar zuzunehmen. Und was sich hierbei individuell als Missgunst äußert, schlägt kollektiv bevorzugt als Larmoyanz zu Buche, jedenfalls sofern man massenmediale Erregungsmeldungen als Spiegel der nationalen Seele gelten lassen will. Anlässe zu tiefster öffentlicher Verunsicherung gibt es nahezu täglich: Führt das Wirtschaftsmagazin *Forbes* in seinem Ranking der 25 besten und wichtigsten Manager weltweit keinen einzigen Deutschen auf, sehen Zeitungsserien und Leitartikel die deutsche Wirtschaft in der Krise. Hat wieder kein Deutscher einen Nobelpreis erhalten, steht die deutsche Forschung vor dem Offenbarungseid, diesmal aber endgültig. Erreicht die Fußball-Nationalmannschaft nicht mindestens das Weltmeisterschafts-Halbfinale, gilt ihr Abstieg in die internationale Drittklassigkeit gleich als unabwendbar. Und fällt die Umfrage einer Frauenzeitschrift über den Einfallsreichtum und die Sensibilität der deutschen Männer als Liebhaber wenig schmeichelhaft aus, werden Heerscharen von Psychologen danach befragt, warum der deutsche Mann in der Krise ist und bis wann mit einem Aussterben der Deutschen zu rechnen sei.

Man erwartet einfach immer gleich das Schlimmste, dann ist man am ehesten vor Enttäuschung gefeit. Und von Besserung ist in all den Analysen und Kommentaren zumeist gleich gar nicht die Rede, ja, eine Besserung erscheint nicht einmal erwünscht, und wer dennoch darauf hofft, wird gern milde belächelt und als naiv abgestempelt. Wer wollte da den Journalisten ihren alten Grundsatz, wonach nur eine schlechte Nachricht eine gute Nachricht sei, noch übel nehmen? In Deutschland scheint die Regel zuzutreffen.

Solcher leicht missmutigen, manchmal verbiesterten Attitüde, die auf einer tief sitzenden, zuweilen in Hass umschlagenden Angst vor der Differenz, vor dem Anderen und dem Anderssein beruht, begegnet man allenthalben: Die Deutschen taxieren, wiegen, vermessen, vergleichen und nehmen dann die zu ihren Ungunsten festgestellten Unterschiede als eindeutigen Beleg für die unabänderliche Ungerechtigkeit und den Undank der Welt – oder für die eigene Schlechtigkeit und Untauglichkeit. Je nach Temperament.

Diese merkwürdige Verkrümmung muss Unzufriedenheit erzeugen, die, sobald eine bestimmte Intensität erreicht ist, nach außen abgeführt wird – wofür uns die deutsche Geschichte ja leider zahlreiche Beispiel liefert; auf einige davon werde ich später sicher noch eingehen. Hinzu kommt aber noch etwas anderes: Wo man, wie in Deutschland üblich, geneigt ist, Gerechtigkeit mit Gleichheit und ergo Ungleichheit mit Ungerechtigkeit zu verwechseln, kann auch alles Schöne, Begehrenswerte, Erfreuliche nicht mehr einfach nur schön, begehrenswert oder erfreulich sein; es erzeugt zugleich immer auch einen Schmerz und stellt eine potenzielle Bedrohung dar, weil es zur Quelle von Minderwertigkeitsgefühlen werden kann oder weil es Verlustängste provoziert, die sich dann unweigerlich in Selbstwertkrisen austoben. Und tatsächlich, wohin des Deutschen Augen auch blicken, überall sieht er sich benachteiligt, zurückgesetzt, ausgeschlossen, missachtet und gründet hierauf ein schon habituelles Beleidigt- und Gekränktsein.

Dieser Verdruss, ein leichter Lebensjammer, Weltschmerz gepaart mit Seelentrübnis, von manchen zur Melancholie verfeinert, ist vermutlich dasjenige, was den Deutschen zuweilen den Anstrich von »Tiefe« und Innerlichkeit verleiht – und was man außerhalb Deutschlands das »deutsche

Leiden« nennt: *German disease*. Dieses »Leiden« löst aber mittlerweile bei den Nachbarn im Ausland nur noch ein starkes Befremden aus, weil es in nahezu jeder Hinsicht auf einem exorbitant hohen Niveau stattfindet. Man könnte sogar feststellen, dass das Leiden der Deutschen mit ihrem wachsenden Wohlstand stets problemlos Schritt gehalten hat, will sagen, mit steigendem Wohlstand entsprechend schlimmer geworden ist. Schließlich hat man ja immer mehr zu verlieren.

Dabei habe ich das Allerschlimmste, den größten Schmerz noch gar nicht einmal erwähnt: Die Deutschen fühlen sich nicht nur bei jeder erdenklichen und unausdenklichen Gelegenheit missverstanden, missachtet, minderbewertet, unangemessen oder ungerecht behandelt – nein, sie werden darüber hinaus auch noch von Schuldkrämpfen geschüttelt und von Gewissensbissen geplagt, weil sie genau so empfinden. Es ist zum Erbarmen.

Das Leben als Enttäuschung

All das ist natürlich durchaus nichts Neues, weshalb es eben nicht unberechtigt erscheint, die geschilderte Mentalität mit dem Attribut »deutsch« zu versehen. Und wer dies einem oberflächlichen Franzosen nicht zubilligen mag, der wird mir die »Anmaßung« vielleicht nachsehen, wenn ich mir die eigene Einschätzung eilfertig und ehrfürchtig von einigen deutschen Nationaldichtern bezeugen lasse. Denn mit meinen Beobachtungen befinde ich mich, jedenfalls der Tendenz nach, in allerbester Gesellschaft. Wie überhaupt die meisten der bis hierher aufgeführten Zuschreibungen nicht etwa aus dem Ausland stammen, sondern und zwar stets am pointiertesten immer auch mit großem Eifer von deutschen Beobachtern selbst vorgenommen wurden und werden.

Schon Goethe zeigte sich in der ihm eigenen, keinen Widerspruch zulassenden Festigkeit davon überzeugt: »Es ist der Charakter der Deutschen, dass sie über allem schwer werden, dass alles über ihnen schwer wird.« Er selbst kann hiervon übrigens keineswegs ausgenommen werden, wie viele andere seiner Äußerungen belegen. Nichts sei schlechter zu ertragen als eine Reihe von guten Tagen, hat er beispielsweise einmal notiert und damit einen Hinweis darauf geliefert, dass selbst ihm, dem Erfolgsverwöhnten, der deutsche Weltschmerz nicht fremd war – weil ja »die Seele« in ihrem inneren Reichtum fast schon zwangsläufig an der Armut, Ödnis und Banalität der äußeren Wirklichkeit verzweifeln muss.

Noch sehr viel ausgeprägter waren sowohl dieser Schmerz als auch dessen Verknüpfung mit dem Deutschen bei dem knapp fünfzig Jahre jüngeren Heinrich Heine, der sich in seinem *Deutschland, ein Wintermärchen* schonungslos und mit beißender Ironie über die deutschen Eigenarten und Schwächen hergemacht hat. Bei sich selbst – so Heine, der übrigens viele Jahre in Frankreich gelebt hat, was seiner Beobachtungs- wie seiner Urteilsfähigkeit sicher zugute kam – seien die Deutschen nur im »Luftreich des Traums«, während sie auf »platter Erde«, auf der sich die anderen Völker entwickelt und sehr gut eingerichtet hätten, eine unglückliche Figur abgeben würden. Und daran sei wohl nichts zu ändern: »Das glücklichste Leben ist ihm beschieden, / doch niemand auf Erden ist zufrieden. / Das edle Tier, man weiß nicht wie, / versinkt in tiefe Melancholie. / Der weiße Melancholikus / steht traurig mitten im Überfluss. / Man will ihn ermuntern, man will ihn erheitern, / jedoch die klügsten Versuche scheitern.«

Nun sind selbstverständlich auch nichtdeutsche Menschen vor dem Unglücklichsein, vor Melancholie und Depression nicht gefeit, nicht einmal wir Franzosen. Es ist aber schon auffällig, wie stark zum Beispiel die deutsche

Philosophie und Literatur von unerfüllten Sehnsüchten und gescheiterten Hoffnungen, ja, vom »Leiden an der Welt«, von einer existenziellen Enttäuschung durchtränkt sind. Alles müsste eigentlich immer ganz anders sein, besser, schöner, intensiver, doch das Leben bleibt stets weit hinter den ihm zustehenden Möglichkeiten zurück.

Es gibt eine kleine Erzählung vom jungen, gerade erst 21-jährigen Thomas Mann aus dem Jahr 1896, in der diese Lebenshaltung, man könnte sie als fatalen Hang zur Diesseitsvermiesung bezeichnen, sehr anschaulich zum Ausdruck kommt. Die Erzählung trägt den bezeichnenden Titel »Enttäuschung« und schildert die Zufallsbegegnung zweier Männer an einem späten Herbstabend in Venedig auf der Piazza San Marco. Was als belanglose Konversation beginnt – »Sie sind zum erstenmal in Venedig, mein Herr?« –, mündet schnell und unversehens in einer extremen Lebensbeichte des dem Ich-Erzähler unbekannten Tischnachbarn und entwickelt sich zu einem einzigen Melancholie-Monolog.

»Wissen Sie, mein Herr, was das ist: Enttäuschung?«, fragt der Namenlose nach einer nur kurzen, unverbindlichen Gesprächseröffnung und fügt ergänzend hinzu: »Nicht im kleinen und einzelnen ein Misslingen, ein Fehlschlagen, sondern die große, die allgemeine Enttäuschung, die alles, das ganze Leben einem bereitet?« Ohne eine Reaktion seines Gegenübers abzuwarten, denn darum geht es ihm gar nicht, gibt der »Enttäuschte« gleich selbst ausführlich Antwort, berichtet aus seiner Kindheit und erzählt, welche »ungeheuren und wesenlosen Ahnungen« über das Gute und das Böse, das Schöne und Hässliche, über Glück und Leid in ihm damals erweckt wurden. Die »großen Wörter« prägten seine Erwartungen an das Leben und schürten eine tiefe Sehnsucht: »nach der weiten Wirklichkeit, nach dem Erlebnis, gleichviel welcher Art, nach dem berauschend herrlichen Glück und dem unsäglich furchtbaren Leiden«.

Schon eine erste außergewöhnliche Wirklichkeitserfahrung desillusioniert dann jedoch bereits das Kind. Als in seinem Elternhaus ein Feuer ausbricht, das ganze Gebäude mitsamt allen Habseligkeiten niederbrennt, er selbst nur mit großer Mühe und verletzt gerettet werden kann, sieht er dennoch all seine Hoffnungen enttäuscht: »Dies ist, so empfand ich, eine Feuersbrunst; nun erlebe ich sie! Schlimmer ist es nicht? Das ist das Ganze?« Eine gestaltlose Vorstellung von »etwas noch weit Grässlicherem« hätte in ihm gelebt, und im Vergleich damit erschien nun die Wirklichkeit »matt«. Und diese »erste große Enttäuschung« sollte nur der Anfang einer nicht endenden Kette von Kränkungen sein: »Ich bin umhergeschweift, um die gepriesenen Gegenden der Erde zu besuchen, um vor die Kunstwerke hinzutreten, um die die Menschheit mit den größten Wörtern tanzt; ich habe davor gestanden und mir gesagt: Es ist schön. Und doch: Schöner ist es nicht? Das ist das Ganze?«

Wenngleich dieser »Enttäuschte«, der an der eigenen Vorwegnahme seines Lebens krankt, sicher befremdlich ist, hat Thomas Mann an seinem Beispiel lediglich ins Extreme gesteigert, was sich als überaus verbreitete Haltung beobachten lässt. Viele Deutsche neigen dazu, die eigene Vorstellungswelt – durch ein permanentes »hätte, könnte, würde« – derart aufzuladen, dass die Wirklichkeit daran niemals wird heranreichen können. Und die dadurch entstehende Kluft von Erwartung und Erfahrung führt notwendig zu Enttäuschungen, die dann aber selbstverständlich nicht den eigenen Vorstellungen, sondern der Welt angelastet werden. Die kann aber gar nichts dafür. Denn wenn wir »von der Wirklichkeit sprechen und an ihr leiden«, wusste Ludwig Wittgenstein, »so handelt es sich um eine Konstruktion, von der wir vergessen haben, dass wir selbst ihre Architekten sind«.

So sind sie also, unter anderem, die Deutschen: freud- und glücklos, das Unerreichbare erstrebend und hierbei zu großen Leistungen fähig, wenngleich sie alle Anstrengungen in einem endlichen Sinne nie an das erhoffte Ziel führen, ihnen also der letzte Lohn verwehrt wird, sie nichts als »Undank« ernten. Wohl deshalb weht immer ein Hauch von Tragik, Schwermut, Nicht-Erfüllung, Unzufriedenheit durch das Land, dessen Bewohner sich andererseits einen Reichtum und Lebensstandard erarbeitet haben, der weltweit seinesgleichen sucht. Aber was nützt es? Wenn einem das Glück, dessen eigener Schmied man so gern wäre, von »der Welt« verweigert wird, kann auch all der Überfluss nur noch Überdruss bereiten. Außerdem könnte ja morgen schon alles wieder verloren sein.

Blaue Augen, blondes Haar

Doch stopp! Ich hoffe, Sie, liebe Leserinnen und Leser, haben rechtzeitig bemerkt, was ich hier mache. Selbstverständlich ist all das, was ich auf den letzten Seiten über die Deutschen zu Papier gebracht habe, nichts als eine unzulässig überzeichnende Kolportage – nur eine recht grobschlächtige Zusammenfassung einiger der plumpsten Vorurteile, die über die Deutschen im Umlauf sind. Was denn sonst? Alles nicht wahr! Wer eigene oder an anderen vertraute Züge dennoch wiederentdeckt hat, ist lediglich der Suggestivkraft solcher Stereotype erlegen, die ja bekanntlich darauf beruht, dass die »Unwahrheit«, die sie verbreiten, stets mit einer Prise »Wahrheit« gewürzt sein muss, damit die Verführung funktionieren kann. Oder ist es umgekehrt? Hmm. Enthalten solche Zuschreibungen vielleicht doch mehr Richtiges als Falsches?

Aber nein, das kann ja nicht sein. Das ist doch schon aus dem einfachsten aller denkbaren Gründe nicht möglich: Wir wissen doch alle, dass es »die Deutschen« gar nicht gibt so wenig wie »die Franzosen« oder gar »die Amerikaner«. Ein

Bayer oder ein Sachse dürften einem Ostfriesen doch wohl wesentlich unähnlicher sein als ein Berliner einem New Yorker. Die Hamburgerin wiederum hat doch wohl kaum etwas mit einer Frau aus dem schwäbischen Wessingen, die Pariserin nichts mit einer Frau aus Vesoul gemein, nicht einmal die Sprache. Ja, selbst innerhalb einer Stadt leben unvergleichliche Menschen: Wer in Berlin-Zehlendorf wohnt, fühlt sich möglicherweise in Berlin-Kreuzberg, wer im 16. Pariser Arrondissement zu Hause ist, fühlt sich vermutlich in Pigalle fremder als in Boston; und sogar innerhalb eines Stadtteils, etwa in Kreuzberg, gibt es, glaubt man den Kreuzbergern, in Lebensart und Geisteshaltung klar unterscheidbare Wohnviertelgruppen, wie sie verschiedener kaum sein könnten. Wie sollte man da annehmen können, mit einem derart grobmaschigen Kollektivum wie »die Deutschen« überhaupt etwas Nennenswertes, etwas irgendwie Charakteristisches einzufangen? Das kann nicht gehen.

Kurzum, es ist wohl ziemlich ignorant und dumm ist es obendrein, von »den Deutschen« zu sprechen. In der Regel kommt dabei ein Unsinn heraus, wie ihn schon – bei allem Respekt – Tacitus verzapft hat, der meines Wissens früheste Chronist deutscher beziehungsweise »germanischer« Eigenart. Tacitus war wenige Jahre vor unserer Zeitrechnung im Gefolge der römischen Legionen ins Innere Germaniens vorgedrungen und hatte im 1. Jahrhundert (n. Chr.) in seinem berühmten Buch *Germania* die erste systematische Beschreibung der »Deutschen«, ihrer Sitten, Gebräuche und Wesensart vorgelegt: Sie seien, notierte er urteilsmutig, ein »eigenwüchsiger, reiner und nur sich selbst gleicher Menschenschlag« und würden daher »alle – und das bei dieser gewaltigen Bevölkerungszahl! – dasselbe körperliche Aussehen« besitzen: »Trotzige, blaue Augen, rotblondes Haar und große Leiber, die freilich nur zum Angriff taugen.«

Wie bitte? Man schaue sich einmal um, vergleiche das

Phantombild mit der Wirklichkeit und lasse die Evidenz sprechen. Sehen so die Leute aus, denen man auf deutschen Straßen oder meinetwegen in deutschen Wäldern begegnet? Doch wohl nur ausnahmsweise – zum Beispiel, wenn man das Glück hat, Boris Becker über den Weg zu laufen. Aber sonst? Einer der wenigen mir bekannten Menschen, auf den die Beschreibung so einigermaßen zutrifft, bin ich selbst; ein anderer, der mir einfällt, heißt Gérard Depardieu. Na bitte.

Die Rede von »den Deutschen« entpuppt sich also bereits auf den ersten Blick als ein Humbug, über den sich vor mehr als 200 Jahren schon Georg Christoph Lichtenberg – und zwar zu Recht, wie wir nun einräumen wollen –, mokiert hat: »Deutsche Charaktere. Das ist die schon hundertmal hergeleierte Klage der ›Allgemeinen Bibliothek‹, über der einem fast alle Geduld ausgehen möchte. Ich frage gleich: Was ist ein deutscher Charakter? Was? Nicht wahr, Tabakrauchen und Ehrlichkeit? O ihr einfältigen Tröpfe! Hört, seid so gut und sagt mir, was ist es für Wetter in Amerika? Soll ich's statt eurer sagen? Gut. Es blitzt, es hagelt, es ist dreckig, es ist schwül, es ist nicht auszustehen, es schneit, friert, wehet, und die Sonne scheint.«

Ist damit alles gesagt? Einiges ganz sicher, aber alles durchaus nicht. Denn die pure Evidenz, die ich oben angerufen habe und auf die auch Lichtenberg sich wortreich beruft – und die in der Tat eine Vielfalt widerspiegelt, die sich unmöglich auf den einen Begriff bringen zu lassen scheint –, ist ja bekanntlich auch nicht gerade sehr verlässlich. »Sie fressen Menschen, wie ihr scheußliches Aussehen beweist«, soll Christoph Kolumbus gesagt haben, nachdem er auf die ihm hässlich und barbarisch erscheinenden Bewohner von Kuba und Haiti getroffen war. Aber der erste Augenschein trügt oftmals, und dass man dem äußeren Anschein nicht ohne weiteres trauen sollte, weiß nicht nur der »Volksmund«. »Kein Gegenstand«, so hat uns schon David Hume belehrt, »enthüllt jemals durch die Eigenschaften, die den Sinnen erscheinen, die Ursachen, die ihn hervorgebracht haben, noch die Wirkungen, die aus ihm entspringen werden.« Aha, die Sache ist also doch komplizierter.

Darüber hinaus lässt sich gerade Lichtenbergs Beispiel auch ganz anders wenden. Selbstverständlich gibt es gutes und schlechtes Wetter, mal blitzt, mal hagelt, mal schneit, mal weht es, mal scheint die Sonne, und manchmal ist es sogar in Deutschland schwül. Das kennen wir. Aber will jemand behaupten, dass es deshalb sinnlos sei, über »das Wetter« zu reden? Ich meine, natürlich ist es sinnlos: Wer möchte schon über das Wetter reden, was soll der Quatsch? Aber es ist nicht etwa aus dem genannten Grund sinnlos, nicht schon deshalb, weil es ganz verschieden sein kann. Wir tun uns doch auch nicht schwer damit, sowohl einen Hagelsturm als auch den schönsten Sonnenschein »Wetter« zu nennen, obwohl es sich ganz offenkundig um unvergleichliche Erscheinungen handelt.

Und so ähnlich ist es auch mit »den Deutschen«. Die Rede von »den« oder über »die« Deutschen ist in Wahrheit doch kein Humbug, auch muss sie weder ignorant noch dumm sein – wenngleich dies nicht eben selten vorkommt. Natürlich handelt es sich dabei um eine notwendige Vereinfachung. Doch die Einstellungen und Haltungen, nicht aller, aber vieler Deutscher – etwa zum Auto oder zur Arbeit – sind so anders als die entsprechenden Einstellungen und Haltungen, nicht aller, aber vieler Franzosen, dass Verallgemeinerungen erlaubt sein müssen. Man könnte sie als Chiffren bezeichnen, deren Verwendung eine spielerische Annäherung möglich macht.

Es ist doch ein schlichtes Faktum, dass die Bevölkerung eines Landes auch von außen definiert wird. Solange also Amerikaner, Briten oder Franzosen glauben, dass es »die« Deutschen gibt, muss dieser Sammelbegriff, wie es mein Landsmann Alfred Grosser einmal genannt hat, als eine

»psychologische und politische Realität« aufgefasst werden, und zwar nicht zuletzt, weil die unter diesem Sammelbegriff vorgenommenen Zuschreibungen auf Seiten der Deutschen auch Selbstidentifikationen erzeugen; dies lässt schon ein kurzer Blick in die Nachkriegsgeschichte, man denke beispielsweise an die »deutsche Schuld«, unschwer erkennen.

Von »den« Deutschen zu sprechen, ist also durchaus zu rechtfertigen, und es ist im Übrigen am wenigsten schon deshalb sinnlos, weil jede und jeder Deutsche irgendwie anders und einzigartig sind. Manchmal erscheinen zwei sogar radikal anders: Da gibt es beispielsweise die Jurastudentin in ihrem Jil-Sander-Kostüm und den abgerissenen Punk mit orangenem Irokesenkamm, und »augenscheinlich« haben beide – sie sind weder rotblond noch blauäugig noch dickleibig, sie ist groß, schlank und brünett, er klein, untersetzt und von wechselnder Farbe – so ganz und gar nichts gemein: Bis man sie plötzlich zusammen an einer deutschen Fußgängerampel stehen sieht, wo sie in stiller Übereinkunft und ungeahnter Übereinstimmung ihren Respekt vor der »Regel« bezeugen und auf das grüne Männchen warten. Was ist das denn? Eine in Frankreich undenkbare Situation; mindestens die Jurastudentin würde sich dort durch das rote Signal kaum aufhalten lassen.

Und ja, da gibt es beispielsweise auch den hessischen Winzer und die Leipziger Rundfunkredakteurin mit ihren völlig unterschiedlichen Lebenswelten; kommt man aber, zufällig und unabhängig voneinander, mit ihnen ins Gespräch, könnte man verblüfft feststellen, dass beide von einer ähnlichen Unzufriedenheit befallen sind: Die Journalistin träumt vielleicht von einem eigenen Weinberg, der Winzer sehnt sich nach einem Job beim Radio, beide haben das Gefühl, nicht den »richtigen« Platz einzunehmen – davon war weiter oben ja schon die Rede; daneben legt die eine wie der andere Wert auf bequeme, weiche, eher praktische Schuhe, beide antworten, nach der Uhrzeit gefragt, auf die

Minute genau, und beide spielen jeden Samstag Lotto, weil sie glauben, dass ihnen ein Hauptgewinn die Freiheit brächte, dass sie, wenn sie finanziell unabhängig wären, endlich den Konjunktiv abschaffen könnten: Wie schön würde ich leben, wenn ich könnte, wie ich wollte.

Alles bloß Zufall? Natürlich sind solche kleinen Übereinstimmungen, die häufig erst aus einer gewissen Distanz wahrnehmbar sind, nicht überzubewerten. Aber es gibt weit mehr davon, als der erste Blick jemals vermuten lässt. Würde es gelingen, solche Übereinstimmungen zu bündeln, käme man zu allgemeinen, vielleicht sogar zu »allgemein gültigen« Aussagen über »die Deutschen«, die bei allem Grobschlächtigen, Problematischen, Unzutreffenden, das solchen Aussagen anhaftet, weil sie die selbstverständlich ebenfalls vorhandenen Differenzen und Varianten ausblenden, dennoch eine Wahrheit enthielten, die im besten Fall erkenntnisfördernd ist, insofern sie zur Selbsterkenntnis beitrüge.

Keine Sorge, so weit will und werde ich nicht gehen, ich kann die gehäuften Konjunktive ganz sicher nicht alle auflösen. Diesem Anspruch fühle ich mich als Autor auch gar nicht gewachsen und einen pädagogischen Auftrag würde ich mir niemals anmaßen. Es möchte mir schon genügen, ist aber von mir auch nicht ausdrücklich beabsichtigt, wenn meine kleinen Ein- und Ansichten dazu anstiften könnten, sich manche der im Alltag zumeist unhinterfragten Gewohnheiten, Haltungen, Verhaltensweisen einmal bewusst zu machen, und das heißt auch, sie zu hinterfragen und ihre – manchmal komische, manchmal traurige – Eigenartigkeit zu erkennen. Das wäre schon viel, mehr als ich erwarten dürfte. Aber meine Ausflüge haben, wie gesagt, weder dieses noch ein anderes hoch gestecktes Ziel. Sie geschehen zunächst ausschließlich in der Hoffnung, dass mein Blick von außen, der Blick eines Franzosen auf Deutschland und die Beschreibung seines Lebens »unter Deutschen«, mindestens interessant, vielleicht sogar amüsant sein könnte.

Bliebe noch die »Wetterfrage«: Zwar ist, hatte ich nach einigem Hin und Her behauptet, über »das Wetter« oder »die Deutschen« zu reden, nicht schon deshalb sinnlos, weil sich das Wetter permanent ändert und weil es so viele verschiedene Deutsche wie Menschen mit einem deutschen Pass gibt. Aber vielleicht sind da ja wie beim Wetter andere Gründe zu nennen, die eine solche Beschäftigung sinnlos erscheinen lassen. Vielleicht ja, aber ich habe nicht nach solchen Gründen gesucht und also auch keine gefunden. Stattdessen habe ich allerdings, und zwar mehrfach, auf die mögliche Tristesse des Themas hingewiesen. Ordnung und Sauberkeit, Fleiß und Disziplin, Ehrgeiz und schlechtes Gewissen, Wehleidigkeit und Scham: darüber ein Buch?

Ja, warum eigentlich nicht? Ich habe diesem Land und den Menschen, die darin leben, so vieles zu verdanken, dass es mich freuen würde, mich dafür erkenntlich zeigen zu können. Und dies bitte ich nicht ironisch oder gar sarkastisch zu verstehen. Denn obwohl die Klischees von den ordnungsliebenden, sauberen, fleißigen, ehrgeizigen, humorarmen und verdrießlichen Deutschen mindestens eine Prise Wahrheit enthalten – andernfalls gäbe es sie nicht oder längst nicht mehr –, sind und bleiben es Klischees. Mein Eindruck ist sogar, dass all die bekannten, je nach Standpunkt beliebten oder gefürchteten Deutschen-Stereotype in Deutschland selbst, das heißt unter Deutschen am wirkmächtigsten sind und vor allem hier, viel mehr als im Ausland, wo ein zum Teil ganz anderes Deutschlandbild vorherrscht, der Aufklärung bedürfen. Und das ist seltsam.

In anderen Worten, und damit bin ich schon mitten im Thema: Ich habe den Eindruck gewonnen, dass das Selbstbild der Deutschen in vielerlei Hinsicht sehr viel verzerrter, klischeehafter, unzutreffender ist als all die Meinungen, (Vor-)Urteile und Verallgemeinerungen, die man sich andernorts über »die Deutschen« zu Eigen gemacht hat und die zumeist sehr viel milder und wohlwollender ausfallen. Ich könnte das einer »deutschen Bescheidenheit« zugute halten, wenn ich es nicht besser wüsste. Bescheiden? Nein, das möchte ich nicht »deutsch« nennen. Es ist etwas anderes: Die Deutschen, obwohl stets darauf fixiert, wie sie anderen erscheinen, was sie anderen gelten, gelten sich selbst recht wenig. Bisweilen lassen sie sogar einen gewissen Selbstekel erkennen, worauf ausländische Besucher, wenn sie es gewahr werden, geradezu konsterniert reagieren und was man im Ausland insgesamt mit Befremden zur Kenntnis nimmt.

Die Deutschen sind den Deutschen unsympathisch: Sie mögen sich im Urlaub nicht begegnen, wollen anderswo möglichst nicht als Deutsche erkannt werden, schämen sich für ihre Vergangenheit und für die vermeintliche Großmannssucht ihrer Landsleute sowie für ihre Ressourcenverschwendung, weshalb sie ihren Müll penibel trennen und durch großzügige Spenden ihr schlechtes Gewissen zu beruhigen versuchen – nirgendwo sonst ist die Bereitschaft, für karitative Zwecke Geld herzugeben, so groß wie in Deutschland.

Die deutsche Selbstwahrnehmung entspricht dabei durchaus nicht dem Bild, das andere von ihnen gewinnen. Erst kürzlich, im Jahr 2002, hat eine von einem großen Reiseunternehmen in Auftrag gegebene internationale Umfrage die Beliebtheit der Deutschen im Ausland bestätigt. Fremdenverkehrszentralen aus allen Teilen der Welt gaben darin zu Protokoll, dass die deutschen Urlauber von allen Gästen die angenehmsten seien und sich – im Unterschied etwa zu den Engländern – durch Freundlichkeit und höfliche Umgangsformen, durch Sprachkenntnisse und ein ausgeprägtes Interesse am Gastland auszeichneten. Lediglich beim Trinkgeld erweisen sich die deutschen Touristen als vergleichsweise knickrig, was die dennoch glänzende Allgemeinbewertung noch einmal aufwertet, weil dieser Minuspunkt dem Gesamturteil keinen Abbruch tat.

Dass ein solch erfreuliches Ergebnis – der erste Platz im Ranking der beliebtesten Urlauber – wohl vor allem die Deutschen selbst überrascht, ist ein Hinweis auf ihre verzerrte Selbstwahrnehmung und ihr lädiertes Selbstwertgefühl. Dieser eigentümliche und nicht recht erklärliche Mangel an Souveränität zeigt sich in fast allen Lebensbereichen und unterscheidet die Deutschen von den Bewohnern der meisten anderen Länder. Worüber anderswo wenig Aufhebens gemacht wird – etwa, so albern es sein mag, einen gewissen Patriotismus (»Nationalstolz«, um Gottes willen) zu pflegen, seinen Bündnispflichten nachzukommen, nationale Interessen zu verfolgen, die Menschenrechte auch in anderen Staaten, und sei es militärisch, zu schützen, sich kritisch zur amerikanischen oder gar israelischen Politik zu äußern oder einem hier lebenden Ausländer die Staatsbürgerschaft anzutragen, meinetwegen gern auch die doppelte –, führt in Deutschland zu hitzigen Debatten, zu wochen-, gar monatelangen Auseinandersetzungen, die dann häufig genug auch noch unentschieden ausgehen und praktisch folgenlos bleiben.

Obwohl ansonsten so sehr auf Klarheit und Geradlinigkeit bedacht, gibt es hierzulande erstaunlich viele Fragen, die die Deutschen offenbar lieber unbeantwortet ließen oder deren Beantwortung sie, um sich selbst nicht bekennen zu müssen, gar ans Bundesverfassungsgericht wie an ein Orakel delegieren. Sie winden und wenden sich, teilen nicht nur die Arbeit, sondern auch die Verantwortung in viele kleine Bestandteile auf, sodass am Ende niemand Konkretes mehr für das Ergebnis dingfest gemacht werden kann. Und sie tun dies alles in bester Absicht, es geht ihnen darum, bloß nichts falsch zu machen und unter keinen Umständen in irgendein Zwielicht zu geraten.

Um nicht missverstanden zu werden: Ich finde jeden Zweifel ehrenvoll und halte es für beispielhaft, wenn vor wichtigen Entscheidungen alle Bedenken ausgetauscht, gewogen, gewissenhaft geprüft und debattiert werden. In solchen Diskursen finden immer auch eine gesellschaftliche Selbstverständigung und eine politische Standortbestimmung statt. Sie sind deshalb unverzichtbar. Durch sie vergewissert sich eine Gesellschaft ihrer Grundüberzeugungen und ihrer elementaren Wertvorstellungen, sie darf darüber aber nicht vergessen, dass diesen Diskursen zumeist konkrete Problemlagen zugrunde liegen, auf die möglichst klare Antworten gefunden werden müssen.

Ich kann mich nun jedoch des Eindrucks nicht erwehren, dass der Eifer, mit dem sich die politischen Debatten in Deutschland regelmäßig vollziehen, nur selten der »Sache« oder der konstruktiven Lösung eines konkreten Problems geschuldet ist. Nein, die besondere »Gewissenhaftigkeit«, die hier stets gefordert und bis zum Exzess ausagiert wird, ist eigentümlich selbstbezogen. »Wir dürfen uns«, heißt es immer und immer wieder, »die Entscheidung nicht leicht machen«, nicht weil die Sachlage so kompliziert wäre, sondern »*weil* wir Deutsche sind. Und deshalb eine besondere Verantwortung tragen.«

Bei Nicht-Deutschen stößt diese – von den meisten sicherlich als durchaus sympathisch, von einigen anderen aber auch als anmaßend empfundene – Attitüde mittlerweile zunehmend auf Unverständnis. Und sie gründet, dieser Eindruck hat sich bei mir mit der Zeit immer stärker verfestigt, gar nicht mehr in erster Linie auf den Lehren, die aus der deutschen Vergangenheit zu ziehen wären. Nein, sie erscheint nicht selten wie eine Maske, die, weil man sie schon so lange trägt, für den eigenen Anblick gehalten wird und beruht damit auf einem verfälschten Selbstbild, das der von mir wahrgenommenen Realität sowie dem Bild, das sich viele andere von den Deutschen machen, durchaus nicht entspricht. Dabei weichen die unterschiedlichen Bilder nicht nur in Nuancen voneinander ab, sondern in der gesamten Form- und Farbgestaltung.

Und das wiederum finde ich so rätselhaft, dass es mir lohnenswert erscheint, einmal genauer hinzuschauen und die zum Teil konträren Einschätzungen miteinander zu konfrontieren. Denn auf der Grundlage meiner – subjektiven – Beobachtungen kann ich zumindest eins mit Gewissheit sagen: Die Deutschen können – oder wollen – sich einfach selbst nicht verstehen.

Hier protestiert meine Frau, die ich selbstverständlich sofort von dem gerade Gesagten ausnehme. Ich hatte oben nicht umsonst erwähnt und bleibe dabei, dass ich Gabi nicht als »Deutsche« anzusehen bereit bin. Außerdem kann sie viele der skizzierten Eigenschaften schon deshalb nicht teilen oder sie hat sie längst abgelegt, weil sie mich ja bereits etliche Jahre an ihrer Seite hat. Dennoch muss ich schon um ihretwillen versuchen – nein, in Wahrheit um meinetwillen, denn ich möchte es mir mit ihr nicht verscherzen –, meine Ansichten plausibel zu machen oder wenigstens nachvollziehbar. Jede Menge Stoff, nicht nur für unsere Frühstücksgespräche.

Hoffentlich hält das Eis, auf das ich mich damit begebe – und auf das mich der Dammann immer weiter hinausschickt. Um meine Zweifel zu zerstreuen, geht er auch schon mal ein paar Schritte vor und winkt mich dann aufmunternd heran. Na, der hat gut winken, ist ja auch um einige Kilo leichter als ich – und hat keine Gabi im Nacken, die trotz meiner Beschwichtigung bedrohlich angriffslustig wirkt, als hätte ich plötzlich in feindlicher Absicht eine Grenze überschritten.

»Verstehen Sie Spaß?«

Es sitzt ein Vogel auf dem Leim,
Er flattert sehr und kann nicht heim.
Ein schwarzer Kater schleicht herzu,
Die Krallen scharf, die Augen gluh.
Am Baum hinauf und immer höher,
Kommt er dem Vogel immer näher.

Der Vogel denkt: Weil das so ist
Und weil mich doch der Kater frisst,
So will ich keine Zeit verlieren,
Will noch ein wenig quinquilieren
Und lustig pfeifen wie zuvor.
Der Vogel, scheint mir, hat Humor.

WILHELM BUSCH

»Meinst du nicht, dass du hier ein wenig überheblich bist, Goeudevert? Du willst also sagen, dass du uns besser verstehst als wir uns selbst? Nun mach mal halblang. Du weißt ja noch nicht einmal, wie die Franzosen ticken, und willst mir nun erklären, was mit uns los ist?« Gabi spricht jetzt offenbar als Deutsche zu mir – wie zu einem Fremdling, der sich erdreistet, sich in innere Angelegenheiten einzumischen. Und ihre Verteidigung hat überhaupt nichts Defensives, sondern enthält bis in die Mimik hinein alle Zutaten eines Angriffs. Jetzt nur nichts falsch machen!

»Deine Reaktion ist typisch deutsch«, will ich schon erwidern und formuliere in Gedanken bereits eine Abbitte an Tacitus, dessen Aussage, dass die Germanen »nur zum Angriff taugen«, wohl doch einen wahren Kern trifft. Ich kann mir die Bemerkung aber gerade noch verkneifen und besinne mich stattdessen lieber aufs Einlenken.

»Ja, zugegeben«, räume ich beschwichtigend ein, »die Anmaßung ist nicht ganz von der Hand zu weisen, irgendwie läuft es schon darauf hinaus. Aber behauptet habe ich bislang doch lediglich, dass die Deutschen sich selbst nicht verstehen und dass meine Wahrnehmung von ihnen ihrem Selbstbild nicht zu entsprechen scheint. Und ich habe die bescheidene Hoffnung geäußert, dass es vielleicht hilfreich sein könnte, solche Abweichungen einmal genauer zu betrachten und die unterschiedlichen Bilder übereinander zu schieben. Es ist ja keineswegs ausgeschlossen, dass ich mit meiner Sicht auf die Dinge völlig danebenliege und deshalb zu Fehleinschätzungen komme. Ob das der Fall ist und worin die vorhandenen Wahrnehmungsdifferenzen begründet sind, lässt sich aber doch erst im Vergleich erkennen. Und darum geht es mir, nicht um Rechthaberei«, beteuere ich und lasse vorsichtshalber unausgesprochen, was mir als ergänzender Plausibilitätsbeweis noch auf der Zunge liegt: »Ich bin schließlich kein Deutscher.«

Meine Vorsicht zahlt sich aus. Ihr Ausdruck wird etwas versöhnlicher, scheint mir, und ich versuche, die Chance zu nutzen, um sie noch milder zu stimmen. »Du sagst doch selbst immer, dass dir viele Eigenarten des deutschen Alltags erst aus der Distanz aufgefallen sind. Damit bist du nicht weniger klug als der deutsche Philosoph Helmuth Plessner, der einmal geschrieben hat: ›Die Macht der Gewohnheit lässt die sinnliche Anschauung verkümmern. … Man muss der Zone der Vertrautheit fremd geworden sein, um sie wieder sehen zu können.‹ So geht es dir, seit du in Frankreich lebst, du blickst plötzlich mit anderen Augen auf das dir einst Selbstverständliche. Und so geht es mir als Franzosen schon immer, wenn ich in Deutschland bin und mit Deutschen zu tun habe. Über Frankreich und die Franzosen wüsste ich wahrscheinlich viel weniger zu sagen als du, ganz bestimmt aber anderes, ohne dass ich auf die Idee käme, deine Beobachtungen deshalb ungeprüft für falsch oder anmaßend zu halten. Denn da ich selbst viele Jahre im Ausland gelebt habe, konnte ich genügend Distanz zu meinem Heimatland aufbauen, um es auch mit ›fremden‹ Augen sehen zu können und dadurch viele Eigenheiten und Gewohnheiten überhaupt erst als solche zu entdecken. Deshalb können wir uns ja gemeinsam so schön über die Franzosen lustig machen.«

Jetzt lächelt meine Frau sogar – bestätigend, denn das Lästern gehört zweifellos zu ihren Lieblingsbeschäftigungen; ist ja auch schön. Tatsächlich ziehen wir gern und viel über »das Französische« her, nicht nur beim Frühstück, wobei sie allerdings zumeist Oberwasser hat, weil ich dabei, sozusagen als Vertreter meiner Nationalgattung und lebendiger Merkmalsträger, in der Regel sowohl Anlass als auch Objekt des Spottes bin – also im Grunde der Leidtragende. Nun ja. Nur selten haben wir den Spieß bislang umgedreht und uns dem Deutschen zugewandt. Zu selten, finde ich und mache jetzt einen Anlauf. Die Gelegenheit ist günstig, denn immerhin bin ich dabei, ein Buch darüber zu schreiben.

»Erinnerst du dich beispielsweise noch, als du mir vor einiger Zeit zu größter Vorsicht und Zurückhaltung geraten hast, sollte es mir passieren, dass ich in Deutschland nach meinem Befinden befragt werde? Du konntest mir das wahrscheinliche Szenario – zu meinem größten Vergnügen – in den schönsten Farben ausmalen: Sofern ich gerade gesundheitlich nicht ganz auf dem Damm sein sollte und den Fehler beginge, dies wahrheitsgemäß zur Antwort zu geben, würde ich von meinem Gegenüber, hast du mir versichert, nahezu garantiert dessen komplette Krankheitsgeschichte, einschließlich aller erdenklichen skandalösen Verfehlungen von raffgierigen Ärzten und kaltherzigem Medizinbetrieb zurückerhalten; als hätte er gar nicht mich, sondern von vornherein sich selbst befragt. Und seine erbarmungswürdige Leidensbeichte würde mich sofort verstummen lassen und mir vermutlich auch noch die Schamesröte ins Gesicht treiben, weil ich von jener Lappalie, die mich bedrängt, überhaupt ein Aufhebens gemacht habe. Eine Beleidigung für jene, denen es so viel schlechter geht als mir – also im Grunde für alle Deutschen. Wie egoistisch, wie hypochondrisch, wie unsensibel von mir! – Ich fand deine Beschreibung damals sehr treffend. Mir kamen sofort etliche entsprechende Situationen in den Sinn. Denn genauso, zumindest so ähnlich, ist es wirklich. Die Deutschen können bei jeder Last, jedem Leiden, jeder Bedrängnis – und erst recht bei einem schlichten Unwohlsein – immer noch eine Schippe drauflegen.«

»Moment mal«, wirft Gabi ein, »ganz so ist es natürlich nicht. Wir haben herumgealbert, uns gegenseitig hochgeschaukelt. Das stimmt. Aber was dabei herausgekommen ist, könnte man allenfalls Satire nennen; wir haben uns schlicht lustig gemacht. Daraus nun eine charakterisierende Aussage über die Deutschen zu filtern, halte ich für ziemlich vermessen. Das kann doch nicht dein Ernst sein. Ist das etwa die Quelle, aus der du deine Weisheiten schöpfst? Ich bitte dich! Wenn du schon unbedingt sagen musst, was du über die Deutschen herausgefunden zu haben glaubst, dann erspare deinen Lesern derlei Flachheiten. Ein bisschen mehr Tiefgang darf es schon haben.«

Der ganze Ausdruck meiner Frau hat plötzlich etwas Lehrerhaftes: »Setzen, fünf.« Das ärgert mich. Außerdem ist mir nicht zum Sitzen zumute, weshalb mir der Hinweis auf die deutsche »Tiefe« gerade recht kommt. Diesen Ball nehme ich doch gern auf.

»Tiefgang! Was, bitteschön, ist Tiefgang? Das musst du einem Franzosen, der ja bekanntlich das Oberflächliche liebt, schon erklären. Wenn ich mit dem Kopf möglichst tief ins Wasser eintauche, bekomme ich keine Luft mehr, und ich kann auch nicht mehr sehen, was oben vorgeht. Das will ich aber gerade sehen, und darüber rede ich hier. Zwar kann sich das, was oben vorgeht, als reine Fassade, bloße Äußerlichkeit, trügerischer Schein erweisen, weshalb – was ich ja schon eingeräumt habe – der Evidenz nicht zu trauen ist; will man sich nicht nur lustig machen und auch nicht nur zuschauen und teilnehmen, sondern urteilen, ist es deshalb ratsam, das Wahrgenommene zu hinterfragen, es in Beziehung zu setzen. Ja, soweit stimme ich dir jederzeit zu. Aber daraus nun etwa den Umkehrschluss zu ziehen und alles Äußere und Äußerliche unter Generalverdacht zu stellen, das Sichtbare zur Lüge zu stempeln, als Trug zu diffamieren und damit die Realität im Endeffekt zu leugnen, könnte ich nur neurotisch nennen. Eine sehr deutsche Neurose übrigens, die sich häufig als Zivilisationskritik verkleidet. Das bloß Formale gilt den Deutschen buchstäblich als oberflächlich, das Authentische, die wahre Identität, die Wurzeln sind darunter verborgen. Und dieses Verborgene, zum Beispiel das ›deutsche Wesen‹, erzeugt offensichtlich ganz ambivalente Gefühle: Es löst Angst aus, die als *German Angst* sogar schon Eingang in den englischen Sprachschatz gefunden hat, und es weckt gefährliche Sehnsüchte nach einer ›ursprünglichen Einheit‹, nach Gemeinschaft und Homogenität.

Meinst du das mit ›Tiefe‹? Soll ich mich zu den vermeintlichen Wurzeln hinabgraben und jene geheimnisvolle, offenbar bestialische Substanz freilegen, vor der sich die Deutschen so sehr fürchten, dass sie sich mit dem schon erwähnten engmaschigen Regelnetz umgeben und sich schärfste Disziplinierungen verordnen? Entschuldige, aber euer Schuldkomplex ist wirklich von außergewöhnlicher Penetranz. Da halte ich mich doch eher an das, was ich sehe und erlebe; andernfalls würde ich ja selber dem in meinen Augen falschen Selbstverständnis der Deutschen auf den Leim gehen. Viel lieber würde ich aber mit diesem Quatsch aufräumen. Ich möchte und werde gerade keine ›Wesensaussage‹ machen, weil ich den Glauben an ein mit sich selbst identisches Wesen oder an eine authentische, homogene Gemeinschaft für illusionär halte. Ich bin nicht auf der

Suche nach dem ›Eigentlichen‹, nach Ursprüngen und Wurzeln oder gar nach einer verborgenen Volksseele, die es im Zaum zu halten gelte. Wer danach sucht, findet nichts, aber er findet dabei allzu oft eine Ideologie oder eine Mythologie.«

»Das wird ja immer schöner«, wirft Gabi dazwischen und scheint meine letzten, sicher alles andere als luziden Bemerkungen schon gar nicht mehr gehört zu haben. »Jetzt sind wir also alle auch noch Neurotiker?« Ihre Stimme lässt erkennen, dass ich meine Chance, ihr Misstrauen zu verringern, verspielt habe. Das Eis ist wirklich dünn. Ob das gut geht?

»Na und?«, versuche ich zu retten, was zu retten ist, »das sind die Amerikaner doch auch, wie wir von Woody Allen wissen. Und dass wir Franzosen ebenfalls hoch neurotisch sind, erlebst du doch jeden Tag.« Aber es nützt nichts. Unter meinen Füßen zeichnen sich bereits die ersten Risse ab.

»Im Unterschied zu dir«, erwidert sie nun gar nicht mehr milde, »weiß Woody Allen sehr genau, was er tut. Er hat durchschaut und selbst durchlebt, was er in ironischer und satirischer Brechung dann souverän vor der Kamera inszeniert. Und er würde sich bestimmt nicht zu plumpen Verallgemeinerungen hinreißen lassen und aus einzelnen der vielen kleinen Neurosen und individuellen Leidenswege, die zusammengenommen so etwas wie eine gesellschaftliche Momentaufnahme darstellen, nationale Charakterzüge herleiten; überhaupt würde ich das, was er zeigt, eher *menschlich* als *amerikanisch* nennen, denn andernfalls würden mich seine Filme ganz bestimmt nicht so anrühren; New York ist für ihn lediglich die Kulisse für die Tragikomödie des Lebens, eine Art Labor moderner Existenzformen. Nein, mein Lieber, ich fürchte, der Woody Allen ist um einiges klüger als du. Von seiner Sensibilität und Beobachtungsgabe will ich dir zuliebe besser gleich ganz schweigen.«

Nun gut, ich bin nicht Woody Allen. Damit muss ich leben

lernen. Ich weiß auch, dass meine Frau ebenso mit dem unboshaften Teil ihrer Bemerkung Recht hat – und sag es ihr gleich: »Ich stimme dir ja zu. Aus einer konkreten Situation und ihrer absichtsvollen Überzeichnung lässt sich unmöglich schon ein Gesamturteil ableiten. Einverstanden. Und dennoch halte ich die Methode für zulässig, jedenfalls unter der Bedingung, dass eine konkrete Situation als Beispiel taugt, sofern sich also in vielen anderen Situationen Vergleichbares zeigen ließe. Genau so komponiert doch auch der Woody Allen seine Filme. Er zeigt viele kleine, alltägliche, sehr unterschiedliche Situationen und arrangiert sie so, dass sie auf verstörende Weise ähnlich sind – ähnlich auch dem eigenen Leben –, wodurch es ihm gelingt, menschliche Schwächen und Laster sowie gesellschaftliche Zustände transparent zu machen. Und darin wiederum besteht doch die hohe Kunst der Satire.«

Jetzt habe ich das richtige, das geeignete Stichwort. Ohne eine Antwort abzuwarten, setze ich deshalb noch einmal an: »Wenn ich es richtig sehe«, beginne ich vorsichtig, »beruht doch jede Satire darauf, dass durch die Überzeichnung und in der Zuspitzung etwas verborgen, verschleiert, verdrängt, Vorhandenes bis zur Kenntlichkeit enthüllt wird. Andernfalls wäre es keine Satire, sondern meinetwegen Slapstick. Und wenn das, was dabei kunstvoll kenntlich wird, als etwas Eigenes wiederzuerkennen ist, kommt man in glücklichen Momenten sogar in die Lage, über sich selbst, über die eigenen Marotten, Gewohnheiten, Verhaltensweisen lachen zu können. Das beste Lachen überhaupt – auch wenn es einem manchmal im Halse stecken bleibt –, ein Lachen allerdings, das man in Deutschland viel seltener vernimmt als in den meisten anderen Ländern.«

Mit dem nun gewonnenen Schwung hoffe ich, die schwierige Kurve doch noch zu meistern. »Für diese Art von Humor«, ergänze ich deshalb, fast ohne Luft zu holen, »der aus Verstocktheit befreien und im buchstäblichen Sinne lehrreich sein kann, ist Deutschland ein Entwicklungsland. Zwar gibt es immer einmal wieder begnadete Humoristen wie zum Beispiel Heinz Ehrhardt, einen Jongleur der Sprache, der die Leute durch seine Präzision zum Lachen brachte; es gibt einzelne geniale Satiriker wie Loriot und, ja, auch Harald Schmidt, aber das sind rare Ausnahmen, die jedoch immerhin ein wenig Hoffnung auf Besserung lassen.

Man muss ja nicht gleich so weit gehen wie der englische Humorist George Mikes, der einmal gesagt hat: ›Der mangelnde Sinn der Deutschen für Humor hat zwei Weltkriege heraufbeschworen. Das ist kein Pauschalurteil, sondern die nüchterne Bewertung einer historischen Wahrheit‹ – obwohl der Hinweis sicher nicht ganz von der Hand zu weisen ist. Aber mir genügt es ja zunächst, zu fragen, woher dieses Sauertöpfische, dieser sprichwörtliche Bierernst kommt. Warum können die Deutschen über den belanglosesten Nonsens und die derbsten Späße lachen – wogegen, für sich genommen, auch gar nichts einzuwenden ist –, nicht aber über sich selbst?

Dass die Deutschen lachen können, ist übrigens unüberhörbar. Ich glaube, nirgends wird lauter gelacht als hier, was den schon zitierten George Mikes einmal zu der Bemerkung veranlasste: ›Andere Völker besitzen einen Sinn für Humor, die Deutschen trainieren ernsthaft ihre Lachmuskeln.‹ Aber bei welchen Anlässen trainieren sie? Oder, freundlicher gefragt: Wann ist ihnen denn zum Lachen? Offenbar finden sie es nicht komisch, wenn sie selbst auf die Schippe genommen werden – wie schon der berühmte Schelm Till Eulenspiegel erfahren musste, als er von seinen gar nicht amüsierten Mitbürgern aufs Schafott geführt wurde. Offenbar finden sie es auch nicht komisch, wenn man ihnen hintergründige Nonsens-Verse vorträgt – worüber uns der glänzende Humorist und Lyriker Robert Gernhardt ein Lied singen könnte, der einmal auf den absonderlichen Reim ›Der Chines spielt leicht ins Gelbe, von Chinas Hasen gilt dasselbe‹ zahlreiche entrüstete Zuschriften erhielt, weil der Dichter, so seine Kritiker, Menschen und Nagetiere auf eine Stufe stelle; die derart Entrüsteten waren übrigens, wie Gernhardt selbst süffisant feststellte, Deutsche, nicht Chinesen.

Nun gut, nicht jede Form von Spaß kann mehrheitsfähig sein. Worüber die einen lachen, kann von anderen als geschmacklos oder deprimierend empfunden werden – weshalb über Humor zu reden so schwierig ist. Ich habe einmal im Fernsehen einen furchtbar albernen Menschen namens Didi Hallervorden gesehen und konnte, vielleicht abgesehen vom Namen, nichts, aber auch rein gar nichts Komisches an ihm entdecken – ganz im Unterschied zu vielen Deutschen, die seiner Sendung eine offenbar ausreichende Quote verschaffen. Ich finde das gar nicht weiter bemerkenswert, wundere mich nur manchmal, warum intelligente Menschen so weit unterhalb ihres Niveaus zum Lachen zu bringen sind.

Der möglicherweise deutlichste Beleg deutscher Humorarmut ist die seit langer Zeit sehr erfolgreiche Sendung *Verstehen Sie Spaß?*. Ihr Titel ist Programm und formuliert eine Frage, die sich beim Anschauen dieser so genannten Unterhaltungs-Show von selbst beantwortet. Nein! Den Spaß, der hier gemeint ist, verstehe ich nicht, wenngleich ich die Streiche, um die es dabei geht, aus meiner Jugendzeit sehr gut kenne; ich habe auch an fremden Häusern geklingelt oder nasse Schwämme auf Klassentüren gelegt. Es sind Kinder- oder Jugendstreiche, die darauf beruhen, jemandem einen Schaden zuzufügen, der oder die dann anschließend, wie es so schön heißt, für den Spott nicht zu sorgen braucht. Kurz, die Veranstaltung belegt für mich ein eher niedriges Humorniveau, sie hat etwas Pubertäres, weil sie sich darauf beschränkt, andere hereinzulegen, um sich an deren Dummheit oder Missgeschick zu erfreuen – und daran, dass man selbst verschont geblieben ist. Hier wird nicht gelacht, hier wird ausgelacht. ›Verstehen Sie Spott?‹ wäre deshalb wohl der treffendere Titel.«

»Nun wirst du aber selbst etwas biestig, Goeudevert«, sagt meine Frau leicht triumphierend. Damit musste ich rechnen, bin aber insgeheim erleichtert, dass meine kleine Ablenkung von den neurotischen Deutschen funktioniert hat. »Spielst dich hier als so eine Art Humorkommissar auf und merkst gar nicht, wie ›deutsch‹ du plötzlich sprichst. Als hättest ausgerechnet du über die lustigen Sitten zu wachen. Und bitte, pass auf deine Zeigefinger auf, die haben nämlich einen starken Hang, sich zu heben. Du weißt, dass ich das nicht ausstehen kann. Außerdem spottest du doch selber für dein Leben gern. Und eine fliegende Torte würdest du auch nicht verachten. Wozu Teller?«

Am liebsten hätte sie noch »Barbar« hinzugefügt. Bevor ich mich nun aber selber ablenken lasse und auf unsere unterschiedlichen Tischsitten und Essgewohnheiten eingehe – das hebe ich mir für später auf –, möchte ich schon noch meinen Punkt setzen. »Natürlich habe ich nichts gegen Spott«, antworte ich und behalte jetzt meine Zeigefinger im Blick und unter Kontrolle. »Sofern es ein Element, eine Humorvariante unter anderen ist. Wenn Ironie, Satire, Selbstironie gleichgewichtig oder wenigstens deutlich erkennbar danebenstünden, hätte ich nichts zu meckern. Aber mal ehrlich: So ist es doch nicht. Und das weißt du sogar besser als ich. Andernfalls wärst du gar nicht in der Lage, eine so vieldeutige Bemerkung wie die mit der Torte zu machen – die merk ich mir übrigens. Allein dafür hättest du den Orden ›Wider den tierischen Ernst‹ verdient, der in Deutschland alljährlich unter großer öffentlicher Anteilnahme verliehen wird. In keinem anderen Land wäre es denkbar, dass jemand, nur weil er manchmal einen Scherz auf den Lippen hat oder ein verschmitztes Lächeln aufsetzt, öffentlich ausgezeichnet wird. Das gibt es nur in Deutschland, und es ist bezeichnend.

Humor ist den Deutschen so wenig geheuer wie Leichtigkeit. Sie wissen nie so recht, wann ein Spaß angebracht ist, und verzichten deshalb im Zweifel lieber darauf. Deswegen gibt es wohl nirgends so viele lachfreie Zonen wie in Deutschland. Wenn dann einmal jemand gefunden wird, der das allgemeine Lachverbot souverän ignoriert, ohne dabei peinlich zu wirken, gebührt ihm in der Tat ein Orden – auch weil er schließlich der lebendige Beweis ist, dass ›wir‹, die Deutschen, also doch nicht so stur und ernst sind wie gemeinhin angenommen. ›Wir können auch anders.‹ Aber wenn ihm dann tatsächlich und allen Ernstes ein Orden verliehen wird, begeht man im Grunde genau die Peinlichkeit, die der Geehrte bis dahin vielleicht noch zu vermeiden wusste.

Selbstverständlich gibt es Situationen«, fahre ich fort, »in denen sich ein Scherz verbietet. Aber sehr viele sind es nicht. Nehmen wir zum Beispiel die deutschen Nachrichtensendungen, die sich deutlich etwa von den französischen unterscheiden. Zwar ist hier durch die privaten, stark an Amerika orientierten Anbieter inzwischen vieles lockerer geworden, aber die *Tagesschau* dürfte zumindest in Westeuropa ein Unikat sein. Da sitzt ein Einzelner gemessenen Ausdrucks vor der Kamera und liest Meldungen vom Blatt, ohne jeden Zwischenton, ohne Pause, ohne Kommentar und garantiert humorfrei. So ist es nahezu unverändert, seit das Fernsehzeitalter begann, während sich in anderen Ländern längst die Praxis durchgesetzt hat, dass die Nachrichten von einem Duo vorgetragen werden, das zwischendurch auch kurz einmal ins Plaudern gerät; da werden Fragen gestellt, wie sie auch ein Zuschauer stellen könnte und die Meldungen des jeweils anderen knapp kommentiert, und es wird sogar manchmal gelacht. Durch solche Lebendigkeit bleiben meines Erachtens auch die Inhalte anders haften.

Nun stell dir mal eine deutsche Nachrichtensprecherin vor, die eine gerade verlesene Meldung – ›Die Bundesregierung hat sich für einen Abbau der Arbeitslosigkeit ausgesprochen‹ – ironisch kommentiert. Das ist schlicht nicht vorstellbar, übrigens am wenigsten für die Protagonisten selbst. Vor ein paar Jahren traf ich in einer Fernsehsendung auf Ulrich Wickert, der damals noch ARD-Korrespondent in Frankreich war und in Kürze die *Tagesthemen*-Moderation von Hanns-Joachim Friedrichs übernehmen sollte. Ich fragte ihn während der Sendung, ob er denn nicht auch einige Neuerungen einführen wolle, da das bisherige Sendeformat in meinen Augen etwas angestaubt sei und die eine oder andere Auffrischung vertragen könne. Ich als Franzose hätte den Eindruck, dass die Nachrichten in Deutschland etwas zu steif vorgetragen würden, ohne Phantasie, ohne jede Bewegung. Darauf reagierte Wickert, der als Korrespondent immer wieder seinen Humor bewiesen hatte, äußerst gereizt: Er werde sich wahrscheinlich allabendlich eine lustige Pappnase aufsetzen und überlege sich, hin und wieder auch eine Tanzeinlage zu bieten, damit die Zuschauer für ihre Gebühren etwas geboten bekommen, antwortete er genervt. Als hätte ich eine anstößige Frage gestellt. Wickert bewies damit, dass er offenbar bereits die Regeln seiner neuen Funktion verinnerlicht hatte. Und Humor wird von diesen Regeln aufs Strengste untersagt. Denn die Nachrichten sind schließlich eine ernste Angelegenheit.«

Gabi macht inzwischen einen unkonzentrierten Eindruck. Sie schätzt es nicht, wenn ich meiner Neigung zum Monolog nachgebe. »Im Unterschied zu dir«, versuche ich deshalb jetzt, meinen Gedanken zu Ende zu bringen und in einem Bogen an unseren Ausgang zurückzukehren, »ist der deutsche Humor ein Torso, ein Bruchstück, unfertig, unvollendet, wie ein Rumpf ohne Kopf.« Hier halte ich einen Moment inne, um mein Kompliment wirken zu lassen. Doch leider zeigt sich meine Frau völlig unbeeindruckt. Das ist kein gutes Zeichen.

»Und die meisten Deutschen«, fahre ich nun ein wenig verunsichert fort, »sehen nicht einmal, dass etwas fehlt, weil sie über eine nur mangelhafte Distanzfähigkeit verfügen. Solche Distanz aber – mindestens zeitweilig und vor allem zu sich selbst – ist zugleich nötig, um sich selbst zu erkennen und sich seiner bewusst zu werden. Denn nur wer über ausreichend Selbstbewusstsein und Selbstkenntnis verfügt, wird schließlich auch Humor ausbilden und den Torso vollenden können. Womit ich nun wahrscheinlich besser sagen kann, was ich ohne dein Nachfragen sonst sehr unvermittelt gesagt hätte: Die Deutschen können nicht über sich lachen – ich weiß, ich weiß, selbstverständlich gibt es viele, die das können, und es werden glücklicherweise immer mehr –, weil sie sich nicht gut genug kennen, weil sie sich nicht verstehen. Vielleicht ist das auch ein Grund dafür, dass sie sich selbst nicht mögen. Aber ich mag sie, und deshalb erlaube ich mir, ihnen Interesse entgegenzubringen, neugierig zu sein, Anteil daran zu nehmen, wie sie sich verhalten – was selbstverständlich auch beinhaltet, sie zu kritisieren.«

»Dann sind wir ja wieder am Anfang«, bekomme ich süffisant zur Antwort. »Dann musst du mir wohl alles nochmal erklären. Aber nicht jetzt. Ich habe schließlich auch noch etwas anderes zu tun, was Handfestes eben. Geh du nur denken und sag Bescheid, wenn du so weit bist. Ich höre mir das Ergebnis dann gern an. Im Moment bist du offenkundig noch nicht so weit.« Sie dreht sich um, lässt mich stehen und geht in den Garten. Warum komme ich mir plötzlich nur so klein vor? Und so allein?

Aber nein, da ist ja noch der Dammann. Wenigstens er wird mich verstehen – und sich? – oder, wenn er professionell genug ist, zumindest so tun als ob. Doch Fehlanzeige! Auch Dammann erweist sich als wenig hilfreich. Er nennt Gabis Rat sogar klug und findet ohnehin, ich sei im

Gespräch zu nachgiebig. Der hat gut reden. Jedenfalls hält er es für eine gute Idee, wenn ich mich erst mal eine Weile an den Schreibtisch setze. Na, ihr werdet schon sehen, was ihr davon habt.

Der deutsche Michel

> Radikal sein bedeutet Moralismus der Leistung, Misstrauen gegen Freude und Genuss, Verachtung des Scheins, des Leichten, alles dessen, was von selbst geht, Verehrung der Schwierigkeit und nur zu williges Bejahen der Bitterkeiten, die aus der Inkongruenz unseres Willens mit der Welt hervorgehen.
>
> HELMUTH PLESSNER

Also gut, ich will versuchen, mir das Parlando eine Weile zu verkneifen und die Sache gewissenhaft »deutsch« anzugehen. Und damit meine Frau merkt, wie ernst es mir ist und wie ernst ich sein kann – immerhin hat sie mir »Flachheit« vorgeworfen! –, schiebe ich das Alltägliche und Skurrile zunächst einmal beiseite und tauche mitten hinein in das, was häufig das »deutsche Dilemma« genannt wird – wobei mir schon genügen würde, wenn es mir gelänge, das »Deutsche« daran kenntlich zu machen; denn für Dilemmata fühle ich mich eher nicht zuständig. Wenn ich mich nun also, obwohl es nicht meiner Neigung entspricht, mit dem in Deutschland immer wieder zu beobachtenden merkwürdigen Schwanken zwischen Selbstbewusstsein und Scham, Überheblichkeit und Wehleidigkeit, Freiheitsdrang und Absicherungswahn beschäftige, so hoffe ich wenigstens, dass deutlich wird, wie sehr ich mich dabei quälen muss; dann kann ich vielleicht auch auf Anerkennung hoffen. Weil ich es mir aber durchaus ungern schwer mache, erlaube ich mir, wenigstens leicht zu beginnen. Zum Warmwerden sozusagen.

Ein kleines, ganz unspektakuläres Beispiel: Vor einigen Monaten fuhr mich der deutsche Geschäftsführer eines Finanzunternehmens nach Ende einer Veranstaltung, zu der mich seine Firma eingeladen hatte, mit dem Auto eigenhändig in mein Hotel zurück. Das war sehr angenehm, sowohl das Auto wie auch seine Gesellschaft. Als ich mich daraufhin beim Abschied für seine Gastfreundschaft bedankte, bemerkte er geradezu »selbstkritisch«, dass diese Tugend in Deutschland ja leider nicht sehr ausgeprägt sei. Und er sagte das ganz bestimmt nicht in der Absicht, die eigene Freundlichkeit in den Glanz des Außergewöhnlichen zu stellen. Nein, der meinte das wirklich so.

Das hat mich verblüfft. Weil ich selbst die Deutschen noch nie als ungastlich erlebt habe. Im Gegenteil, ich hatte immer und habe bis heute den Eindruck, dass mein Fremdsein, mein Ausländerstatus hier fast wie ein Bonus wirkt, und kann mich nicht erinnern, jemals schlecht, unfair, unfreundlich, rücksichtslos behandelt worden zu sein, weil ich kein Deutscher bin. Sicher, auch ich habe manchmal Bosheiten ertragen müssen, Anfeindungen, Sticheleien, es gab hin und wieder Intrigen sowie die eine oder andere kleine oder – zum Ende meiner Manager-Laufbahn – auch größere Gemeinheit, aber dabei ging es immer um Positionen, um Macht, Einfluss und Karrieren, nicht darum, ob ich Einheimischer oder Ausländer bin. Nein, ganz generell begegnete und begegnet man mir in diesem Land vielleicht sogar zuvorkommender, als sich die Deutschen untereinander begegnen. Auch sind die Rücksichtnahme auf die Schwächen und die Anerkennung der Qualitäten anderer meiner Wahrnehmung nach weitaus stärker ausgeprägt als anderswo.

Ich erlebe Deutschland deshalb als ein überaus gastfreundliches Land. Viele Jahre meines Lebens habe ich mich dort sehr wohl gefühlt, so einige Deutsche zu Freunden und eine Deutsche zur Frau gewonnen. Noch heute sind meine Reisen nach Deutschland für mich auf eigentümliche Weise stets wie ein Nachhausekommen. So sehr fühle ich mich dem Land und seinen Menschen verbunden. Ich kann mir gut vorstellen – und meine Frau und ich ziehen das ernsthaft in Erwägung –, dort meinen Lebensabend zu verbringen; ja, selbst dort begraben zu werden, würde ich nicht ausschließen wollen. Deutschland ist mein Land, ist für mich Heimat geworden, in irgendeiner Form.

Eigentlich und uneigentlich

Wie aber kommt es nun zu einer Einschätzung wie der des erwähnten Geschäftsführers, zu einer, wie ich glaube, verzerrten »Selbsteinschätzung«, die durchaus weit verbreitet ist, die aber immerhin den positiven Nebeneffekt hat, dass sich viele Deutsche besonders anstrengen, damit niemand merkt, wie sie »eigentlich« sind? Aber wie sind sie denn eigentlich? Um das herauszufinden, das haben mich Situationen wie die geschilderte gelehrt, darf man gerade keinen Deutschen fragen. Denn dann bekommt man fast immer ein negativ verzerrtes Bild.

Nur schnell zwischendurch bemerkt, weil mir Gabis Vorwurf der Naivität und Blauäugigkeit schon prospektiv in den Ohren klingt. Vielleicht wird sie mich sogar einen zynischen Ignoranten nennen, weil ich mich hier auf ein Feld vorwage, das ich aus meiner eingeschränkten, privilegierten, luxuriös verengten Managerperspektive nicht wirklich überblicken könne. Solche Skepsis ist angebracht, weshalb ich, was ich hier vorbringe, noch einmal selber unter den Vorbehalt des Subjektivismus stelle und hoffe, dass niemand meine Beobachtungen und Gedanken als Wahrheit heischende Belehrungen auffasst, sondern als Reflexionen, als ein öffentlich gemachtes und dadurch zur Diskussion gestelltes Nachdenken über Zustände und Erscheinungen in Deutschland, wie ich sie erlebe, durch meine Augen sehe, vor dem Hintergrund meiner Erfahrungen einschätze.

Auf den Umgang mit Fremden übertragen heißt das: Mir ist natürlich bewusst, welch große Rolle Einkommen und sozialer Status spielen, ich weiß auch, dass sich meine Erfahrungen wohl kaum mit denen eines türkischen Gemüsehändlers, eines bosnischen oder nigerianischen Asylsuchenden, einer polnischen Putzfrau, eines jordanischen Kellners oder eines portugiesischen Bauarbeiters werden in Deckung bringen lassen. Und bitte, ich möchte hier nichts schönreden und schon gar nichts verharmlosen. Jede Benachteiligung und erst recht jede Form von Gewalt gegen Fremde sind abscheulich und gehören auf das Schärfste verurteilt; und Diskriminierung und Gewalt gibt es – und wird es vermutlich immer geben, überall auf der Welt, weil die Dummheit unausrottbar zu sein scheint. So werden viele, vielleicht sogar die Mehrzahl der Ausländer in Deutschland ganz andere Erfahrungen machen als ich und sich hier, im Unterschied zu mir, womöglich nicht willkommen fühlen.

Das wäre ein nicht zu leugnender Skandal, dem sich aber meiner Überzeugung nach nicht dadurch beikommen ließe, dass man sich selbstbezüglich, manchmal geradezu selbstquälerisch um die eigene Achse dreht, um nach den *deutschen* Wurzeln der Fremdenfeindlichkeit zu fahnden und sich anschließend als »schlecht« zu geißeln. Denn die Dummheit, die der ängstlichen oder aggressiven Abwehr von Fremdem zugrunde liegt, ist zunächst einmal nichts typisch Deutsches, sie ist universell. Man muss und kann sie bekämpfen, wird ihrer aber nicht dadurch Herr, dass man die konkreten Dummköpfe, die Täter, sofort zu sozialen Symptomträgern erklärt und nicht etwa sie, sondern von vornherein die gesamte Gesellschaft, aus der sie ja schließlich hervorgegangen sind, an den Pranger stellt.

Eine Rettung, ein Entrinnen erscheint dann kaum mehr möglich; als gäbe es kein richtiges Leben im falschen. Anstatt sich aktiv gegen Dummheit, Ignoranz und Willkür zur Wehr zu setzen, nimmt man die Tat anderer als Beleg für die eigene Verderbtheit – und versinkt darüber in Scham, woraus sich zwangsläufig eine Kultur der Vorsicht, des Kleinmuts entwickelt. Wer wollte den ersten Stein werfen? Haben wir nicht alle Dreck am Stecken? Ist der Täter nicht ein Teil von uns, Angehöriger des deutschen Volkes, und führt er am Ende nicht aus, was wir womöglich selber insgeheim wollen? Sind wir nicht alle schuldig, wenn aus unserer Mitte heraus Unrecht geschieht? Rien ne va plus.

Ein merkwürdiger Teufelskreis, dessen Sog die Deutschen mit Hingabe nachzugeben scheinen. Dagegen wäre nur dann auch gar nicht viel einzuwenden, wenn dies aus reiner Verantwortlichkeit geschähe und sich in praktischem Engagement auswirkte. Denn meine fragenden Bemerkungen sollten nicht als Hinweis darauf gelesen werden, dass ich die Täter für isolierte Abweichler hielte, deren Taten keinerlei Rückschlüsse auf ihr gesellschaftliches Umfeld erlaubten. Wegschließen, und fertig! Nein, solche Rückschlüsse, das Herstellen von Bezügen und Beziehungen sind zwingend erforderlich, sollten aber nicht zur Rechtfertigung und schon gar nicht zur Entschuldigung eines »Vergehens« herangezogen werden. Unrecht und Gewalt sind keine Privatsache; alles andere als das. Sie sind in erster Linie gesellschaftlich bedingt, und diese Bedingungen gilt es aufzuklären und zu verändern.

Aber zwischen »Schuld«, auch Mitschuld, und Verantwortung existiert ein himmelweiter Unterschied. Schuld ist weder ein Schicksal, dem niemand entrinnen kann, noch das Los einer Schicksalsgemeinschaft. Schuldig wird nur, wer sich gegen eine Verbotsnorm und für ein Unrecht *entscheidet.* »Denn Schuld«, so der deutsche Philosoph Wilhelm Weischedel, »setzt ihrem Begriff nach Freiheit voraus: Schuldig werden kann nur, wer frei gewesen ist, das zu tun, was ihn hat schuldig werden lassen. Er muss aber auch, und zwar eben kraft seiner Freiheit, die Möglichkeit gehabt haben, das, was er getan hat, zu unterlassen.« Von einem moralischen Standpunkt aus betrachtet – so könnte man diese Klarstellung mit Hannah Arendt sogar noch verschärfen –, »ist es ebenso falsch, sich schuldig zu fühlen, ohne etwas Bestimmtes angerichtet zu haben, wie sich schuldlos zu fühlen, wenn man tatsächlich etwas begangen hat«. Entsprechend attestierte die Philosophin, die 1933 als Jüdin aus Deutschland vertrieben worden war, den Deutschen »moralische Verwirrung«, weil sich auch diejenigen, »die völlig frei von Schuld waren, gegenseitig und aller Welt versicherten, wie schuldig sie sich fühlen«.

Nicht schuldig, aber verantwortlich bin ich hingegen möglicherweise auch für das Handeln anderer, insofern ich auf den Handlungszusammenhang Einfluss habe. Verantwortung übernehmen, würde dann bedeuten, diese Einflussmöglichkeiten zu erkennen, anzuerkennen und konsequent wahrzunehmen – ohne dass dadurch jedoch die Schuld der Täter in irgendeiner Form vermindert würde.

Das gilt auch für die so genannte Fremdenfeindlichkeit, mit der es in Deutschland ein ganz eigenes Bewenden hat. Meiner Wahrnehmung nach sind die Deutschen, jedenfalls in praktischer Hinsicht, eher weniger fremdenfeindlich als etwa die Franzosen, die Engländer oder die Spanier. Das belegen übrigens schon die einfachsten Tatsachen: Kein Land in Europa hat in den vergangenen Jahren so viele Flüchtlinge und Asylsuchende aufgenommen wie Deutschland; und in kaum einem anderen europäischen Land arbeiten und leben so viele Nicht-Einheimische wie hier. Dass dabei Probleme auftreten, und zwar umso mehr und umso vielfältiger, je mehr Ausländer aufgenommen werden, ist äußerst bedauerlich, aber wohl kaum vermeidbar. Doch auch mit diesen Schwierigkeiten wird, wiederum in praktischer Hinsicht, in Deutschland alles in allem durchaus verantwortlich umgegangen. Wie wäre es sonst zu erklären, dass beispielsweise – laut einer im letzten Jahr durchgeführten Umfrage – die Mehrheit der in Deutschland lebenden Türken mit dem Land und ihrem Leben darin zufrieden ist, sodass sich 90 Prozent aus dieser größten »Ausländergruppe« in den nächsten Jahren einbürgern lassen, deutsche Staatsbürger werden wollen?

Selbstverständlich bedeutet dies alles nicht, dass Fremdenfeindlichkeit ein Mythos sei, dass vielmehr eitel Sonnenschein herrsche und es nichts zu verbessern gäbe; darauf will ich schon auch noch eingehen. Worauf es mir aber an dieser Stelle ankommt – und worauf sich schon die doppelte Einschränkung auf die Praxis bezog –, ist etwas anderes: Obwohl also, wie ich behaupte, in Deutschland nicht weniger Toleranz praktiziert wird als anderswo, eher mehr, ist mir kein europäisches Land bekannt, in dem so viel über Fremdenfeindlichkeit gesprochen wird und in dem die Fremdenfeindlichkeit ein vergleichbar großes »öffentliches Problem« wäre. Und dieses »Problematisieren« scheint – man muss hier gar nicht mir, sondern kann zum Beispiel Kurt Tucholsky Glauben schenken – schon so etwas wie eine deutsche Leidenschaft zu sein: »Denn der Deutsche ist nicht nur ein Schulmeister, sondern vor allem ein öffentlicher Schulmeister. Er belehrt die Welt, er nimmt sie entsetzlich ernst, und besonders da, wo sie das gar nicht verdient. ... Der Aufwand an Radau steht meist in gar keinem Verhältnis zur Sache – aber das Prinzip, das Prinzip muss durchgefochten werden.«

Nun spricht ein größtmöglicher Radau angesichts fremdenfeindlicher Regungen und Aktionen eindeutig für die Deutschen; die Aufregung ist berechtigt und speist sich nicht zuletzt aus den Erfahrungen des vergangenen Jahrhunderts sowie aus aktuellen Gefährdungen durch nach wie vor virulente rechtsextreme Tendenzen – wobei mir der Rechtsextremismus, mit Verlaub in Österreich (Haider), Italien (Fini, Bossi, Berlusconi), der Schweiz (Blocher), in Norwegen, den Niederlanden oder in Portugal gegenwärtig sehr viel etablierter und bedrohlicher vorkommt als in Deutschland. Von meinem Land, von Frankreich, wo ein Rechtsaußen wie Le Pen mit seinen rassistischen, antidemokratischen und antieuropäischen Parolen auf beängstigend großen Zuspruch trifft und bei der letzten Präsidentschaftswahl sage und schreibe rund 17 Prozent der Stimmen erhielt, das sind etwa sechs Millionen Wahlberechtigte, möchte ich hier aus Schamgründen lieber ganz schweigen und stattdessen sagen, dass die deutsche Gesellschaft also nicht im Mindesten fremdenfeindlicher ist als andere Gesellschaften; sie ist allenfalls deutlich erregungsbereiter. Dabei könnte ein wenig Nüchternheit hin und wieder sicher nicht schaden.

Um nur für mich zu sprechen: Ich habe während meiner Zeit in Deutschland – und das gilt ebenso für zahlreiche andere Ausländer verschiedenster Nationalitäten, mit denen ich zu tun hatte, denn in den Unternehmen, für die ich tätig war, waren viele ausländische Mitarbeiter beschäftigt – zwar habe ich täglich von diskriminierenden Akten und gewaltsamen Ausfällen gegen Fremde gehört beziehungsweise gelesen, bin aber selbst niemals Opfer oder auch nur Zeuge solcher Vorgänge geworden. Das war, wie schon erwähnt, sicher alles andere als ein Zufall, sondern vor allem meiner »veredelten« Vorstandsexistenz geschuldet, erlaubt mir deshalb aber einen distanziert-unaufgeregten Blick auf die den Deutschen angeblich abgehende Gastfreundlichkeit.

Damals und heute

Meine subjektive Schlussfolgerung aus der wahrgenommenen Diskrepanz besteht nun aber nicht etwa darin, dass ich Übergriffe gegen Fremde – wie gegen Schwache oder Andersdenkende – leugnen wollte. Ganz bestimmt nicht. Ich habe jedoch den Eindruck gewonnen, dass die Angst vor der eigenen Fremdenfeindlichkeit in Deutschland nicht minder groß ist als die Angst vor den Fremden. Die Deutschen haben – und das ist aller Ehren wert – in erster Linie ein Problem mit sich, das womöglich ebenso schwer wiegt wie ihre Ressentiments gegenüber Ausländern, Asylsuchenden, Flüchtlingen. Sie trauen sich selbst nicht über den Weg, dafür aber alles zu, vor allem alles Schlechte.

Ein solches Selbstbild wiederum kann wie von unsichtbarer Hand bremsen und dadurch die fatale Konsequenz haben, Courage zu verhindern und am Ende jene Ungeheuer sogar zu gebären, die es innerlich beschwört: Es macht es den Dummköpfen leichter, ihre Dummheiten zu begehen, ohne hierbei groß behelligt zu werden. Sie erfahren oftmals wenig Gegenwehr, sondern ernten höchstens tatenlose, manchmal durch Lichterketten untermalte Entrüstung. Die verstörend milde und ohnmächtige Reaktion auf ihre Taten könnte sie sogar in ihrem irren Glauben bestärken, stellvertretend für die vielen anderen zu handeln, die ihr wahres Gesicht lediglich hinter einer zivilen Maske verbergen.

Ein Selbstbild, das seine Träger grundsätzlich vom denkbar Schlechtesten ausgehen lässt, beschwert, es macht befangen und stellt jede Entscheidung, die über den Horizont eines Einzelnen hinausweist, in den Rang eines kaum lösbaren Problems. An die Stelle politischen Handelns treten nur noch Betroffenheitsgesten, wohlfeile Bekenntnisse und folgenlose Demonstrationen des guten Willens. Es kommt zu einer Moralisierung der öffentlichen Diskurse, auf die man bei uns in Frankreich mit einigem Unverständnis reagiert. Als beispielsweise Politiker zurücktraten, weil sie durch berufliche Flüge angefallene »Bonusmeilen« privat genutzt hatten, dürften ihre Pariser Kollegen wohl nur noch gelacht haben über all die überzogene Aufrichtigkeit, die manchmal schlimmer ist als Falschheit. In Frankreich käme kein Mensch auf die Idee, dienstlich erworbene Bonusmeilen abzugeben. Im Gegenteil, er würde es sich an mehreren Wochenenden mit der Geliebten, der Ehefrau, den Kindern und der Oma – in dieser Reihenfolge natürlich – in schöner Umgebung gut gehen lassen. Und fände gar nichts dabei.

Selbstverständlich will ich weder die großen noch solche kleinen Vorteilsnahmen gutheißen, aber Aufregung und Konsequenzen stehen häufig in keinem angemessenen Verhältnis mehr zu den sie auslösenden Ereignissen, »der Aufwand an Radau steht in gar keinem Verhältnis zur Sache«. Und so ähnlich ist es auffällig oft, wenn in Deutschland gestritten wird.

Wer erinnert sich nicht noch an manch hysterisch-hitzige Debatte der jüngeren Vergangenheit, sei es über die Wehrmachtsausstellung, das Mahnmal für die ermordeten Juden, über Einwanderungspolitik und die deutsche »Leitkultur«, über die Beteiligung deutscher Soldaten an Einsätzen der NATO und der Vereinten Nationen, oder sei es über die unsinnige Frage, ob man auf sein Deutschsein stolz sein dürfe. Für einen Franzosen ist es völlig unverständlich, überhaupt darüber zu reden. Ja oder nein? Was soll der Quatsch? Und wer setzt hier die »Norm«? Dürfen Liverpooler Fußballfans auf den brasilianischen Mittelstürmer ihrer Mannschaft stolz sein? Eltern auf ihre Kinder? Oder würden sie dadurch zu einer Gefahr für andere? Dürfen die Liechtensteiner stolz auf Liechtenstein sein?

Mir jedenfalls sind Menschen mit einem ausgeprägten Selbstwertgefühl und Selbstbewusstsein allemal lieber – und berechenbarer sind sie im Übrigen auch – als verdruckste Zeitgenossen, die ihre gedanklichen oder emotionalen Regungen unterdrücken, weil sie nicht sicher sind, ob sie geäußert werden »dürfen«. Wer mag, darf meinetwegen stolz sein auf die Fließrichtung des Rheins oder auf das Ladenschlussgesetz oder auf den roten Ferrari von Michael Schumacher. Wozu soll ich mit jemandem, der auf die Gartenzwerg-Überbevölkerung in seinem Vorgarten stolz ist, eine Diskussion anfangen?

Gleichwohl geriet auch ich einmal während einer Talkshow in ein moralinsaures und unsensibles, am Ende aber lediglich banales Gespräch über Nationalstolz, in dessen Verlauf ich allerdings zu begreifen anfing, worüber ich bis dahin wieder und wieder ergebnislos nachgedacht hatte: All diese Debatten entzünden sich nur vorderhand an ihrem jeweiligen Thema; in Wahrheit handelt es sich um öffentliche Selbstgespräche, die allesamt aus der Angst davor entstehen, was man den »Rückfall in die Barbarei« nennen könnte. Denn dazu, zur Barbarei, so das untergründige Selbstverständnis, würde das deutsche Wesen zwangsläufig tendieren, sobald man seine freie Entfaltung zuließe. Das müsse mit großer Wachsamkeit verhindert werden, weshalb jeder Anflug nationaler Gesinnung, jedes Anzeichen von Selbstgerechtigkeit sofort als Geschichtsvergessenheit getadelt und als Fortschreibung deutscher Vergangenheit gewertet wird, die es aber eben nicht fortzuschreiben, sondern »wieder gutzumachen« gelte.

Solcher Ehrgeiz verdient höchste Anerkennung, und er hat in der zweiten Hälfte des vergangenen Jahrhunderts zweifellos eine wichtige Funktion gehabt und nicht zuletzt zur Beruhigung der deutschen Nachbarn, allen voran der Franzosen, der einstigen »Erbfeinde«, beigetragen. Gerade als Franzose erlaube ich mir deshalb, gleichsam über den Rhein zu rufen: »Es ist gut! Wir sind jetzt ruhig! Wir trauen euch längst nicht mehr zu, wozu ihr euch offenbar nach wie vor für fähig haltet.« Und wenn ich schon einmal dabei bin, kann ich auch gleich hinterherrufen, was mir in diesem Zusammenhang mindestens ebenso wichtig erscheint: »Ihr überkompensiert!« Das selbstreferenzielle Kreisen um die eine Epoche deutscher Geschichte und das panische Starren auf die »deutsche Identität« haben einen Autismus zur Folge, der die Vernunft vernebeln und die Politikfähigkeit beeinträchtigen kann. Das meinte wohl auch Richard von Weizsäcker, als er 1985 zum Erschrecken mancher zu verstehen gab, dass 1945 nicht länger als das Ende Deutschlands gelten dürfe, sondern als dessen Neubeginn. Zu wissen, was man verabscheut, und eine reuevolle Politik des »Nie-wieder« reichen nicht aus, man muss auch einen positiven Begriff gesellschaftlicher Zivilität entwickeln, an dem man sein Handeln ausrichten kann. Wohlgemerkt: sowohl als auch.

Und daran, – am Positiven – hapert es meiner bescheidenen Einschätzung nach in Deutschland bis heute. Stattdessen gibt es hier einen geradezu masochistischen Hang, die Vergangenheit in ihrer schrecklichsten Gestalt im Denken und Handeln höchst gegenwärtig zu halten – wodurch sie in Wahrheit enthistorisiert wird: Auschwitz als Endpunkt der Geschichte. Das bleibt selbstverständlich nicht ohne Einfluss auf Denken und Handeln; beide Aktivitäten verlieren ihre Unabhängigkeit, sind nicht nur »befangen«, sondern »gefangen«, und zwar nicht durch ein verarbeitendes Erinnern, sondern durch das Gebot der ewigen Präsenz. Die Erinnerung selbst wird zum Objekt der Erinnerung.

»Am Ziel der Geschichte angekommen«, schrieb Walter Benjamin, der sich später auf der Flucht vor den Nazis das Leben nahm, prophetisch, »fällt der erlösten Menschheit ihre Vergangenheit vollauf zu.« In anderem Zusammenhang sprach Benjamin ebenso vielsagend von einem »Engel der Geschichte«, dessen Blick wie in einem Starrkrampf nach rückwärts, auf die Vergangenheit fixiert ist, wo er »eine einzige Katastrophe«, einen »zum Himmel wachsenden Trümmerhaufen« sieht. Der Engel möchte verweilen, »die Toten wecken und das Zerschlagene zusammenfügen«, aber der »Sturm des Fortschritts« hat sich in seinen Flügeln verfangen und treibt ihn ohne Unterlass vorwärts, in eine Zukunft, in die er sich rückwärts fliegend, also blindlings und handlungsunfähig hineinbewegt.

So ähnlich trägt es sich in Deutschland zu. »Der Deutsche«, so besagt es auch ein Sprichwort, »denkt an das, was gewesen, der Franzose an das, was ist, und der Spanier an das, was sein wird.« Wie eine absolute normative Priorität, eine Art moralischer Imperativ, durchzieht und durchdringt deshalb die »deutsche Schuld« alles Geschehen, sowohl individuell wie auch gesellschaftlich und politisch. Aber dieser Imperativ lautet nicht mehr wie bei Immanuel Kant: »Handle nach einer Maxime, welche zugleich als ein allgemeines Gesetz gelten kann«, sondern: Tue so etwas nie wieder.

Wie tief verinnerlicht diese Maxime ist, zeigt sich an den fast schon regelmäßig aufkommenden und jedes Mal äußerst erregt geführten Antisemitismusdebatten. Da entwickelt ein Schriftsteller in einem von vielen Rezensenten als rundum misslungen beurteilten Roman eine Mordfantasie gegen einen jüdischen Literaturkritiker, da äußert ein Politiker auf eine, zugegeben, abstoßend populistische Weise und aus einem ebenfalls abstoßenden wahltaktischen Kalkül heraus Kritik an der Politik der israelischen Regierung – schon sieht die erregte Medienöffentlichkeit den offenen Rassismus und Antisemitismus aus den so mühsam gestopften Löchern hervorkriechen. Als gäbe es nur die Alternative zwischen Anti- und Philosemitismus, nichts dazwischen. Sobald also das philosemitische Gebot verletzt wird, etwa weil ich einen unsympathischen Menschen, der zufällig jüdischen Glaubens ist, unsympathisch nenne, steht die öffentliche Ordnung in Gefahr, droht die Wiederkehr des Bösen. Damit wird das gesamte gesellschaftliche Miteinander quasi moralisiert und eine Gemüts-, Betroffenheits- und Schuldkultur befördert, wie sie in Deutschland schon ohnedies eine lange und nicht sehr rühmliche Tradition hat.

Gut und böse

Nun möchte ich mich hier nicht als Historiker aufspielen und eine dilettantische Sitten- und Mentalitätsgeschichte der Deutschen entwerfen. Dafür gibt es weitaus Berufenere als mich. Ich suche lediglich nach Antworten auf einige wenige Fragen und nach möglichen Erklärungen von Verhaltensweisen, die ich beobachtet habe, aber nicht recht verstehen kann. Wieso mögen die Deutschen die Deutschen nicht? Weshalb tun viele Deutsche so – etwa der oben erwähnte Geschäftsführer, insbesondere aber immer mehr jüngere Menschen –, als sei das Land, in dem sie leben, ein notwendiges Übel, mit dem sie ansonsten nichts weiter zu schaffen und das mitzugestalten sie längst aufgegeben haben? Und ich frage das nicht, um einen Mangel an Patriotismus zu beklagen – das interessiert mich in diesem Zusammenhang gar nicht –, sondern weil ich dahinter einen Mangel an Selbstbewusstsein und Selbstkenntnis, an sozialer Vernunft und demokratischer Kultur zu erkennen glaube.

Dieses Defizit, das habe ich zu zeigen versucht, beruht im Wesentlichen auf einer Selbstblockade, jenem Starrkrampf, und es führt zu einer Gegenwartsabstinenz, die zur Folge hat, dass ganz zentrale Fragen nicht mehr aktiv, das heißt in einem öffentlichen Austauschprozess beantwortet werden können: Auf welchen Werten soll die Gesellschaft, in der ja – darin besteht der Unterschied zu Gemeinschaften – einander Fremde auf relativ engem Raum miteinander umzugehen haben, beruhen? Und nach welchen Kriterien soll sowohl der innergesellschaftliche Umgang wie auch der Austausch mit den Nachbarn organisiert werden? Antworten hierauf gibt es in Deutschland vor allem im Negativ: Nie wieder soll es sein, wie es einmal war. Das ist immerhin ein Anfang. Wie aber soll es sein?

Gehen wir noch einmal kurz auf das Thema Ausländerfeindlichkeit zurück. Ich denke, andere Kulturen – etwa die Franzosen, obwohl kein bisschen weniger fremdenfeindlich – gehen damit weitaus aufgeklärter und pragmatischer um. Wir fahnden nicht ad infinitum nach dem bösen Gedanken, aus dem ein Vergehen entspringt und der ja vielleicht auch in uns nisten könnte, sondern ächten zunächst einmal, und zwar möglichst entschieden, nicht das Böse »an sich«, sondern die böse Tat – die in Deutschland fast schon wieder entschuldigt ist, wenn sie mit »reinem Gemüt« und in »bester Absicht« vollzogen wird oder wenn man sich, wie oben angedeutet, mitschuldig sprechen kann. Und das ist, um hier das Wort »typisch« zu vermeiden, schon sehr deutsch: Schlechtigkeit, Verbrechen und Schuld haben in erster Linie eine moralisch-private Dimension, während die politisch-öffentliche Komponente kaum je in den Vordergrund rückt. Das lässt zumindest vermuten, dass bestimmte Prinzipien, etwa die des Rechts, des Staates, der Freiheit, nicht vollständig verinnerlicht sind.

Hierfür ließen sich vermutlich zahlreiche Beispiele anführen. Man denke etwa – um beim Thema Fremdenfeindlichkeit zu bleiben – an die sozialpädagogische Aufmerksamkeit, die tumben Gewalttätern in Nazi-Verkleidung – wie man sie übrigens in der ganzen westlichen Welt antrifft – zuteil wird, und an die manchmal naiv anmutende Hoffnung, deren Charakter wäre zu läutern, indem man ihnen betreute Jugendclubs zur Verfügung stellt. Als handele es sich lediglich um Verführte, Fehlgeleitete, denen man nur den »rechten« Weg weisen müsse. Dabei speisen sich Hass und Gewalt meines Erachtens zu überwiegenden Teilen nicht aus irgendeiner Überzeugung, sondern aus den zunehmenden Integrationsproblemen der heutigen Gesellschaften – was solche Phänomene nicht weniger gefährlich, sondern gefährlicher macht.

In Zeiten, in denen sich so vieles so rasant ändert, in denen man so viele Gewohnheiten ebenso ablegen muss wie die

Vorstellung von einer konstanten, lebenslangen beruflichen Existenz – in solchen Zeiten entstehen Ängste und Orientierungsmängel, die sich in einem pauschalen Dagegensein entäußern. Davon wiederum profitieren überall in Europa – am wenigsten noch in Deutschland – vor allem die rechtspopulistischen Parteien, die die kulturell und sozial, organisatorisch und normativ entleerten Räume der Gesellschaft okkupieren, indem sie den subjektiv immer stärker isolierten Bürgern neue Orientierung, Eindeutigkeit, Richtung und Ziel versprechen. Solche falschen Versprechungen, die ohne den Umweg über den Verstand direkt aufs Gefühl, auf das Herz der vermeintlich »Im-Stich-Gelassenen« zielen, treffen leider zunehmend auf offene Ohren.

Denn wer verängstigt ist, ist leicht verführbar, er braucht Halt und sucht daher zum Beispiel nach verlässlichen Wurzeln, die er dann vielleicht in der Heimat, in religiöser oder quasi-politischer Gemeinschaft oder eben in der ethnischen oder nationalen Zugehörigkeit zu finden hofft. Das sind bedrohliche Symptome, wie sie im Übrigen für viele kriminelle Karrieren kennzeichnend sind, aber eine »Ideologie« kann ich auch beim schlechtesten Willen nicht dahinter ausmachen. Wer mit Rechtsextremen in Kontakt kommt, wird schnell bemerken, dass die meisten von ihnen weder Juden noch »Asylanten« kennen, noch irgendetwas über sie wissen; ihr Agieren wird durch keinerlei Kenntnis historischer oder politischer Zusammenhänge getragen oder gehemmt, und ihr Outfit bestellen sie sich per Katalog aus Großbritannien, Kanada und den Vereinigten Staaten.

Kurz, sie sind, bei genauerer Betrachtung, schrecklich »normale« Kriminelle, deren spezifisches Gebaren allerdings – aus den genannten Gründen: einerseits der falschen Scham, andererseits der Unterstellung einer irgendwie nachvollziehbaren politischen Motivation – bei Polizei, Justiz und Bevölkerung auf ein zuweilen befremdliches Ausmaß an Sympathie oder Milde trifft, weshalb sie fahrlässig häufig nicht als Kriminelle behandelt und bestraft werden. Dieser Problemknoten wird sich durch gutes Zureden allein, durch den Versuch, die Einzelnen zur Einkehr zu bewegen, also auf die Individuen einzuwirken, nicht lösen lassen. Hier wäre zusätzlich eine politisch-öffentliche Reaktion gefordert, ein aktiver Verständigungsprozess darüber, wie die Gesellschaft gestaltet werden soll.

In Deutschland wirft man sich jedoch stattdessen mit großer Leidenschaft auf die individuellen Täter. In dem geradezu anrührenden Glauben, mit genügend Geld, mit Gründlichkeit und therapeutischem Sachverstand seien sie zu bekehren, werden die Gewalttäter untersucht, analysiert und zu Gruppen kategorisiert, die es ohne solche Kategorisierung womöglich gar nicht gäbe; sie bekommen Namen, Gesichter, Biografien, sie werden psychologisch durchleuchtet, ihre Tat wird bis ins Detail nachgestellt, sodass es einen so richtig schön gruseln kann – während die namenlosen Opfer mit einem flüchtigen, manchmal sogar widerwilligen Ausdruck des Bedauerns zumeist sich selbst überlassen bleiben. Die Täter scheinen als die »eigentlichen« und den Deutschen sozusagen verwandten Opfer eine geeignetere Identifikationsfläche zu bieten, als hieße es, sie zu verstehen, sich selbst verstehen, sie zu bessern, sich selbst bessern.

Blickrichtung und Handlungsimpuls sind fast immer nach innen gekrümmt, am individuell Guten oder Bösen orientiert, aufs moralische Urteilen fixiert. Das bildet sich hin und wieder sogar bis in die Sprache hinein ab. Für Verbrechen beispielsweise, die das Ausmaß »gewöhnlicher« Straftaten überschreiten und sich gegen Gruppen, Traditionen, Freiheitsrechte richten, verwenden meines Wissens nur die Deutschen den zunächst eingängigen, auf den zweiten Blick aber eigentümlichen Terminus »Verbrechen gegen die Menschlichkeit«, während es in allen anderen Sprachen heißt »Verbrechen gegen die Menschheit«. Und in der Tat wird ja im Zweifel ein Mensch verletzt und nicht der Wert

»Menschlichkeit«, der darüber hinaus für sich genommen auch gar nichts aussagt; schließlich wäre auch die allergrößte Grausamkeit, zu der Menschen fähig sind, »menschlich« zu nennen.

Recht und Gerechtigkeit

Während die Deutschen dazu neigen, sich auf die »inneren Werte« zu kaprizieren, das Gute zu beschwören, an die Moral und das Gewissen zu appellieren, würden sich beispielsweise die Franzosen zuerst auf die »äußeren« Werte berufen und auf die gesetzten Regeln und getroffenen Übereinkünfte, beispielsweise auf das Recht, pochen – allerdings in rein instrumenteller, nicht in prinzipieller Hinsicht. Denn selbstverständlich wird auch im »Rechtsstaat« Deutschland gern und viel auf das Recht gepocht, wobei dies aber häufig mit einer Leidenschaft geschieht, die darauf schließen lässt, dass es in vielen Fällen nicht um die nüchterne und regelhafte Klärung oder Schlichtung eines Streitfalles geht, sondern um verletzte Gefühle, um eine Form von Selbstbehauptung, die zu erreichen man im zivilen Miteinander offenbar nicht mehr in der Lage ist.

Dem nach innen gerichteten Blick ist scheinbar kaum ein Anlass zu gering, als dass er nicht als Kränkung, Beleidigung, Zurücksetzung, als Ungerechtigkeit gedeutet werden könnte. So zog vor einiger Zeit in Stuttgart ein Mann gegen seinen Vermieter vor Gericht, weil dieser ihm untersagt hatte, vom Balkon aus die Tauben zu füttern. Dieses Verbot, so die Klagebegründung, würde sein Grundrecht auf die freie Entfaltung der Persönlichkeit einschränken. Und eine Frau in Kassel sah ihre Menschenwürde verletzt, weil ihr das Sozialamt einen Zuschuss zur Anschaffung einer elektrischen Brotschneidemaschine verweigert hatte; die sei aber notwendig, da sie sich wegen einer Magenoperation hauptsächlich von Weißbrot ernähre, das jedoch beim Schneiden mit einem normalen Messer regelmäßig zerbrösele.

Die Beispiele ließen sich beliebig fortsetzen und sind zum Teil an Absurdität kaum zu überbieten: die »Belästigung« durch Gartenzwerge oder des Nachbarn Apfelbaum, dessen Zweige über meinem Grundstück hängen, die Frage, ob man beim Betreten einer Amtsstube anzuklopfen habe oder ob ein Reiseveranstalter in Regress genommen werden könne, wenn ein Paar in dem »zu kleinen« oder »zu weichen« Hotelbett des gebuchten Urlaubsdomizils nicht die erhoffte Beischlafqualität findet – es gibt praktisch nichts, was nicht schon vor deutschen Gerichten erörtert worden wäre. Die Prozesswut der Deutschen scheint keine Grenzen zu kennen und hat schon jetzt einen Paragrafendschungel entstehen lassen, der für nahezu jede Lebensäußerung eine gesetzliche Regelung bereithält: Es gibt eine Feiertagsschutzverordnung (FSchVO), die »öffentliche bemerkbare Arbeiten an Sonn- und Feiertagen« unter Androhung von Bußgeld untersagt, es gibt ein Gesetz, welches das »Werfen von kleinen Gegenständen bei Veranstaltungen« ahndet, ja, es gibt sogar eine amtliche Benutzungsordnung für öffentliche Toiletten – »vor dem Hinsetzen auf das Sitzstück sind die Beinkleider herunterzuschieben«, §4; ich verkneife es mir, jetzt seitenlang fortzufahren.

Und wo alles justiziabel ist, hat die Justiz viel zu tun: Rund 80 000 Anwälte, mehr als in jedem anderen europäischen Land, finden ein weites Betätigungsfeld und in der untersten Instanz bei den Amtsgerichten, sind jährlich schon mehr als zwei Millionen so genannte Zivilverfahren anhängig, wovon etwa ein Viertel auf Nachbarschaftsklagen der oben erwähnten Brisanz entfallen. Dabei geht es in den seltensten Fällen um die Behebung eines echten Schadens oder um Geld, es handelt sich vielmehr um eine äußerst kostspielige und zeitraubende Variante der Rechthaberei – weshalb sich der ehemalige Bundespräsident Roman Herzog schon während seiner Amtszeit veranlasst sah, eine »Ethik der Klageerhebung« einzufordern. Der ganz normale gesellschaftliche Verkehr, das Arrangieren mit seinen Mitmenschen und deren Apfelbäumen oder Gartenzwergen, die Kompromissfindung und die Bewältigung privater Konflikte dürften nicht länger an die Gerichte delegiert werden. Sonst drohe, neben den ins Kraut schießenden Kosten, eine zivile Verarmung.

Als klassisches und tragisches Vorbild für den deutschen Klagefuror ließe sich Heinrich von Kleists Michael Kohlhaas anführen: Kohlhaas, ein Pferdezüchter aus dem Brandenburgischen, wird Opfer einer Willkürtat; ein junger Adliger entwendet ihm zwei Pferde, um sie auf seinen Feldern arbeiten zu lassen. Das widersprach auch schon im 16. Jahrhundert dem gesunden Rechtsempfinden, und also ruft Kohlhaas die Gerichte an, um seinen Besitz von dem Junker zurückzuerhalten. Doch die Macht des Adels war im Absolutismus, wie jene Zeiten später treffend benannt wurden, ungeteilt, absolut eben, es galten noch nicht die gleichen Rechte für alle. So geht Kohlhaas zwar durch alle Instanzen, verliert aber jeden Prozess und beschließt daraufhin, das geltende Recht zu brechen und sich »sein Recht« mit Gewalt zu verschaffen. Es kam, wie es kommen musste: Der »Landfriedensbrecher« wird gefasst, zum Tode verurteilt und öffentlich geköpft – wogegen sich juristisch, also bezogen auf das damals geltende Recht, streng genommen auch gar nichts einwenden lässt.

Nun wird jeder sofort geneigt sein, und ich bin mit von der Partie, sich auf die Seite des armen Pferdehändlers zu schlagen, und sich vehement gegen Willkür, Ungleichheit und Ungerechtigkeit aussprechen. Hätten wir das schon damals tun und den Kohlhaas unterstützen können, wäre dieser aber auch nicht versöhnt gewesen. Er war weder ein Reformer noch ein Revolutionär, er hatte keine politischen oder sozialen Veränderungen im Sinn, sondern er fühlte sich erniedrigt und betrogen, er wollte einfach seine Pferde zurückhaben, er war in erster Linie an sich selbst und seinem Eigentum interessiert. Und er war dabei dem bis heute in Deutschland weit verbreiteten Missverständnis aufgesessen, das Recht sei mit Gerechtigkeit identisch. Dass das in Zeiten des Absolutismus eine fahrlässig naive Verkennung war, wird jedem einleuchten. Aber wie ist es heute?

»Wir wollten Gerechtigkeit und bekamen den Rechtsstaat«, hat die Bürgerrechtlerin Bärbel Bohley schon unmittelbar nach der Wende geklagt – und mit diesem bald »geflügelten« Satz das Kohlhaas'sche Missverständnis gekränkt aktualisiert. Im Grunde hat sie damit für eine Zumutung erklärt, dass man, um ans Ziel zu gelangen, einen Weg zurücklegen, eine Leistung erbringen muss. Und sie hat verkannt, dass dieses Ziel in einem endlichen Sinne vermutlich unerreichbar ist. Gerechtigkeit ist ein Ideal, dem man sich nur so weit wie möglich anzunähern versuchen kann, und Gerechtigkeit ist zweifellos auch das Ziel des heutigen Rechtsstaates. Nur dass die Mittel zur Erreichung dieses Ziels wohl immer unvollkommen sein werden, jedenfalls solange die Bedürfnisse, Wünsche, Vorstellungen, Talente und Fähigkeiten der Menschen so verschieden bleiben, wie sie sind.

Ist es ungerecht, dass eine Krankenschwester weniger Geld verdient als ein Bankdirektor? Ist es ungerecht, wenn der Apfelbaum meines Nachbarn einen Schatten auf mein Grundstück wirft? Ich kann das eine oder meinetwegen auch das andere für falsch halten, es mag mich stören, ich kann versuchen, es zu ändern. Aber ungerecht? Nein, ich glaube, was Frau Bohley und viele zigtausend Kläger an deutschen Amtsgerichten – um nur von denen zu sprechen – schwer ertragen können, ist, dass sich die spröde Welt ihren Vorstellungen nicht freiwillig fügen will, dass es mitunter anders zugeht, als sie es sich wünschen, zum Beispiel weil es andere gibt, die sich etwas anderes wünschen und denen es gelingt, diese Wünsche besser durchzusetzen.

Das Wichtigste, was ein Rechtsstaat zu gewährleisten hat, besteht darin, gleiche Bedingungen für alle zu schaffen. Ob jemand arm oder reich, Mann oder Frau, schwarz oder weiß ist, darf gegenüber den Gesetzen keinerlei Relevanz haben. Doch damit ist nur eine Voraussetzung geschaffen. Wie gerecht es wirklich zugeht, hängt letztlich von uns allen ab, muss sich in der Praxis erweisen, wo eben nicht Gesetze, sondern fehlbare Menschen handeln und urteilen und wo sich nicht jeder die besten Anwälte leisten kann. Gerechtigkeit wird sich weder jemals von selbst einstellen, noch staatlich verordnet werden können, sondern ihr jeweiliges Ausmaß ist das Resultat eines unabschließbaren Prozesses des Austarierens verschiedenster Interessen. Wenn ich es für Unrecht halte oder als ungerecht empfinde, wenn meine Interessen diesen Prozess nicht unbeschadet überstehen, hätte ich den instrumentellen Charakter des Rechts nicht begriffen und würde Gerechtigkeit als einen Zustand missverstehen, in dem man mir alles recht macht.

Geist und Seele

Das Streben zum Guten und die in Deutschland weit verbreitete Ineinssetzung von Recht und Gerechtigkeit enthüllen ein Defizit, das – um selbst den Mund nicht zu voll zu nehmen – die Deutsche Hannah Arendt schon einmal folgendermaßen umschrieben hat: »Alle Tugenden in Griechenland oder in Rom sind ausschließlich politische Tugenden. Hier stellt sich niemals die Frage, ob ein Einzelner gut ist, sondern ob sein Verhalten für die Welt, in der er lebt, gut ist. Im Zentrum des Interesses steht die Welt und nicht das Selbst.«

Das ist in Deutschland anders. Polemisch zugespitzt könnte man sagen: Die Deutschen sind friedfertig, gerecht, zivil und demokratisch, aber nicht etwa, weil es ihnen die Vernunft gebietet, nicht weil sie dem Kantschen Imperativ folgen würden, sondern weil sie der Welt und sich selbst zu beweisen versuchen, dass sie keine Ungeheuer sind. Nie mehr wieder. Und als beweiskräftig gilt ihnen nicht schon das einzig Geforderte: die Schaffung von Institutionen, verbindliche und also bindende Verabredungen sowie verlässliches, verantwortliches politisches Handeln – das sind für sie Äußerlichkeiten, Formalia –, nein, eine politische Umsetzung ihrer guten Absichten ist nicht genug, innere Einkehr ist gefordert, Charakterstärke, Sittlichkeit. Eine Wurzelbehandlung sozusagen, eine gleichsam metaphysische Läuterung.

Das aber ist des Guten eindeutig zu viel, weil es kaum mehr Gestaltungsmöglichkeiten lässt und Einsatzoptionen bietet. Sosehr das Gute als Zielvorstellung anzuspornen vermag, so langweilig und handlungshemmend wird es, wenn man es erreicht zu haben glaubt. Dann bleibt nichts mehr, und das ist das Schlechte am Guten, außer der Sorge, das gefundene Gleichgewicht nicht zu stören und den Besitzstand zu wahren. Das ist eine Form der Erstarrung, in die die Deutschen recht häufig fallen und die zu gesellschaftlichen Lähmungserscheinungen führt, vor denen sie dann wiederum, so lange es geht, die Augen verschließen. Denn im Zentrum des Interesses steht nicht die Welt, sondern stehen sie. Vielleicht ist das ein Teil jenes ganz zu Anfang erwähnten »Auftrags«, der ihr Leben so beschwert, zu dessen Erfüllung sie sich jedoch verpflichtet fühlen. Warum und durch wen auch immer.

Ja, warum? Darüber ist bereits sehr viel nachgedacht und leider noch mehr geschrieben worden. Vielleicht viel zu viel, jedenfalls wenig Gutes. In einer rückblickenden Übersicht war sogar Tacitus, dem ich vorne »Unsinn« bescheinigt hatte, ein kluger Mann, der viel zum Verständnis und Verstehen der damals für die Angehörigen der zivilisierten römischen Welt als wild und barbarisch geltenden Bewohner der germanischen Wälder beigetragen hat. Tacitus war nachgerade seriös im Vergleich zu vielen seiner Nachfolger, deren ähnliche Beobachtungen nach und nach zu jener typisch deutschen »Volksidee« komprimiert wurden, die dann im Rassenwahn der Nazis ihren traurigen Höhepunkt fand – und die bis heute nachwirkt; sogar bis in die bundesdeutsche Verfassung hinein, die die Staatsangehörigkeit bis in die jüngste Vergangenheit auf die »Abstammung« gründete und damit als ein »Blutsrecht« (*ius sanguinis*) definierte, wonach Deutscher sei, wer deutschen Blutes ist. Ein scheinbar ganz besonderer Saft. Bis 1999 blieb dieses äußerst fragwürdige Staatsangehörigkeitsrecht gültig, das 1913 in Kraft getreten war, obwohl es bis 1934 noch gar keine einheitliche Staatsangehörigkeit gegeben hat – man war bis dahin Preuße, Sachse oder Bayer und wurde erst dadurch Deutscher.

Der Volksgedanke ist etwas für Deutschland sehr Eigenes, und er ist engstens mit der skizzierten Innerlichkeitskultur verknüpft, wie sie vor allem von Johann Gottfried Herder und der ihm folgenden politischen Romantik zum Programm erhoben worden war: sittliches Empfinden statt formales Recht, kulturelle Authentizität statt individualistische Zivilisation. Es ist gewissermaßen Herder gewesen – ein Schüler Kants und ein Lehrer Goethes –, der das *Volk* erfand, das dann zum deutschen Volk wurde, und der diesem Volk eine *Seele* zuwies, die in der Sprache seiner Vorfahren, in der überkommenen Dichtung lebe. Die deutsche Romantik – Schlegel, Novalis, Brentano, von Arnim, die Brüder Grimm – nahm diesen Gedanken auf und erweiterte ihn zum Ideal einer durch Poesie vermittelten, neuen, organischen Ganzheit, die einer zunehmend als kalt und leer empfundenen Moderne vorzuziehen sei – wie man sie zu jener Zeit übrigens vor allem in Frankreich auszumachen glaubte, wo die sich mittels eines Vertrages, des *contract social*, gesellschaftlich organisierenden Individuen mehr galten als die Gemeinschaft.

Damals gab es freilich noch gar kein Deutschland, es gab rund dreihundert kleine Königreiche, Stadtstaaten, Herzog- und Fürstentümer, die sich erst zu etwa fünfunddreißig größeren Einheiten zusammenfanden, nachdem Napoleon sie auf seinem Weg nach Russland überrannt hatte; bekanntlich wurden diese vielen Deutschlands dann schließlich von Bismarck in ein Deutschland hineingezwungen, das wohl zunächst in Wahrheit keine einige Nation war, sondern aus Preußen und seinen unwilligen Satelliten bestand. Doch parallel zu dieser sehr stark auf militärischen und machtstrategischen Überlegungen beruhenden Entwicklung vollzog sich auch ein Bewusstseinswandel, ganz im Sinne der romantischen Wende: In demselben Maße wie die Vorstellung von einer homogenen »Kulturnation« an Anhängern gewann, wurde auch die allgemeine Sehnsucht nach einem deutschen Staat immer stärker, indem sich diese Kulturnation unvermischt entfalten könne. So sollte Herders Mahnung, dass die Volksseele Schaden nehmen, »degenerieren« könne, wenn andere Sprachen in ihre Sprache »eindringen«, schon bald zur »Wahrheit« des Nationalismus werden.

Bis heute ist die Idee von einem ursprünglichen Volksgeist, von einer Volksseele, die unausgesprochene Voraussetzung bei der Suche nach einer nationalen deutschen Identität. Und diese Voraussetzung macht die Suche zu einer apolitischen, vielleicht sogar antipolitischen Angelegenheit. Zwar spricht auch der französische oder der amerikanische Präsident vom französischen oder amerikanischen »Volk«, von seiner »Nation«. Die Begriffe haben jedoch eine andere Tradition und einen anderen Inhalt als in Deutschland. Die Nation etwa, mit der sich die Franzosen identifizieren, war von Beginn an sowohl mit Modernisierung als auch mit Demokratisierung verknüpft. Es ging nicht in erster Linie um wirtschaftliche und militärische Effizienz, sondern auch um Emanzipation von der Feudalherrschaft und um Partizipation der Staatsbürger an der Macht. Diese Tradition des gewissermaßen freiheitlichen Nationalismus wurde im Deutschland des 19. Jahrhunderts verdrängt, wo man sich um universalistische Normen wenig scherte und die Nation zwar modernisierte, ohne sie jedoch gleichzeitig zu demokratisieren. Damit verlor hier der Begriff »Nation« seine emanzipatorische Komponente.

Wenn also der französische Präsident von seinem »Volk« oder seiner »Nation« spricht, steht dahinter kein Ideal einer irgendwie organischen Gemeinschaft, in der sich Menschen gleichen Blutes und Mutes zusammenfinden, sondern eine Staatsidee, keine primär moralische oder gar völkische, sondern eine republikanische Gesinnung. Und die ist in Deutschland bis in die Gegenwart mindestens unterentwickelt, was unter anderem all die Auswirkungen zeitigt, die ich bis hierhin zu beschreiben versucht habe. Was aber ist mit »Staatsidee« gemeint? Und wie ist die Mangelerscheinung zu erklären?

Nähe und Distanz

Auf die gestellten Fragen hat kaum jemand so erhellende Antworten gegeben wie der bereits einmal zitierte Helmuth Plessner. Schon in seiner lesenswerten Schrift *Die Grenzen der Gemeinschaft*, die ich hier auch deshalb heranziehe, weil sie aus dem Jahre 1924 stammt, also ein knappes Jahrzehnt vor Beginn des »Tausendjährigen Reiches« geschrieben wurde – eben nicht in Reaktion darauf –, attestierte er den Deutschen eine verhängnisvolle Verwechslung von »Gemeinschaftsmoral und Politik« und bescheinigte ihnen einen Hang zum »Eigentlichen«, zu »Wertrigorismus« und »Formenhass«: »Unsere moralische Haltung leidet an einer Überbetonung der Gesinnung, des Gewissens und der innerlich erfassbaren Werte.« Kurz: zu viel Gefühl und Befindlichkeit, zu wenig »Benehmen«; Betroffenheit des Herzens statt Bildung der Urteilskraft.

Eine kleine Randbemerkung, bevor ich – wie gesagt, nur kurz – mit Helmuth Plessner fortfahre: Wer mich ein wenig kennt, wird mir nun vielleicht vorhalten, dass ich doch selbst immer wieder betone, man würde nur mit dem Herzen gut sehen. Dabei bleibe ich auch. Doch nur der Vernünftige kann sein Herz befragen; wem die Vernunft nichts gilt, der will ja gar nichts sehen, sondern nur fühlen. Beides gehört notwendig zusammen. Gefühl ohne Verstand ist nicht minder gefährlich als eine fühllose Rationalität.

Zurück zu Plessner, der der deutschen »Tümelei« ein Ethos der Distanz entgegensetzt, dem ich mich als Franzose sehr verwandt fühle und das nicht damit verwechselt werden darf, was man umgangssprachlich Distanziertheit oder Gleichgültigkeit nennt – und was in Deutschland schnell auf einen schlechten Charakter schließen lässt, auf Arroganz und Überheblichkeit. Nein, die Distanz, die Plessner meint – und die er manchmal auch mit dem schönen Wort »Grazie« umschreibt –, enthält kein abwertendes Urteil über die, zu denen sie besteht; sie dient als Schutz der eigenen Integrität und zeugt von Respekt vor der Freiheit und Integrität der anderen; und sie ist die Voraussetzung für das Eingehen von Nähe sowie dafür, dass die sich nahe Kommenden bei Sinnen bleiben, aufmerksam gegenüber sich und ihrer Umwelt, sich selbst bewusst.

Nun spricht natürlich nichts dagegen, hin und wieder das Bewusstsein zu verlieren und in einen verliebten oder erotischen Rausch zu verfallen, in dem kurzfristig jede Distanz aufgehoben wird. Aber was den Einzelnen als möglichst häufiges Erlebnis zu wünschen ist, wäre von einem Kollektiv zu fürchten. Wenn hier das Ethos der Distanz missachtet wird, gibt es kein Halten mehr, dann werden aus bis dahin »Unbescholtenen« Hooligans oder Schlimmeres, die keine Regeln mehr akzeptieren, die sie nicht selbst gesetzt haben. Und gerade die Deutschen, darauf hat beispielsweise wiederum Kurt Tucholsky pointiert aufmerksam gemacht, geraten nie »so außer sich, wie wenn sie zu sich kommen wollen«. Eine Gesellschaft darf aber nicht aus der (Ver-)Fassung geraten, sonst ist sie keine mehr.

Erst eine Staatsidee – um auf die eingangs gestellte Frage zurückzukommen –, gekoppelt mit Gemeinsinn und Toleranz, begründet eine solche Gesellschaft. Sie – sowohl die Staatsidee, die einen Nationalstaat stiften kann, aber nicht mit ihm identisch ist, als auch die Gesellschaft – beruht auf Übereinkünften und Regeln, die in einer Verfassung festgeschrieben werden können, die aber dem grundsätzlich fehlbaren Prozess des Ausgleichs unterschiedlicher Interessen unterworfen sind. Ein Gemeinschaftsdenken wiederum, wie es Plessner den Deutschen zuschreibt, missachtet den Ausgleich, die Distanz, die Differenz und setzt auf die behauptete Homogenität der Staatsbürger (das hat sich bis heute in der ungeminderten Konsenssucht der deutschen Politik erhalten). Da es aber keinen »geeigneten« Staat gab, weil die Staatsgrenzen nicht mit den Grenzen des Volkstums zusammenfallen – man denke an Österreich, die Schweiz, Pommern, Schlesien, Sudetenland, Elsass usw. –, übernahmen in Deutschland der Reichsgedanke und der Begriff des Volkes die Rolle jener politischen Idee und verhinderten lange Zeit die Ausbildung eines neuzeitlichen, auf das natürliche Recht des Menschen gegründeten Staats- und Völkerrechts.

Den Ausgangspunkt hierfür sieht Plessner nicht erst in der Romantik, sondern schon im Protestantismus deutscher, das heißt lutherischer Prägung, für den die innere Haltung des Einzelnen, die »Tatgesinnung«, als oberste Priorität galt – ich war weiter oben schon einmal in anderem Zusammenhang auf diese Haltung gestoßen. Das hatte eine Selbstbezüglichkeit und eine Abwertung der äußeren Welt zur Folge, die im Grunde weder einer Regelung noch einer Gewaltenteilung bedürfe, weil ja der gute Protestant stets Angeklagten und Ankläger, Richter und Verteidiger in sich vereinige: »Er selbst, der Mensch, soll Schauplatz des Kampfes und der Versöhnung der Gegensätze in Gott sein.« Er ist zum Guten verpflichtet, verlangt sich Liebe zu allen Menschen ab, mindestens jedoch zu allen Mitgliedern derselben Gemeinschaft, und leugnet die Tatsache, dass wir Institutionen sowie transparente Regeln des Umgangs benötigen, um es einigermaßen friedlich miteinander auszuhalten. Solche Verabredungen gelten ihm als oberflächlich, künstlich, unauthentisch.

Nun weiß, wer halbwegs bei Verstand ist, dass aber die Öffentlichkeit da anfängt, wo die Liebe aufhört, wo wir weder auf Verwandte noch auf uns sonst wie nah Stehende treffen. Wie verhalten wir uns nun? Wie nähern wir uns Fremden, ohne ihnen zu nahe zu kommen, wie entfernen wir uns von ihnen, ohne sie durch Gleichgültigkeit zu verletzen? Das geht nur mittels Höflichkeit und Distanz, Bedeckung, Verstellung, Konvention. In einem Wort: Zivilisation – als die Kunst, Fremdes und Fremde, die eben nicht »gleich« sind und auch nicht werden wollen, auszuhalten statt einzugemeinden; und hierzu sind in allen Kulturen und zu allen Zeiten Regeln und Rituale der Distanz unverzichtbar gewesen, die Anerkennung und Respektierung von Grenzen und Differenzen. Noch einmal Plessner: »Die Tendenz nach Zerstörung der Formen und Grenzen fördert aber das Streben nach Angleichung aller Unterschiede. Mit der gesinnungsmäßigen Preisgabe eines Rechts auf Distanz zwischen Menschen im Ideal gemeinschaftlichen Aufgehens in übergreifender organischer Bindung ist der Mensch selbst bedroht.«

Die Ereignisse, die in den Jahrzehnten nach Erscheinen der Schrift Plessners folgen sollten, haben auf grausige Weise bestätigt, wie berechtigt seine Ermahnung war. Aus der Vergangenheit lernen, hieße daher für mich auch, ein Ethos der Distanz auszubilden …

Dammann unterbricht mich hier; er meint, nun hätte ich mich lange genug hinter Plessner versteckt; ich solle jetzt die akademische Deckung mal schön wieder verlassen und das, was ich dort gefunden hätte, auf mein eigenes Niveau herunterbrechen. Unverschämtheit. Was meint der mit meinem eigenen »Niveau«? Gibt vor, die Interessen der Leser zu vertreten! Hält er die für blöd? Eben nicht, sagt er. Der Hinweis auf Plessner sei sehr gut, und wenn einige Leute dadurch auf den Geschmack kommen würden und mehr davon lesen wollten, umso besser. Diesen Text hier werden die allermeisten aber wohl zur Hand nehmen, weil sie Goeudevert lesen wollen. Und wenn ich ihm nicht glaube, solle ich Gabi fragen, die wird das ähnlich sehen. Der weiß, wie er mich kriegt. Allerdings scheint er nicht bemerkt zu haben, dass ich, just als er mich unterbrochen hat, schon dabei war, aus der Plessnerschen Deckung herauszusteigen.

Drinnen und draußen

Mit solcher Distanz tun sich die Deutschen bis heute schwer, wenngleich nicht zu verkennen ist, dass sie sich stark disziplinieren und sich Mühe geben, die richtigen Lehren aus der Vergangenheit zu ziehen – und das heißt auch, den Wärmestuben der Gemeinschaftlichkeit gegenüber skeptisch zu werden. »In Deutschland bilden zwei einen Verein«, hat Karl Kraus einmal gesagt, »stirbt der eine, so erhebt sich der andere zum Zeichen der Trauer von seinem Platze.« Aber was macht er nun, so auf sich allein gestellt? Neuen Anschluss suchen? Selbständig werden? Der Tendenz nach eher das Erste. Denn Gemeinwohl, Gruppenbildung und Vereinswesen haben in Deutschland noch stets eine größere Rolle gespielt als die Individualisierung oder der »Eigennutz« des Bürgers, dem hier immer gleich der Ruch des Egoismus, des Asozialen anhaftet. Eine Balance zwischen diesen beiden Polen, zwischen Gleichheit und Besonderheit, ist, scheint mir, auch bislang nicht gefunden.

Wie um zu bestätigen, was ich hier notiere, wird in der deutschen Öffentlichkeit, während ich dies schreibe, gerade über Einwanderungspolitik diskutiert. Die Bundesregierung hat ein – längst überfälliges – Zuwanderungsgesetz vorgelegt, das sie, vermutlich in Sorge, schon das Wort allein könne eruptive Ängste vor Überfremdung auslösen, vorsichtshalber lieber gleich als Zuwanderungs*begrenzungs*gesetz bemäntelte. Und obwohl weithin Einhelligkeit über die Notwendigkeit eines solchen Gesetzes besteht, weil es lediglich die Wirklichkeit einholt und die jahrzehntelange Einwanderungspraxis endlich einer transparenten Regelung unterwerfen soll – in Wahrheit handelt es sich, man denke an die Hugenotten, um einen jahrhundertelangen Austauschprozess, wie es gar nicht anders sein kann für ein Land in der Mitte eines Kontinents –, üben sich zahlreiche Politiker, die in diesem Fall ausnahmsweise einmal sehr genau wissen, was sie tun, in Mahnungen und Warnungen.

Nicht nur die üblichen Verdächtigen vom rechtskonservativen Ende des Parteienspektrums sehen – wieder einmal – jene ominöse »nationale Identität« bedroht und eine wertvolle authentische, vermeintlich homogene »Heimatkultur« gefährdet, in die die »Ausländer«, das ist nach wie vor das Ziel der offiziellen Einwanderungspolitik, zu integrieren wären beziehungsweise sich zu integrieren haben. Das Deutsche, was immer es sein mag, also doch als »Leitkultur«. Aus Bayern ertönt sogar die Forderung nach einer »Verpflichtung für Fremde zur intensiven Integration«, damit Deutschland »nichts von seiner gewachsenen Identität« verliere. Und der amtierende Bundesinnenminister spricht sogar von »Assimilierung als bester Form der Integration«. Es geht also nicht mehr nur, wie es einem Rechtsstaat allein angemessen wäre, um Achtung der Gesetze und Anerkennung der Werte, sondern um die Verpflichtung zur Anpassung. Man schreibt den Fremden vor, wie sie zu leben, was sie zu mögen und woran sie zu glauben haben; andernfalls hätten sie in Deutschland nichts zu suchen.

Doch ebenso sicher, wie ich bin, dass all die Besorgten nicht angeben könnten, worum sie da jeweils besorgt sein möchten, werden diese Mahner und Warner sicher sein, dass ihre vorgeblichen Besorgnisse gleichwohl auf fruchtbaren Boden treffen. Sie wissen – und versuchen dies ja gerade für ihre wahl- oder machttaktischen Zwecke zu nutzen –, dass sie an geradezu instinkthafte Einstellungen, Haltungen, Ängste appellieren, die in der von mir mit Plessners Hilfe beschriebenen Disposition verankert sind. Ganz geradeaus gesprochen: Franzose oder Amerikaner ist man qua Entscheidung, Franzose oder Amerikaner kann werden, wer sich zur reinen Zweckdienlichkeit und zur parlamentarischen Formalität, kurz: zur Verfassung des jeweiligen Staates bekennt. Das ist im Prinzip alles, denn der Staat selbst erhebt keinerlei metaphysische Ansprüche, er ist eine »im Bindemittel des Rechts und streng beobachteter Gewohnheiten verkehrende Einheit von Bürgern«, um noch ein letztes Mal Helmuth Plessner zu zitieren. In Deutschland ist das – war es jedenfalls für sehr lange Zeit – anders: Deutscher *ist* man oder *ist* man nicht, als sei dies so etwas wie eine Bestimmung, eine Art Schicksal – oder, wie beim deutschen Bier, ein Reinheitsgebot. Folglich kann Deutschland auch kein Einwanderungsland sein. Es würde dadurch ja »verunreinigt« – wie die Herdersche Volksseele durch das Eindringen fremder Sprachen.

Selbstverständlich übertreibe ich. Kaum jemand, von ganz unverbesserlichen Rechten abgesehen, wird heute noch ähnlich geradeaus denken, geschweige denn sprechen. Aber als Erbe, als ein in die Empfindungsebene abgesunkenes und seltsam erfahrungsresistentes Ferment ist solches Denken nach wie vor präsent; deshalb sind ja die Rechten und ihre Parolen alles andere als ungefährlich. Und dieses unterschwellige Vorhandensein ist, von außen betrachtet, schon sehr erstaunlich, weil die Wirklichkeit, die gesellschaftliche, politische und ökonomische Realität, jene »deutsche« Hinterlassenschaft seit mindestens drei Generationen Lügen straft. Deutschland ist ein weltoffenes, demokratisches und, allein schon durch seine Europapolitik, des Nationalismus unverdächtiges Land. Es ist die Heimat vieler Juden, vieler Moslems, vieler Menschen anderer Hautfarbe. Da gibt es nicht viel, dessen man sich schämen müsste. Vielleicht das abgekartete Null-zu-Null-Spiel zwischen Deutschland und Österreich bei der Fußball-WM 1978 in Argentinien. Aber sonst?

Dennoch hat man manchmal den Eindruck, als stünde die »deutsche Seele« immer noch auf altem Grund und würde wieder heftiger zu schwanken beginnen, dadurch möglicherweise jenen Grund aufwirbeln, sodass »Altes« an die Oberfläche gelangt. Ich denke jedoch, dass dieser Eindruck täuscht. Die Schwankungen kommen vielmehr dadurch zustande, dass sich die Deutschen endlich aus ihrer verhängnisvollen Verankerung gelöst haben und nun von den Stürmen der Freiheit ein wenig umhergewirbelt werden. Das ist aber durchaus nichts Ungewöhnliches, es braucht Übung, sich in der Schwerelosigkeit zu koordinieren, und ohne Haltetaue ist man hierbei im Grunde verloren.

Wie aber kann ein solcher Halt aussehen, wenn doch Freiheit herrschen soll? Das ist die vielleicht entscheidende Frage, deren Beantwortung aber nicht nur den Deutschen, sondern beispielsweise auch den Franzosen mit ihrer sehr viel längeren freiheitlichen Tradition überaus schwer fällt. Und das ist gut so, es ist sozusagen der Clou an der Sache, die man Freiheit nennt. Man muss manche Fragen permanent aufwerfen und es aushalten, dass sie in einem endgültigen Sinne nicht beantwortbar sind. Es geht, philosophisch gesprochen, um das Suchen, nicht um das Finden; das Finden wurde den Menschen, im Gegenteil, noch stets zum Verhängnis, denn wer glaubt, im Besitz der Wahrheit zu sein, wird das Denken und die Freiheit abschaffen wollen, wie es schon so viele politische oder religiöse »Wahrheitsbesitzer« versucht haben – und ja leider weiterhin versuchen.

Frei und/oder gleich?

Um jetzt nicht weiter ins Philosophische abzudriften und um meinen Exkurs über das »deutsche Dilemma« möglichst versöhnlich abzuschließen, möchte ich kurz auf ein Feld ausweichen, auf dem ich mich recht gut auskenne. Denn das in Wahrheit gar nicht deutsche Grunddilemma der Freiheit – die wohl letztlich nur negativ, als die Abwesenheit jeglichen Zwangs zu definieren wäre – lässt sich am Beispiel der Wirtschaft und des so genannten freien Marktes sehr schön veranschaulichen. Im Bereich der Ökonomie gerät man nämlich schnell auf andere Weise in eine ähnliche Zwickmühle, wie Plessner sie für Luthers Kirchenreform beschrieben hat. So wie der Protestantismus eine fortschrittliche, aufklärerische Bewegung war, insofern er die Gläubigen aus der Zwangsherrschaft des katholischen Klerus zu befreien suchte, dadurch aber die Zwänge in die Menschen selbst hineinverlagerte, so war auch der ökonomische Liberalismus ein Fortschritt, weil er die überkommenen feudalistischen und absolutistischen Machtstrukturen aufbrach und individuelle Freiheitsrechte gewährte, dadurch aber die Einzelnen einer abstrakten Selbstverantwortlichkeit auslieferte. Nun ist der Liberalismus, nebenbei bemerkt, keine »deutsche« Erfindung, er hat aber Konsequenzen, die in

Deutschland auf einen besonderen Resonanzboden treffen und bestimmte Tendenzen, etwa die von Plessner beschriebenen, verstärken, mindestens aber Verunsicherung auslösen können.

So beruht etwa die Idee eines sich selbst regulierenden Marktes auf der zwar den Deutschen irgendwie nahen, aber von der Praxis meilenweit entfernten Vorstellung von der durch keinerlei Abhängigkeiten und Prägungen beeinträchtigten »Gleichheit« der Menschen. Da in uns allen der immer gleiche »Mensch überhaupt« stecke, bedürfe es keiner besonderen Regulierung, jeder Eingriff würde nur die gleichsam naturgesetzliche Harmonie stören. Laissez-faire, laissez-aller! Die Geschichte hat jedoch einen riesengroßen Haken, wie uns sowohl die Vergangenheit als auch gegenwärtige Erfahrungen ganz unmittelbar lehren können – man frage einmal eine Frau, wie sie über die natürliche Gleichheit denkt, oder einen Äthiopier oder einen Afghanen oder einen nigerianischen Asylbewerber in Deutschland. Das heißt, die in der Realität unverkennbare Ungleichheit mündet überall dort, wo die Freiheit durch keinerlei Regeln, Formen, Institutionen eingeschränkt wird, in neue Unterdrückung: der Schwachen durch die Starken, der Armen durch die Reichen, der Frauen durch die Männer. Nein, die Gleichheit, durch die allein sich auch die Freiheit rechtfertigt, ist nicht *Natur* – auch nicht die Natur eines Volkes –, sondern *Kultur*. Sie ist nicht vorgegeben oder angeboren, sondern gesetzt: ein moralisches Gebot, ein Menschenrecht, um dessen Verwirklichung wir uns permanent bemühen müssen – und sei es aus Eigennutz.

Anzunehmen, dass nun etwa der »freie Markt«, das Business, eine geeignete Agentur sei, um diesem Recht zur Geltung zu verhelfen, ist aber eindeutig ein Irrglaube. Es ist vielmehr umgekehrt: Das Recht muss gelten, damit überhaupt so etwas wie ein Markt entstehen kann, dessen Funktionieren vom wechselseitigen Vertrauen aller Marktteilnehmer abhängt, die sich als »Gleiche« begegnen. Und ihre Gleichheit meint ganz sicher nicht Gleichförmigkeit, wie sie in der Warenproduktion und durch standardisierte Abläufe erzeugt wird; die Gleichheit, die wir meinen, erweist sich, wie es Jean Cocteau einmal ausgedrückt hat, erst im Aushalten, günstigstenfalls im Zusammenfügen der Gegensätze zu einer neuen Einheit, nicht aber in der Unterdrückung von Differenzen. Sie ist also nicht buchstäblich, etwa als Homogenität, zu verstehen, sondern eher abstrakt, als ein Gebot: Wir haben so zu tun, als seien alle gleich damit ein größtmögliches Ausmaß an Gerechtigkeit entsteht – dasselbe Prinzip wurde ja, was ich schon beschrieben habe, durch den Rechtsstaat formalisiert. Da aber die *Gleichen* nun einmal ungleich sind und auch unter allen Umständen bleiben dürfen, sofern sie sich nur an die gesellschaftlichen Vereinbarungen halten, beruht die Gleichheit, von der hier die Rede ist, ganz wesentlich auf *Toleranz*.

Ein schillerndes Wort. Toleranz gehört zweifellos zu den Voraussetzungen von Freiheit und zu den Grundtugenden der Demokratie, ist aber ein seltsam ambivalentes Vermögen, das sozusagen in zwei Ausstattungsversionen vorkommt: in einer Massiv- und einer Dekorvariante. Tolerant zu sein, den anderen gelten zu lassen, ihn samt seiner Herkunft und seiner Prägung zu respektieren, bedeutet in jedem Fall, darauf zu verzichten, über ihn verfügen oder ihn nach seinen Vorstellungen und zu seinem Vorteil formen zu wollen; es bedeutet übrigens auch, darauf zu verzichten, ihm Anpassungsleistungen abzuverlangen oder ihn zur »Integration« zu verpflichten. Toleranz zu üben, bedarf des Dialogs, dessen Ziel kein einheitlicher Standpunkt ist, sondern der verschiedene Standpunkte vermittel- und verstehbar macht. Das setzt eine wechselseitige Anerkennung voraus, die zwar aufgekündigt werden kann, die aber zunächst einmal und grundsätzlich jeden Dogmatismus verbietet: Neugier, nicht Konkurrenz ist ihr Prinzip.

Daneben, und das ist die Kehrseite des Begriffs, die Dekorvariante eben, verpflichtet »tolerant zu sein« zu nichts, sondern verträgt sich wunderbar mit bequemer Gleichgültigkeit und erlaubt es auch noch, die eigene Passivität mit einer schmückenden Tugendaura zu umgeben. In dieser zweiten, in der »Light-Version« – die in letzter Konsequenz so tolerant sein kann, dass sie auch ihr Gegenteil, die Intoleranz, gleich mittoleriert –, scheint Toleranz zurzeit Hochkonjunktur zu haben: Selbstverständlich werden in Deutschland alle Ausländer toleriert – *sofern* sie sich anpassen, sprich: anders werden, und die deutsche Kultur als »Leitkultur« annehmen. Selbstverständlich sind wir für die berufliche Gleichstellung der Frauen, unbedingt, und natürlich würden wir auch eine Frau als Chefin tolerieren – *sofern* nur niemand verlangt, dass wir Männer uns ändern oder gar unseren Platz räumen. Nicht selten erweist sich eine solche, scheinbar aufgeklärte Attitüde schlicht als zynische Indifferenz, als Maske.

Ich halte deshalb eine gehörige Portion Skepsis für angebracht, wenn nun auch von Seiten der Wirtschaft die Toleranz entdeckt und von ihren Meinungsführern lauthals propagiert wird. Es hat ein wahres Toleranz-Marketing eingesetzt: Vielfalt, Offenheit und Internationalität gelten in Zeiten der Globalisierung als Wettbewerbsvorteile, sodass es geradezu zur *business correctness* gehört, sich als Firma mit dem entsprechenden Flair auszustatten – und etwa den Vorstand international zu besetzen. Da auch ich einmal Teil eines solchen Vorstands gewesen bin, könnte ich nun von vielen Vorzügen berichten, vom Erkenntnis- und Ideengewinn, der im Dialog zwischen Menschen unterschiedlicher Herkunft und Prägung entstehen kann. Aber damit würde ich abschweifen. Denn meine Erfahrungen haben mich auch gelehrt, dass Vielfalt an sich noch keinen Wert darstellt, ja, sich sogar ins Gegenteil von Toleranz verkehren kann, wenn sie nicht aufgeklärt wird.

Echte Toleranz – ich meine die Massivvariante – ist eine Aktivität. Es reicht nicht aus, Menschen aus verschiedenen Kulturen, unterschiedlichen Alters und Geschlechts nur zusammenzubringen und ihnen auf dem Papier allerlei Rechte einzuräumen, es kommt darauf an, wie diese Menschen dann miteinander und mit anderen umgehen.

Toleranz ist nicht interesselos. Und sie wird in Notsituationen in zupackendes Engagement umschlagen, sich in *solidarische* Toleranz verwandeln, aus der dann schließlich auch Sympathie und Empathie erwachsen können, aber nicht erwachsen müssen. Denn Toleranz darf andererseits durchaus nicht als eine Art »Gutmenschen-Veranstaltung« missverstanden werden – oder gar als die Einübung von Indifferenz. Weder kann ich von den anderen erwarten, unter allen Umständen so akzeptiert zu werden, wie ich mich zeige und gebe, noch muss und darf ich jegliches Verhalten anderer als ein zu tolerierendes hinnehmen.

Nein, aufgeklärte Toleranz hat und setzt Grenzen, und zwar zunächst und vor allem als Akt der *Selbstbegrenzung:* des sich selbst hinter einen anderen *Zurück*setzens, der *Rück*sichtnahme, der *Re*flexion darauf, ob und wie mein Handeln auf das gesamte Umfeld anderer einwirkt. Und diese Selbstbegrenzung wiederum entspringt keiner irgendwie gearteten Selbstlosigkeit, sie ist nicht reinsten altruistischen Wassers, sondern leitet sich aus sozialer Vernunft ab, aus der Einsicht, dass mein Wohlbefinden ganz wesentlich von der Anerkennung anderer abhängig ist und dass Gegenwart wie Zukunft nur *miteinander* lebbar sind: im »Ethos der Distanz« – womit im Grunde, was zu beschreiben mir weiter oben hoffentlich gelungen ist, nichts anderes gemeint ist als Toleranz.

Identisch womit?

Wie verträgt sich nun aber eine im »Ethos der Distanz« wurzelnde Toleranz mit nationaler Identität, wie sie in Deutschland so gern beschworen und von manchen immer gleich als bedroht angesehen wird, sobald beispielsweise von Einwanderung auch nur die Rede ist? Mit Verlaub: gar nicht! Jedenfalls nicht mit einem Identitätskonzept, in dem ein irgendwie gearteter »Volksgedanke« enthalten ist. Denn wenn ein solcher auf Ausschluss und Exklusivität abzielender Gedanke mitschwingt, folgt daraus fast zwangsläufig ein sei es latenter, sei es manifester Chauvinismus. Unter diesen Vorzeichen beispielsweise von Integration zu sprechen, wäre die reine Heuchelei.

Doch wenn wir den Volksgedanken nun mit freudigem Schwung in die Mottenkiste werfen, wird die Rede von einer »nationalen Identität« letztlich noch geheimnisvoller. Was soll, was kann das bloß bedeuten? Identität heißt »Einssein«, dasselbe sein, mit sich selbst, mit etwas oder mit anderen vollkommen übereinstimmen, und zwar festgefügt und gleichbleibend – ansonsten drohen die gefürchteten Identitätskrisen. Doch womit, um Himmels willen, wäre ich »eins«, womit würde ich vollkommen übereinstimmen, wenn ich sagte, ich hätte eine französische Identität? Und was meint ein CSU-Generalsekretär, wenn er mahnt, Deutschland dürfe »nichts von seiner gewachsenen Identität verlieren«? Womit wiederum könnte Deutschland »eins« sein? Es ist ein Rätsel, zu dessen Lösung mir partout nichts einfallen will.

Sicher, ich kann meine Sprache lieben, mit der französischen Kultur und Lebensart vertraut sein, mich darin geborgen und heimisch fühlen, ich kann bestimmte Besonderheiten, vermutlich auch Charakterzüge oder Mentalitäten ausbilden, wie sie der Umgebung, in der ich aufwachse und lebe, zu Eigen sind, ich kann bestimmte Einstellungen und

Haltungen mit anderen Franzosen teilen, die sich vielleicht von den Einstellungen und Haltungen vieler Deutscher, Engländer oder Spanier unterscheiden – und von solchen Unterschieden ist hier ja zumeist die Rede–, ich kann sogar einen gewissen Patriotismus entwickeln, weil mir das Vertraute zu Eigen und dadurch lieb und wertvoll geworden ist. Sollte all das mit »nationaler Identität« gemeint sein: d'accord, meinetwegen. Ich selbst würde es so nicht benennen, weil meine »französische Identität« weder dieselbe ist wie die anderer Franzosen, noch gleichbleibend oder festgefügt, sondern wandelbar.

Wer möchte schon gleichbleibende und festgefügte Verhältnisse? Das klingt nach Stillstand, Erstarrung. Auch eine Gesellschaft muss dynamisch, wandelbar, lebendig sein und bleibt dies nur, wenn sie sich dem Neuen, Anderen, Fremden öffnet, es aufnimmt, sich damit auseinander setzt. Ja, das Eigene existiert überhaupt nur durch das andere und würde seine Existenz notwendig einbüßen, wenn es sich als Bollwerk zurichtete und alles Fremde rigoros ausgrenzte oder zu rückhaltloser Anpassung zwingen würde.

Eine nationale Identität, wenn es sie denn gibt, ist allein von innen gefährdet, gleichsam eine Selbstbedrohung. Sobald sie thematisiert und zum Problem erklärt wird, ist in der Tat Gefahr in Verzug, weil sich der vermeintliche Schutz des Eigenen notwendig gegen andere richtet. Aber was ist es, das da geschützt werden soll? Und wovor und vor wem soll es geschützt werden? Ich kann überhaupt nicht erkennen, weshalb und auf welche Weise Menschen anderer Nationalität, Sprache, Kultur, Hautfarbe, Religion, solange sie sich an die gesellschaftlichen Spielregeln halten, meine »gewachsene Identität« in Gefahr bringen könnten. Sie können sie mir allenfalls bewusst machen.

Mal angenommen, ich würde mich als Schachspieler definieren. Ich hätte die Regeln verinnerlicht und wäre mit Leidenschaft bei der Sache, sogar stolz darauf, dass ich es zu einer gewissen Könnerschaft gebracht habe. Wäre nun meine in ausgiebiger Praxis gewachsene »Schach-Identität« bedroht, wenn sich ein Skatspieler zu mir ans Brett setzte, um mit mir Schach zu spielen? Selbstverständlich nicht! Er müsste lediglich die Schachregeln kennen und bereit sein, sich an diese Regeln zu halten. Nichts weiter. Er braucht die Regeln weder zu verinnerlichen noch zu lieben, noch sich mit ihnen zu identifizieren. Er könnte, sollte ich die Partie gewinnen, am Ende sogar erzürnt aufspringen, wüste Flüche auf das »Scheißspiel« ausstoßen, mich für meine ehrgeizige Spielweise beschimpfen und heilige Eide schwören, nie wieder eine Schachfigur anzurühren. Das wäre zwar ein uneleganter Abgang, würde mich aber wohl kaum in meiner »Schach-Identität« irritieren. Außerdem steht jedem das Recht zu, unsympathisch zu sein.

Etwas anderes wäre es allerdings, wenn sich Schachspieler und Schachverbände dazu versteigen würden, alle Skatspieler vom Schachspiel auszuschließen, weil sie – im Unterschied zu mir – durch deren Teilnahme ihre »gewachsene Schach-Identität« bedroht sehen. Erst wenn sich ein Skatspieler von seinem frevelhaften Treiben lossagen, die Karten für immer aus der Hand legen und sich zur Integration in die Schachgemeinde verpflichten würde – pardon, nicht Integration, sondern Assimilation –, könne man seine Aufnahme, nach einer angemessen langen Bewährungsfrist, versteht sich, eventuell in Betracht ziehen. Eine derartige Regelung würde mich in der Tat irritieren und unweigerlich desintegrieren. Sollte Widerstand nichts fruchten, sähe ich mich ohne Zweifel zu einem »Identitätswechsel« veranlasst. Vermutlich würde ich aus Protest ins Lager der Skatspieler überwechseln und fortan Karten spielen – ohne deshalb aber meine Liebe zum »wahren« Schachspiel, das durch die Dummheit irgendwelcher selbst ernannter Reinheitshüter missbraucht und diskreditiert wurde, zu verlieren.

So ähnlich ergeht es mir auch im etwas komplizierteren

Fall der so genannten nationalen Identität. Wo bleibe ich mit meiner »französischen Identität« – und was bleibt mir von ihr –, wenn beispielsweise ein Jean-Marie Le Pen bei den französischen Präsidentschaftswahlen von sechs Millionen meiner Landsleute gewählt wird und rund 17 Prozent der Stimmen erhält? Dadurch sehe ich mich in meinem »Franzosen-Sein« bedroht, nicht durch Einwanderung, den Bau einer Moschee oder die Verwendung von Anglizismen. Selbstverständlich habe ich nach jenem Wahlgang nun nicht einfach aufgehört, Franzose zu sein, sondern fühlte mich erst recht herausgefordert – und mit mir Hunderttausende von Menschen, die ihren Schrecken und ihren Protest anschließend auf der Straße kundtaten. Dabei ging und geht es aber nicht um irgendein nationales Attribut, sondern um republikanische Werte – vermutlich gehört gerade Le Pen zu den Franzosen, die sich eine »nationale Identität« zuschreiben, um sie angesichts algerischer Einwanderschaft sogleich als bedroht anzusehen.

Nein, worum es geht, ist gesellschaftliche Verantwortung und demokratische Teilhabe. Und das ist in Frankreich nicht anders als in Deutschland oder sonst wo. Zwar mag es Unterschiede geben in der Art und Weise, wie die Verantwortung wahrgenommen wird und die Praxis der Teilnahme konkret aussieht, weil es von Land zu Land durchaus unterschiedliche politische, soziale, kulturelle Traditionen gibt; aber solche nationalen Unterschiede – und der Begriff »natio« meint ursprünglich lediglich: wo ich herkomme – wiegen viel geringer als die Gemeinsamkeit der Werte und Haltungen, für die man hier wie dort einzutreten bereit ist und auch eintritt.

Von »nationaler Identität« zu sprechen, hat meines Wissens noch nie und nirgends etwas Positives bewirkt, sondern war stets ein Alarmsignal, ein Anzeichen dafür, dass Unsicherheit, Minderwertigkeitsgefühle, Missgunst und Feindseligkeiten nach außen streben und Toleranz wie politische Vernunft zu verdrängen drohen. Und in Deutschland, wo mehr davon gesprochen wird als anderswo, sind – das hatte ich ja schon behauptet – Unsicherheit, Minderwertigkeitsgefühle und Missgunst tatsächlich weit verbreitet.

Dennoch habe ich persönlich noch nie eine Deutsche oder einen Deutschen getroffen, der oder dem ich auch nur im Ansatz so etwas wie eine nationale Identität zuschreiben würde. Fast möchte ich sagen: im Gegenteil. Den meisten Deutschen, die ich kenne, sind das Land und seine Geschichte eher unangenehm, ein notwendiges Übel, für manche sogar ein Anlass zur Scham – das ist ja Teil des so genannten deutschen Dilemmas. Ich weiß natürlich, dass es auch Nationalgesinnte gibt, halte die Schar derer in ihrer Größenordnung allerdings für nicht sehr besorgniserregend, auch weil ihr Treiben von der deutschen Öffentlichkeit und von den Behörden stets besonders aufmerksam und wachsam verfolgt wird.

Wie aber passt das zusammen? Das Ringen um und die Abwesenheit von nationaler Identität? Da passt eben nichts zusammen, weil es nur die eine Seite gibt, die andere ist eine reine Schimäre, die aber gleichwohl keine bloße Luftnummer ist, weil sie missbraucht werden und fehlleiten kann. Man muss nur oft genug und möglichst pathetisch von nationaler Identität faseln, dann wird man schon welche finden, die sich angesichts eigener Fremdenängste oder der Sorge um den Arbeitsplatz hinter der Chiffre versammeln und zu schützen vorgeben, was gar nicht existiert – und was, wenn es denn existierte, durch solche Schutzmassnahmen überhaupt erst gefährdet werden würde.

Und es kommt noch etwas hinzu, was der ohnehin schon komplizierten Angelegenheit eine noch kompliziertere Wendung gibt. Im Unterschied beispielsweise zu Frankreich, wo garantiert niemand wegen seiner nationalen Herkunft unsicher ist oder sich minderwertig fühlt – die Missgunst ist ein anderes Thema –, sind die in Deutschland allenthalben spürbaren Unsicherheits- und Minderwertigkeitsgefühle durchaus sozusagen nationalhistorischen Ursprungs. Es gibt hier, wenn man mir die absurde Wendung erlaubt, gewissermaßen eine »gewachsene Nicht-Identität«, eine Art Identitätstabu, das aus verinnerlichter politischer Korrektheit erwachsen ist, keine »Identifikation mit«, sondern ein »Leiden an« Deutschland. Das mag zuweilen einen Phantomschmerz auslösen, der verführbar macht, doch bin ich mittlerweile überzeugt davon, dass die meisten Deutschen gegen solche Verführung, gegen eine, wie man es in der Psychologie sagen würde, »Identifikation mit dem Aggressor« resistent sind.

Nein, ich glaube, was die Rede von der »nationalen Identität« in Deutschland häufig so aufgeregt klingen lässt, ist nicht die Sehnsucht danach, sondern die Angst davor. Deswegen halte ich Politiker für schlecht beraten, die im Stimmenfang auf die nationale Karte zu setzen versuchen. Sie können damit möglicherweise den einen oder anderen Stich machen – jetzt spricht der Skatspieler –, werden aber das Spiel nicht gewinnen, weil sich mit nationaler Besinnung und purem Ressentiment weder Arbeitsplätze schaffen noch andere soziale Probleme lösen lassen. Ganz im Gegenteil, wenn man zum Beispiel an die demografische Entwicklung oder an die europäische Vereinigung denkt, erscheint das Nationale nur noch als Hemmschuh und wird daher in Zukunft eine immer geringere Rolle spielen. Und das wissen die Deutschen, jedenfalls die Deutschen, die ich kenne.

Sie wissen übrigens auch, dass ihr »Leiden an Deutschland«, das uns Ausländern natürlich viel sympathischer ist als etwaige nationale Sehnsüchte, durchaus zerstörerische Züge annehmen, Blockaden errichten und Denkgefangenschaften begründen kann. Ich bin deshalb guter Hoffnung, dass mir mein Versuch, solche Blockaden zu benennen, wenn vielleicht auch nicht in jeder meiner Ausführungen, so doch im Ansatz nicht etwa übel genommen wird.

Und genau das werde ich bald erfahren, lange bevor dieser Text als Buch vorliegt. Denn meine erste deutsche Leserin, Gabi, hat schon mehrfach nachgefragt, wann sie mit neuem Lesestoff rechnen könne. Sollte ich diesen Härtetest überstehen, wäre alles, was folgt, ein Kinderspiel. Aber ob ich ihn überstehe? Dammann wirkt zuversichtlich. Immerhin.

Das Geheimnis der Liebe

Dies ist das Geheimnis der Liebe, dass sie solche verbindet, deren jedes für sich sein könnte und doch nicht ist, und nicht sein kann ohne das andere.

F. W. J. SCHELLING

Voller Anspannung blicke ich immer wieder zu meiner Frau hinaus. Sie sitzt, mir den Rücken zugewandt, draußen auf der Terrasse und liest. Ich gehe im Haus auf und ab und versuche, aus ihrer Körperhaltung und ihren Gesten Rückschlüsse auf ihren Seelenzustand zu ziehen. War da nicht ein leichtes Kopfschütteln? Hat sie die Seite eben nicht allzu energisch umgeblättert? Was macht sie da schon wieder mit dem Stift? Es ist furchtbar, ich komme mir vor wie in einer Prüfung – nein, schlimmer, weil ich selbst keinerlei Einfluss auf die Situation nehmen kann.

»Na ja«, denke ich, »man muss natürlich weiter daran arbeiten, es gibt noch einiges zu verbessern. Manches ist sicher zu salopp, anderes missverständlich oder noch nicht zu Ende gedacht.« Und je länger ich so auf und ab gehe, desto größer werden meine Zweifel.

Die Minuten, so scheint mir, verrinnen unendlich viel langsamer als sonst. Meine Ungeduld lässt mich allmählich fahrig und die noch stillen Zweifel, wenn nicht bald etwas passiert, zu lauter Verzweiflung werden. Völlig unvermittelt kommt mir ein ätzendes Gedicht von Alexander Pope in den Sinn, das ich mir einige Tage zuvor notiert hatte: »Voll Eifer sitzt er, Bücher rings umher, / versinkend in Gedanken wie ins Meer! / Er sucht nach Sinn und findet keinen Grund / und schreibt verzweifelt irgendeinen Schund.« Plötzlich bin ich mir sicher, dass ich nicht zufällig auf das Gedicht gestoßen bin. Es muss mich geradezu gesucht haben, um mich auf das absehbar vernichtende Urteil meiner ersten Leserin vorzubereiten.

Als Gabi schließlich aufsteht, provozierend langsam die abgelegten Seiten aufnimmt, sie ordentlich zusammenlegt und mit dem Manuskript in der Hand ins Haus zurückkommt, bin ich nur noch ein Häuflein Elend und habe mit dem Projekt praktisch abgeschlossen. Es hat keinen Zweck, ich kann das eben nicht. Ich habe mir wohl einfach zu viel vorgenommen und mich nun völlig verrannt. Pope'scher »Schund« eben. Sollen sich doch meinetwegen andere daran versuchen, falls es überhaupt jemanden gibt, der so etwas lesen wollte. Wieso hat der Dammann es nur so weit kommen lassen? Es wäre seine verdammte Pflicht gewesen, mich davon abzuhalten.

Gabi geht in die Küche und schenkt sich einen Kaffee ein. Sie wirkt irgendwie stoisch, unergründlich, nachdenklich – und sie schweigt, was mich geradezu in Aufruhr versetzt. »Nun sag doch schon was«, denke ich, während mein Mund im selben Moment das Gegenteil ausspricht: »Nein, du brauchst gar nichts zu sagen. Ist Scheiße. Das sehe ich dir doch an. Wir müssen uns jetzt aber überhaupt nicht damit quälen. Lass es uns einfach vergessen. Jedes weitere Wort darüber wäre unnötig. Bin ich eben gescheitert. Das kann ich, darin habe ich Erfahrung.« Doch es gelingt mir nicht, meinen kindisch-künstlichen Trotz lange aufrechtzuerhalten. »Warum sagst du denn nichts? Ist es so schlimm, dass du es keiner einzigen Bemerkung für würdig hältst?«

»Nun warte doch mal«, erwidert sie, und zu meiner Überraschung kann ich weder in ihrer Stimme noch in ihrem Blick irgendeinen Anflug von Ärger, Unverständnis oder Ironie entdecken. Eher Neugier. »Ich muss gerade daran denken«, ergänzt sie, »wie es war, als wir uns kennen lernten.«

»Aha«, stottere ich irritiert und begreife gar nichts. Ihr erläuternder Nachsatz lässt mich eher an meinem Verstand zweifeln. »Hallo«, sage ich deshalb etwas zu laut, nachdem wieder einige wortlose Momente verstrichen sind, »hättest du die große Güte, mich darüber aufzuklären, was hier gerade stattfindet? Warum spannst du mich so auf die Folter? Und was, bitteschön, hat unser Kennenlernen, unsere Geschichte mit deiner gerade beendeten Lektüre zu tun?«

Jetzt lächelt sie. Sie lächelt mich an und macht dabei sogar einen irgendwie verliebten Eindruck. Ich weiß überhaupt nicht, was los ist, und offenkundig sehe ich auch genauso aus. Ich muss einen recht vertrottelten Anblick bieten. Denn Gabi beginnt nun zu lachen; sie stellt ihre Tasse ab, kommt zu mir herüber, nimmt meine Hand und zieht mich hinaus in den Garten.

»Weißt du noch«, fragt sie, während wir uns auf einen großen von der Nachmittagssonne erwärmten Stein setzen, »als du mir vor einiger Zeit das Geheimnis unserer Liebe zu erklären versucht hast? Ich habe mich damals etwas lustig gemacht über deine recht skurrile Erklärung, wonach unsere Gefühle füreinander dadurch genährt werden, dass wir noch verschiedener sind als nur verschieden.«

»Ja, sicher weiß ich das noch«, antworte ich, ohne dass sich meine Verwirrung auch nur im Geringsten gelegt hätte. »Ich verstehe trotzdem nicht ganz, was das jetzt soll.«

»Aber ich habe jetzt verstanden, und zwar was du damals damit gemeint hast. Und ich gebe dir Recht. Es stimmt. Eben das ist mir, um dich nun endlich auch ein wenig aus deiner Anspannung zu erlösen, während der Lektüre vorhin klar geworden. Denn obwohl wir jetzt schon eine ganze Weile zusammen sind, schaffst du es immer noch und immer wieder, mich zu überraschen. Deshalb musste ich vorhin daran denken, wie es war, als wir uns kennen lernten. Dieses Erlebnis, uns gegenseitig zu überraschen, am anderen Eigenschaften, Talente, manchmal auch Schwächen zu entdecken, die man gar nicht vermutet hätte, hat mich von Anfang an fasziniert. Ich hatte nie das Gefühl, dich ganz zu erkennen, und wenn es sich doch einmal einstellte, hast du mich schnell eines Besseren belehrt, hast etwas gesagt oder getan, was nicht in mein Bild passte – und dich damit eben als verschiedener erwiesen, als ich es mir gerade einmal wieder mühsam zurechtgelegt hatte. Das heißt, ich lerne dich heute eigentlich immer noch kennen, und solange dieser Prozess nicht abgeschlossen ist – und ich kann mir nicht vorstellen, dass er das jemals sein wird –, werde ich dich wohl lieben müssen.«

»Entschuldige, wenn ich kurz unterbreche«, falle ich Gabi, immer noch ungeduldig auf einen direkten Kommentar zu meinem Text wartend, ins Wort, obwohl mir im selben Moment das Risiko bewusst wird, dass ich dadurch die aufkeimende Romantik abwürgen und mir weitere Liebeserklärungen entgehen lassen könnte. Aber ich kann nicht anders. »Heißt das, was du gelesen hast, hat dich positiv überrascht?«

»Ja doch! Aber übrigens mehr durch die Haltung, die deinem Text zugrunde liegt, durch die große Sympathie, die überall durchscheint, als durch die konkreten Inhalte und Aussagen, mit denen ich, wie du dir denken kannst, nicht immer einverstanden bin. Trotzdem hast du sehr viel Treffendes gefunden, sodass ich gestehen muss, dass ich mich in einigen Passagen sogar selbst wiederfinden kann. Und du hast es dir wirklich nicht leicht gemacht, wodurch das Ganze jedoch nicht zu schwer, sondern, wie ich finde, angemessen schwer geworden ist. Das hat mich überrascht. Die Art und Weise, wie du die zum Teil wahrlich nicht einfachen Themen angehst und wie viel, ja, Tiefgang du dabei erreichst, ohne allzu akademisch oder gar belehrend zu werden.«

»Na, da kannst du dich ja mit dem Herrn Lektor zusammentun, der scheint mir auch nicht so viel zuzutrauen«, reagiere ich eher gekränkt als erfreut – und denke sofort wieder an Dammanns Aufforderung, irgendwelche Äußerungen auf mein Niveau herunterzubrechen.

»Ach, komm schon! Kaum hatte ich eben ausgesprochen, habe ich sofort geahnt, du würdest beleidigt sein. Dazu gibt es aber nicht den geringsten Grund, Goeudevert, du kokettierst. Ich traue dir alles zu«, erwidert Gabi und stößt mir zur Bekräftigung ihren Ellenbogen in die Seite, sodass ich fast vom Stein rutsche. »Ich bin nicht deshalb überrascht, weil ich etwas Schlechteres, sondern weil ich nach unseren Gesprächen etwas anderes erwartet hatte, ohne angeben zu können, was eigentlich. Und ich bin deshalb überrascht, weil ich in dem Text, obwohl er so anders, so fremd, so gar nicht Goeudevert-like daherkommt, doch überall dich wiederentdecke. Genauer gesagt: deine Liebe.«

Ich sehe mich plötzlich wieder an den Anfang unseres Gesprächs zurückversetzt. Zwar ist die große Anspannung gewichen, dafür ist nun die Irritation wiedergekehrt, das Gefühl, meiner Frau nicht folgen zu können oder, wie man so schön sagt, im falschen Film zu sein.

»Verstehe ich das richtig«, frage ich deshalb nach, »du erkennst in dem, was ich über die Fremdenfeindlichkeit in Deutschland, über Nationalstolz, Volksidee, Identität und all die anderen Themen geschrieben habe, meine Liebe? Obwohl ich doch unter anderem gerade zu erklären versucht habe, dass und warum zum Beispiel die Liebe aus dem gesellschaftlichen Verkehr und der Politik tunlichst herausgehalten werden sollte? Entschuldige, da komme ich wieder einmal nicht mit. Meine Liebe wozu? Zu wem? Zu dir? Zu den Deutschen? Zur Identität? Was, um alles in der Welt, meinst du?«

»Jedenfalls etwas Nettes. Also kein Grund, gleich so gereizt zu reagieren! Aber es ist nicht so leicht zu erklären. Ich meine das nicht so plan, wie es vielleicht klingt. Es ist nicht die Liebe zu jemandem oder zu etwas, sondern – wie soll ich es ausdrücken? – die Methode deiner Liebe, die ich in dem Text wiederzuerkennen glaube. Die Deutschen sind dir nicht einfach nur sympathisch. Die Art, wie du dich mit den Dingen auseinander setzt, und der Ton, den du dabei anschlägst, verraten trotz aller kritischen Überzeichnung eine aktive Zuneigung. Und das ist das Besondere: Deine Zuneigung ist immer eine Aktivität. Übrigens ganz anders als bei den deutschen Männern, die ich kennen gelernt habe, deren Zuneigung man sich sozusagen immer aufs Neue verdienen muss. Die Liebe der deutschen Männer ist viel weniger aktiv als deine. Sie verlangt vielmehr Aktivitäten von der Person, der sie gilt. Das ist etwas ganz anderes. Hier könnte ich nun meinerseits von Unterschieden und Eigenheiten erzählen.«

Ach, ich könnte ihr jetzt stundenlang zuhören. »Nur zu«, ermutige ich sie deshalb. Wer lässt sich nicht gerne loben und umschmeicheln? Außerdem verspricht es, interessant zu werden. »Meine Methode! Da bin ich wirklich gespannt, weil ich mir überhaupt nicht bewusst bin, irgendwie methodisch vorzugehen. Schon gar nicht, was mein Gefühlsleben angeht. Außerdem bist du es jetzt, die mich überrascht. Ich dachte immer, du hältst mich für einen Chaoten, liebenswert vielleicht, aber chaotisch auf jeden Fall.«

Gabi lacht wieder. »Das bist du ja auch. Ich glaube, methodisches Vorgehen kann man dir wirklich nicht nachsagen, nicht einmal im Beruf oder beim Schreiben. Und dennoch hat dein Verhalten ein bestimmtes Muster. Mit Methode meine ich deshalb auch weniger etwas Gesteuertes, Strategisches oder Systematisches, sondern dieses Muster, eine charakteristische Art, eine Lebenseinstellung, eine Grundhaltung, die sich bei dir durch fast alle Lebensbereiche zieht – und die eben deutlich anders ist als die Art, Einstellung und Haltung, wie ich sie bei deutschen Männern wahrgenommen habe. Und das ist mir vor allem in der Liebe zu dir erst so richtig klar geworden, genauer gesagt in deiner Liebe zu mir, die sich so anders anfühlt als das Geliebtwerden, das ich vor dir kannte. – Aber ich weiß gar nicht, ob ich dir wirklich davon erzählen soll.«

»Ich bestehe darauf«, beeile ich mich zu sagen. »Und das ist gar nichts Persönliches. Wir führen hier schließlich so eine Art Arbeitsgespräch. Ich bin auf meiner Recherche für jeden Hinweis dankbar und nehme jede Hilfe, die ich kriegen kann, am allerliebsten deine. Also bitte, erklär mir das genauer.« Ich nicke meiner Frau aufmunternd zu und nehme mir vor, sie jetzt nur nicht wieder so schnell zu unterbrechen.

»Na gut«, sagt sie und atmet durch: »Deine Liebe empfinde ich als dialogisch, aktiv und leicht, während die deutschen Männer im Vergleich dazu eher monologisch, passiv und schwer lieben. Natürlich gibt es viele Abstufungen und unterschiedliche Ausprägungen, aber der Tendenz nach stimmt es, glaube ich. Jedenfalls kann ich meine eigenen Erfahrungen so beschreiben. Die Liebe der deutschen Männer geht nach einer zumeist kurzen und ebenfalls dialogischen, aktiven und leichten Flirt- und Verliebtheitsphase recht schnell in einen eigentümlich festen Zustand über. Es ist schwer zu beschreiben: Sie verdichtet sich irgendwie zu einer Art Gewissheit, Bestimmung, ja, Kontrakt und wird dadurch zu einem unbeweglichen, schweren Gut, das man glaubt, nunmehr in Besitz genommen zu haben. Und dieser exklusive Besitz wird dann wie ein Schrein gehütet und irgendwo sicher verwahrt, damit die Kostbarkeit im Alltag bloß nicht zu Schaden kommt oder durch intensiven Gebrauch zur Neige geht. Nur zu besonderen Anlässen oder in Notfällen – häufig leider erst, wenn es schon zu spät ist – wird die Liebe dann feierlich hervorgeholt, ansonsten meint der Mann, es genüge, lediglich an sie zu erinnern, sie zu benennen, auf sie zu verweisen, sie zu beschwören. Als ließen sich die Gefühle füreinander konservieren, indem man sie auf kleine rituelle Gesten herunterkühlt, gewissermaßen einfriert. Aber was dadurch haltbarer gemacht werden soll, pulsiert nicht mehr; es ist eben kalt und ohne jede Dynamik.

Wird nun die Frau darüber unzufrieden, weil sie weder verstehen kann noch einsehen mag, dass die Liebe des Partners nicht wie die eigene atmen will, fühlen will, wissen will, lachen will, erwidert sein will, geben und nehmen will, eben lebendig sein will, reagiert der deutsche Mann zutiefst verstört und neigt sofort zu aggressivem Gekränktsein. Er sei doch schließlich an ihrer Seite, wie könne sie da unzufrieden sein und seine Gefühle anzweifeln? Ist seine Gegenwart etwa nicht Liebesbeweis genug? Wieso genügt nicht, es auszusprechen und es sich bei Bedarf gegenseitig zu versichern? Wenn er sich Tag für Tag auch noch richtig anstrengen müsse, um sie von seiner Liebe zu überzeugen, könne ihr Gefühl für ihn wohl nicht sehr tief sein.«

»Einen Moment bitte! Nun bist du es aber, die kräftig übertreibt«, unterbreche ich sie nun doch und verstoße damit gegen meinen gerade gefassten Vorsatz. »Ich kenne viele deutsche Männer«, wende ich ein – übrigens nicht nur vorsichtshalber, etwa weil ich besorgt wäre, wie der männliche Teil meines deutschen Lesepublikums Gabis Beurteilung wohl aufnehmen würde, sondern weil ich wirklich meine, was ich sage –, »auf die deine Beschreibung ganz und gar nicht zutrifft, die in glücklichen Beziehungen leben und die ich deshalb gern gegen deine Charakterisierung in Schutz nehmen würde.«

»Natürlich übertreibe ich«, räumt meine Frau sofort ein, als sei dies die größte Selbstverständlichkeit. »Warum sollte ich nicht dürfen, was du dir erlaubst? Außerdem passt, was ich gesagt habe, doch nahtlos in das von dir skizzierte Bild der angestrengten, alles unnötig aufladenden, schwer machenden, das Gegenwärtige und Unmittelbare fliehenden Deutschen. Das heißt, nachdem ich deine Zuschreibungen anfangs für anmaßend gehalten habe, bestätige ich sie jetzt sogar. So wie du zu Beginn geschrieben hast, die Deutschen lebten im Konjunktiv, sie würden nur so tun, als ob sie leben, sage ich nun: Ja, das stimmt, und es gilt genauso für ihre

Gefühle. Die Deutschen leben nicht nur, sie lieben auch im Konjunktiv, sie tun nur so, als würden sie lieben. Jedenfalls die deutschen Männer.

Gerade gestern habe ich zufällig einen wunderbaren Satz bei Gustave Flaubert gelesen, der genau benennt, was ich meine: ›Wie würde ich geliebt haben‹, schreibt er, ›wenn ich geliebt hätte‹, und umschreibt damit voller Trauer, was die deutschen Männer nicht einmal im Ansatz erkennen, geschweige denn zugeben würden. Und es kommt noch schlimmer. Denn durch die merkwürdige Aufladung, Einkapselung und Heiligsprechung wird die Liebe zuletzt autistisch, und das heißt, zu etwas anderem, weil eine autistische Liebe ein Widerspruch in sich wäre. Das meinte ich mit dem Attribut monologisch. Dabei will ich gar nicht in Zweifel ziehen, dass tiefe Empfindungen vorhanden sind. Aber was machen die Kerle bloß damit? Wo bleiben sie mit ihren Gefühlen? Und wem zum Teufel gelten sie? Denn als liebende Frau gewinnt man allzu häufig den Eindruck, als hätte der liebende deutsche Mann die Sorge, seine Liebe könnte durch allzu viel Praxis verunreinigt, beschädigt, beeinträchtigt werden. Und weil er diese Sorge partout nicht los wird, begnügt er sich schließlich damit, geliebt zu werden und vermeidet es, selbst zu lieben. Am Ende verwechselt er dann das passive Geliebtwerden mit der auf Aktivität angewiesenen Liebe selbst und ahndet jeden Misston mit weiterer Abkühlung sowie der unausgesprochenen oder ausgesprochenen Forderung an die Frau, ihn nur ja weiter aktiv zu lieben, wenn er ihr lieb sei. Sonst hätte sie seine Liebe nicht verdient. Aber welche Liebe?

Jedenfalls wird der Liebe der Frau dadurch eine Last auferlegt, die sie auf Dauer nicht tragen kann, zumal man ihr gleichzeitig auch noch die Nährstoffe entzieht. Es ist eine Einbahnstraße, die sich nach quälend langer Fahrt als Sackgasse erweist. So geht das nicht – was auch ich erst spät, nicht zuletzt durch dich, gelernt habe. Die Liebe ist reine Praxis, oder sie ist nicht. Sie ist Austausch, benötigt Stoffwechsel, sie ist und bleibt nicht einfach da, sondern man muss sich permanent um sie bemühen, nein, sich bemühen wollen, und zwar sowohl um die eigene wie auch um die Liebe des oder der anderen. Alles andere würde am Ende in Selbstsucht und Eitelkeit münden. Und die notwendigen Bemühungen bereiten in Wahrheit ja keine Mühe, sondern sind Lust: Wen ich liebe, um den will ich mich kümmern, und ich will von ihm umkümmert werden, mich auseinander setzen, abgrenzen und annähern, möchte ihn wahrnehmen und von ihm wahrgenommen werden, fühlen und gefühlt werden, verstehen und verstanden werden. Es ist ein ständiger Wechselgesang, ein Geben und Nehmen, ein Lebensdialog ...«

Hier hält Gabi plötzlich inne, als sei sie über sich selbst erschrocken. Da mich ihr wachsender Eifer fasziniert, schweige ich erwartungsvoll – und muss diesmal auch gar nicht lange warten. Nach nur wenigen Augenblicken scheint sie ihre Fassung wiedergefunden zu haben.

»Puh, jetzt habe ich mich wohl in etwas hineingesteigert und darüber vergessen, was ich eigentlich sagen wollte. Na ja, die großen Gefühle werden wir wohl nie ganz verstehen. Ich weiß nur, dass dieses Dialogische so ungeheuer wichtig ist, und zwar der äußere wie auch der innere Dialog, also die Reflexion. Denn ohne zu wissen, was ich selbst will und warum ich handle, wie ich handle, werde ich die anderen immer überfordern – und mir damit am Ende selbst schaden, sofern mir an einem anderen etwas liegt.

Lass es mich noch einmal an einem unverfänglichen und einfachen Beispiel zu beschreiben versuchen: Nehmen wir unser Haus hier, das ich liebe und in dem ich mich durch und durch wohl fühle. Damit das weiterhin so bleibt, muss ich hin und wieder aufräumen, putzen, manchmal sogar aufwändig renovieren, und von Zeit zu Zeit drängt es mich auch nach Veränderung, dann stelle ich die Möbel um oder richte die Zimmer neu ein. Na, du weißt ja, wovon ich spreche. Aber das alles, so mühsam und lästig es manchmal erscheinen mag, sind ja keine Liebesdienste, die mir das Haus abfordert; ich selbst schaffe die Unordnung, ich selbst wirbele Staub auf und bringe Dreck herein – von dir will ich hier lieber schweigen. Das heißt, was ich auch mache, ich tue es immer auch oder sogar ausschließlich um meinetwillen. Und das muss man sich in einer Beziehung sei es zu einem Haus, sei es zu einem anderen Menschen immer einmal wieder klarmachen.

Denn so ähnlich ist es tatsächlich auch in der Liebe, wenngleich unendlich viel komplizierter, weil ja ein Mensch, im Unterschied zu einem Haus, zurückliebt – oder eben nicht –, weil zwei Menschen je eigene Bedürfnisse haben, die eben leider häufig nicht eins zu eins übereinstimmen, sondern in eine Art Ausgleich gebracht werden müssen. Und das wiederum ist nur möglich, wenn man neugierig aufeinander und aufmerksam füreinander bleibt, wenn man sich über die und mit den wechselseitigen Wünschen und Vorstellungen auseinander setzt. Denn in der Liebe geht es, anders als beim Wohnen, nicht nur um mich, sondern zuerst um den anderen. Es ist eine Interaktion. Solcher Dialog ist auf viele Arten möglich, nicht nur sprachlich, auch mimisch, gestisch, körperlich, symbolisch und natürlich über Handlungen und Verhaltensweisen vermittelt. – Aber, was wollte ich jetzt eigentlich sagen? Ich habe den Faden verloren.«

Die abrupt einsetzende Stille ist irritierend. Mir wird bewusst, dass ich Gabi die ganze Zeit über wie gebannt angeschaut habe – wie sie gestikuliert hat, wie sich ihre Wangen während des Sprechens leicht gerötet haben, wie sie mich beim Reden mit den Augen fixiert hat. Und ich bin immer noch absolut fasziniert von ihrem flammenden Plädoyer. So ein Eifer ist sonst gar nicht ihre Art, was sie selbst auch bemerkt zu haben scheint. Sie blickt jetzt etwas nachdenklich in die Ferne, als höre sie ungläubig den eigenen Worten hinterher. Ich kann nicht anders, als sie sofort in den Arm zu nehmen und eine Weile festzuhalten. Danach gehe ich kurz ins Haus und kehre mit einem kühlen Weißwein und zwei Gläsern zu ihr und unserem Stein zurück, um auf diesen Moment anzustoßen und ihr zu sagen, wie wunderbar ich mich fühle. Mit ihr.

»Ich weiß zwar auch nicht, was du sagen wolltest, aber ich danke dir für alles, was du gesagt hast. Es war schön, die schönste Liebeserklärung, die ich je erhalten habe.« Wir stoßen erneut an, während die Sonne, wie bestellt, hinter den Hügeln versinkt und zum Abschied ein wild-romantisches Farbenspiel an den Himmel schickt. »Vielleicht wäre es besser, du schreibst das Buch zu Ende«, sage ich, einer spontanen Eingebung folgend. »Denn wie sollte ich überbieten, was du über die Deutschen weißt und denkst – oder gar über die Liebe.«

»Das könnte dir so passen, Goeudevert«, reagiert Gabi, inzwischen aus der Ferne zurückgekehrt und wieder ganz präsent, sofort. »Ich finde, ich unterstütze deine Faulheit schon genug. Ein bisschen was darfst du schon noch selbst machen. Ich will doch nicht, dass du einrostest, sondern hätte dich gern weiterhin so beweglich, wie du bist. Glaube also bloß nicht, dass ich dich in irgendeinen Ruhestand entlasse. Du machst weiter! Außerdem bin ich auf die Fortsetzung gespannt, zum Beispiel darauf, was du zu den Frauen zu sagen hast, nachdem ich mich nun gerade über die Männer ausgelassen habe.«

»O Gott, ist das ein Auftrag?«, frage ich erschrocken nach. »Das ist, als würdest du mich in ein Minenfeld schicken. Da halte ich mich doch lieber erst mal daran fest, was du über die Männer gesagt hast. Denn wenn ich es recht bedenke, wäre es doch keine so gute Idee, dich das Buch weiterschreiben zu lassen. Es würde zu deutsch. Ja, so wunderbar ich finde, wie du über die Liebe denkst, so unverkennbar ist auch deine Neigung, auf eine merkwürdig verdrehte Art etwas Ähnliches zu tun, was du an den deutschen

Männern beobachtet hast. Du idealisierst und lädst die Liebe damit am Ende derart auf, dass sie ebenfalls kaum mehr lebbar erscheint. Wenn wir zwei dieses Ideal erfüllen würden, hätten wir keine Liebesbeziehung, sondern wären eine Symbiose eingegangen und zu einer Einheit geworden. Das ist aber ein scheußlicher Gedanke. Wir sind und bleiben zwei, und ich bestehe darauf, dass wir eine Liebesbeziehung haben.«

»Na, das will ich aber stark hoffen, dass du darauf bestehst«, kontert sie. »Lass dir bloß nichts anderes einfallen. Und dass ich vorhin überzogen habe, mich in etwas hineingesteigert, übertrieben, das habe ich doch schon eingeräumt. Es ist wahr, und ich glaube, es stimmt auch, dass wir Deutschen – mich eingeschlossen – die Liebe an einem zu hohen Ideal messen und deshalb leicht zur Unzufriedenheit neigen, weil sie sich nur ganz selten und allenfalls für kurze Zeit so anfühlt, wie es uns das Ideal vorgaukelt. Und anstatt daraufhin das falsche Ideal zurechtzustutzen – falsch deshalb, weil es tatsächlich auf eine Einheit abzielt, die die Liebe zerstörte, statt sie zu vollenden –, lasten wir es dann dem Partner an und sind gekränkt, wenn er oder sie die viel zu hoch gehängten Früchte für uns nicht erreicht. Dabei ist das gar nicht möglich. Insofern war vielleicht die wichtigste Bemerkung, dass die Liebe zwischen zwei Menschen kein Gottesdienst, keine Theorie, keine Prüfung sein darf, sondern reine Praxis ist und nur hier unten, auf dem Boden, stattfinden kann.«

»Du bist nicht nur so klug wie Helmuth Plessner«, unterbreche ich meine Frau – und räume hier selbstkritisch ein, dass ich nicht nur gern Komplimente mache, sondern ebenso gern mit meinen Lesefrüchten protze –, »sondern auch so scharfsinnig wie Arthur Schopenhauer, der einmal gesagt hat: ›Ein eigentümlicher Fehler der Deutschen ist, dass sie, was vor ihren Füßen liegt, in den Wolken suchen.‹ Diesen Fehler hast du gerade mit anderen Worten bestätigt.«

»Ah, jetzt fällt mir auch wieder ein«, spricht sie aber unbeeindruckt weiter, »was ich vorhin vergessen habe: die Franzosen – und wie sie sich in Liebesdingen von den Deutschen unterscheiden. Das war ja überhaupt mein Ausgangspunkt. Also, während die Deutschen oftmals einem unerreichbaren Ideal nachstreben, tiefe Gefühle bloß beschwören oder einklagen, unter einem vermeintlichen Mangel an Zuneigung leiden – es ist nie genug – und damit merkwürdig selbstbezüglich bleiben, praktiziert ihr Franzosen die Liebe. Was man euch bis heute als Oberflächlichkeit anlastet, ist in Wahrheit – und das habe ich zu schätzen gelernt – zu weiten Teilen Welthaltigkeit, Diesseitigkeit sowie der Respekt vor der Individualität des anderen. Ihr strebt nicht nach permanenter Intensitätssteigerung, fordert nicht ständig Bekenntnisse, fragt nicht primär danach, was und wie ihr selbst empfindet, sondern ihr sucht den anderen und die Zwiesprache mit ihm. Es geht nicht um Einheit, sondern um Austausch, und zwar den Austausch zwischen zwei Unabhängigen: Nähe an Distanz. Eure Liebe ist nicht heilig, ihr stellt sie nicht gleich infrage, wenn ihr mal sauer seid oder der Partner sich zurückzieht.

Dadurch gewinnt eine Beziehung eine Leichtigkeit, Lebendigkeit und Selbstverständlichkeit, die ich als ungeheuer schön empfinde. Auch wenn wir uns streiten oder mal eine Weile aus dem Weg gehen, hast du mir bislang noch nie das Gefühl vermittelt, dass deshalb dein Interesse an mir nachlässt. Im Gegenteil, aufkommende Fremdheit macht dich noch neugieriger, werbender. Das alles nimmt dem Ganzen diese existenzielle Schwere, die ich in Beziehungen mit deutschen Männern oft empfunden habe. Ständig diese Angst im Nacken, irgendetwas falsch zu machen, ein Gefühl zu verletzen, eine Erwartung nicht zu erfüllen. Diese Angst habe ich mit dir nicht, du hast sie mir genommen. – So, aber hier breche ich lieber ab, bevor du dir weiß ich was einbildest. Und guck bloß nicht so selbstgewiss, sonst erzähle ich gleich noch, was mir alles nicht gefällt. Da käme nämlich auch eine Menge zusammen.«

»Selbstgewiss? Nein! Ganz bestimmt nicht«, kann ich nur schwach entgegnen. Tatsächlich empfinde ich nicht den geringsten Anflug von Selbstgewissheit, sondern bin gerührt, berührt. Irgendwelche Erwiderungen scheinen mir im Moment völlig fehl am Platze. Es gibt nur eins, was ich jetzt sagen möchte, und ich sage es auch: »Ich liebe dich.«

Danach sitzen wir eine ganze Weile stumm nebeneinander. Uns nur fühlend. Unsere Hände und Schultern berühren sich. (Möglicherweise säßen wir da heute noch, wenn wir nicht allmählich, sozusagen von unten her, zu Bewusstsein gekommen wären. Denn es war inzwischen dunkel geworden, und der Stein, auf dem wir saßen, hatte sich deutlich abgekühlt. Spürbar.)

»Wird langsam kalt«, sage ich. »Ist wohl besser, wenn wir reingehen.« Und so nehmen wir die Gläser und den Wein und gehen zurück ins Haus.

»Habe gar nicht bemerkt, wie spät es geworden ist«, sagt Gabi, während ich die Terrassentür schließe. »Ich mag jetzt nicht mehr kochen. Also werden wir uns heute mit einem deutschen Abendbrot begnügen. Ach, was heißt begnügen? Das sollten wir uns in der nächsten Zeit vielleicht ohnehin zur Gewohnheit machen, bis du mit dem Buch fertig bist. So wirst du schon abends richtig eingestimmt auf die Arbeit, die dich morgens erwartet.«

»Heißt das, du schickst mich jetzt jeden Morgen an den Schreibtisch?«, frage ich mit gespieltem Entsetzen. »Ich finde, ich habe mir eine kleine Pause verdient. Eine Belohnung, eine Anerkennung. Oder etwa nicht? Nach all den Qualen, die du und der Dammann mir auferlegt haben. Lass uns doch einfach für ein paar Tage ans Meer fahren. Und dort unser Gespräch fortsetzen. Und so weiter. Das würde mir jetzt gefallen. Ich sag gleich morgen früh alle Termine ab, und wir können starten. Wohin du willst. Sag ja!«

»Das ist ein sehr verlockendes Angebot«, erwidert Gabi geschmeichelt, »dem ich nur schwer widerstehen kann. Aber ich muss widerstehen, und zwar um deinetwillen. Erst die Arbeit! Ich weiß doch, wie schwer es dir fällt, wieder reinzukommen, wenn du die Dinge erst einmal, meistens unter irgendeinem Vorwand, einige Tage liegen gelassen hast. Nein, nein, kommt nicht in Frage. Du musst jetzt dranbleiben. Aber meinetwegen können wir die Arbeitsbedingungen etwas erleichtern. Wenn Herr Dammann damit einverstanden ist, musst du es dir jetzt nicht mehr so schwer machen. Erzähl doch als Nächstes einfach mal, wie alles anfing, so eine Art Chronik deiner Liebe zu Deutschland. Da gibt es bestimmt so einiges, was auch mir noch unbekannt ist oder was ich schon längst vergessen habe. Aber«, ergänzt meine Frau, während sie bereits dabei ist, den Tisch zu decken, »auf dein Angebot werde ich ganz bestimmt zurückkommen. Und ich freue mich schon darauf – was mir einen weiteren Anlass gibt, dich zu treiben, und dir hoffentlich einen guten Grund, dich von mir treiben zu lassen. Schatz!«

Jeder Widerspruch erscheint zwecklos. Gegen die Arbeitsethik meiner Frau, das haben mich viele Erfahrungen gelehrt, ist kein Franzosenkraut gewachsen. »Diese verdammte deutsche Disziplin«, denke ich, während ich nach Streichhölzern suche, um die Kerzen anzuzünden. Also doch weiter mit dem Buch – und das gleich morgen, ohne wohlverdiente Pause. Manchmal können einem die deutschen »Tugenden« ganz schön auf die Nerven gehen.

Apropos Buch, wo ist eigentlich der Dammann geblieben? Ich habe gar nicht bemerkt, dass und wann er sich zurückgezogen hat. Es muss irgendwann während unseres Gesprächs im Garten gewesen sein. So viel Takt hätte ich ihm gar nicht zugetraut. Andererseits gut so, dass er nicht alles mit anhören konnte. Na, ich gehe ihn mal suchen. Der wirkte so nervös und schien sich große Sorgen zu machen, wie Gabi die Lektüre wohl aufnehmen würde. Mir kann er doch nichts vormachen! Er tat doch nur so zuversichtlich, um mich zu beruhigen. Dabei war ich die ganze Zeit über eigentlich ganz gelassen.

Ach nein, soll er ruhig noch ein bisschen schmoren. Ich helfe Gabi beim Aufdecken. Er wird schon auftauchen, wenn es Abendbrot gibt.

Denk ich an Deutschland

Franzosen und Russen gehört das Land,
Das Meer gehört den Briten,
Wir aber besitzen im Luftreich des Traums
Die Herrschaft unbestritten.
Hier üben wir die Hegemonie,
Hier sind wir unzerstückelt;
Die andern Völker haben sich
Auf platter Erde entwickelt.

HEINRICH HEINE

Es ist sicher von prägender Bedeutung für mein Verhältnis zu Deutschland gewesen, dass mir mein erster Kontakt mit dem Deutschen gleich die Erfahrung des Scheiterns bescherte. Denn wie ich es in meinem weiteren Leben immer wieder erfahren, aber erst spät durchschaut habe, sind es nicht die Erfolge, auch nicht die gleichmäßigen Lern-, Entwicklungs- oder Karriereschritte, die mein Schicksal bestimmt und ihm die entscheidenden Fügungen gegeben haben und bis heute geben, sondern die Fehler, das Stolpern, die Brüche, das Scheitern. Das gilt für mein Berufsleben, worüber ich ja in meinem ersten Buch *Wie ein Vogel im Aquarium* ausführlich berichtet habe, wie für mein Privatleben, das gilt sogar für Gabi, meine Lebensliebe, und es gilt eben auch für meine Beziehung zu diesem großen französischen Nachbarland, seinen Besonderheiten und Eigenarten.

Die erste nennens- und notierenswerte Begegnung mit der Kultur und Sprache unserer deutschen Nachbarn hatte ich erstaunlicherweise erst im hohen Alter von elf oder zwölf Jahren. Das war für einen Franzosen meines Jahrgangs absolut untypisch, das heißt, konkret gesagt, es war sehr ungewöhnlich, in jenen Nachkriegsjahren nicht zum Deutschenfeind erzogen worden zu sein. Denn das dürfte zu dieser

Zeit die – in der Rückschau ja auch durchaus nachvollziehbare – Regel gewesen sein. Zwei schreckliche Kriege, demütigende Niederlagen, Besatzungszeit, Tod und Trauer, Verbrechen und Mangel waren den erwachsenen Franzosen während der späten vierziger und der fünfziger Jahre in allzu schmerzfrischer Erinnerung. Entsprechend galten die für das Leiden Verantwortlichen, Deutschland und die Deutschen, nicht nur während, sondern auch noch lange nach Beendigung des Krieges als allseits präsentes Sinnbild des Bösen, als negative Bezugspunkte, als »Erbfeinde«, die in Zukunft nur noch klein gehalten und verachtet werden könnten und die nie wieder zu alter Größe zurückfinden dürften. Bei allem Siegerstolz und trotz eines 1945 wieder erstarkten Selbstbewusstseins blieben die meisten Franzosen für viele Jahre auf Deutschland negativ fixiert – manche aus den älteren Generationen sind es bis heute geblieben – und gaben diese Fixierung und das dadurch imprägnierte Deutschlandbild an ihre Kinder weiter.

Ich weiß nicht, durch welche besonderen Umstände ich von solchem Hass verschont geblieben bin und warum mein Umfeld mich nicht ebenfalls mit tiefer Abneigung und nationaler Feindschaft, dieser damals so weit verbreiteten Seuche, infiziert hat. Ich weiß nur, dass über Deutschland und die Deutschen in meiner Familie so gut wie nicht gesprochen wurde. Es fiel merkwürdigerweise nie ein böses oder kritisches Wort. Nicht einmal mein Großvater, dem ich in inniger Liebe verbunden war und der im Ersten Weltkrieg gegen die Deutschen gekämpft hatte, erhob in meiner Gegenwart jemals irgendwelche Vorwürfe, und er erging sich nie in Schmähreden über die alten Feinde – und ich kann mir nicht vorstellen, dass er dies in meiner Abwesenheit nachholte.

Wenn ich die Sommermonate bei meinen Großeltern verbrachte, in Fépin, einem winzigen Dorf in den Ardennen, lauschte ich abends in der kleinen Küche am gusseisernen

Ofen, stundenlang und mit großer Begeisterung ihren Erzählungen. Großvater berichtete von seiner Arbeit und den Kollegen in der Gießerei, er tauschte sich mit meiner Großmutter über die Vorkommnisse im Ort aus, und manchmal sprachen sie auch von früher. Hierbei kam mir ganz selten auch die eine oder andere Anekdote über die Präsenz der Deutschen im Ersten und Zweiten Weltkrieg zu Ohren. Aber es war tatsächlich stets anekdotisch, nie bösartig, nachtragend und schon gar nicht hasserfüllt. Und über den Holocaust habe ich in diesen ersten zwölf Jahren meines Lebens kein einziges Wort gehört.

Deutsch als Fremdsprache

Als ich dann doch mit dem Deutschen in Kontakt kam, war ich also denkbar unvoreingenommen, weil ich bis dahin eben über keinerlei konkrete Vorstellungen über Deutschland und die Deutschen verfügte – was, von heute aus besehen, ein großer Startvorteil war. Und dennoch legte ich zunächst einmal einen grandiosen Fehlstart hin.

Nach der Grundschule hatte ich das Aufnahmeexamen für das Gymnasium erfolgreich bestanden und sah mich nun in der Sexta mit verschiedenen neuen Fächern konfrontiert, unter anderem Latein und, ohne dass dies eine gezielte Wahl gewesen wäre, Deutsch. War mir bis dahin in der Schule immer alles leicht gefallen, so hatte ich nun meine liebe Not vor allem mit den Untiefen und Fallstricken dieser schwierigen deutschen Sprache, deren Regeln und deren Grammatik sich mir anfangs einfach nicht erschließen wollten: Was wird wann groß- und wann kleingeschrieben, wo gehört ein so genanntes »scharfes ß« hin und wo ein »Doppel-s«, warum bildet man den Komparativ mit »als« und nicht mit »wie«? Ganz zu schweigen von den vielen unregelmäßigen Verben, von all den Sonderregeln, von der strengen Form der indirekten Rede oder vom Konjunktiv – den aber, wie ich später nicht ohne eine gewisse Genugtuung festgestellt habe, auch viele Deutsche nicht wirklich beherrschen.

Mit solchen Schwierigkeiten war ich freilich erstens nicht allein und ich stand zweitens in einer langen Tradition, weil die komplizierte Struktur der deutschen Sprache schon viele hatte verzweifeln lassen. So klagte bereits Madame de Staël in ihrem berühmten, Anfang des 19. Jahrhunderts erschienenen Buch *Über Deutschland* – mit dem sie die in Frankreich bis heute nachwirkende Vorstellung eines von weltfremden Denkern und träumenden Dichtern bewohnten Landes geprägt hatte –, dass man sich dort gar nicht richtig unterhalten könne, weil die grammatische Konstruktion der Sprache den Sinn immer an das Ende des Satzes stelle und dadurch beispielsweise »das Vergnügen des Unterbrechens« nicht erlaube, das »eine Diskussion in Frankreich so lebendig« mache. Mark Twain widmete demselben Problem einige Jahrzehnte später sogar eine eigene Abhandlung mit dem Titel: *Die schreckliche deutsche Sprache.* Darin bezeichnete er »einen durchschnittlichen Satz in einer deutschen Zeitung« als »erhabene und beeindruckende Kuriosität«: »Er nimmt eine Viertelspalte ein; er enthält alle zehn Redeteile (...); er ist hauptsächlich aufgebaut aus zusammengesetzten Wörtern, die der Schreiber sich gerade ausdenkt und die in keinem Wörterbuch zu finden sind (...); er behandelt vierzehn oder fünfzehn verschiedene Themen, die alle in ihre eigene Parenthese eingeschlossen sind (...); schließlich sind alle Parenthesen hineingepfercht in zwei Hauptparenthesen, von denen die eine in der ersten Zeile des majestätischen Satzes steht und die andere in der letzten – worauf das *Verb* kommt und man überhaupt erst erkennt, was der Mensch die ganze Zeit sagen wollte; und nach dem Verb – lediglich als Beiwerk, soweit ich das feststellen kann – kommt der Schreiber noch mit ›haben sind gewesen gehabt worden sein‹ oder ähnlichen Worten daher, und das Monument ist vollendet.« Für einen Ausländer, so Twain abschließend, sei es daher unmöglich, eine »deutsche Zeitung lesen und verstehen zu können«.

Zweifellos hat der Schöpfer von Tom Sawyer und Huckleberry Finn hier seiner Lust an der Übertreibung nachgegeben und seinen Ärger über die schwere Zugänglichkeit der deutschen Sprache satirisch veredelt. Aber hätte ich seine unverblümte Abhandlung damals, in der Sexta, gelesen – und sie verstehen können –, ich hätte ihm uneingeschränkt zugestimmt. Unmöglich, diese Sprache zu beherrschen!

Meine eigenen Schwierigkeiten stellten mich jedoch damals vor ein sehr handfestes Problem. Die liebe Not mit der deutschen Grammatik wurde zu einem ausgewachsenen Notstand und brachte mir zum ersten Mal die Erfahrung des »Versagens«, des Scheiterns, ein. Ich konnte etwas nicht, und das kannte ich nicht, was mich natürlich zutiefst verunsicherte. Und diese Irritation war ja noch lange nicht alles. Denn dass ich es nicht konnte, war nicht nur ein Stachel im Fleisch meines kindlichen Selbstbewusstseins, sondern schlug sich gnadenlos in der Note nieder und verhinderte meine Versetzung in die nächsthöhere Klasse. Ich hatte die Sexta zu wiederholen.

Heute muss ich darüber lachen, dass ich ausgerechnet in Deutsch strauchelte. Heute weiß ich aber auch, wie wichtig das war und wie viel ich diesem Straucheln letztlich verdanke. Denn erst ein Scheitern lässt mich meine »Normalität«, mein Selbstbild und mein Handeln hinterfragen, es ist damit sozusagen der Beginn des Denkens. Darüber hinaus weckte es damals natürlich auch meinen Ehrgeiz, spornte mich an: Zum einen wollte ich die »Schmach« des Sitzenbleibens nicht noch einmal erleben, zum anderen wollte und musste ich mir – und natürlich auch meinen besorgten Eltern – beweisen, dass ich meine Schwierigkeiten im Fachunterricht Deutsch aus eigener Kraft bewältigen kann.

Das gelang mir schließlich auch, und zwar sogar recht

ordentlich, wodurch ich sicherlich mehr an innerer Stärke gewonnen habe, als hätte ich die Unterrichtsanforderungen von vornherein problemlos erfüllt. Nur ein Jahr später attestierte mir mein Deutschlehrer in seinem Zeugniskommentar schriftlich: »Die deutsche Sprache scheint ihn zu interessieren. Er macht immer etwas mehr, als man von ihm erwartet.«

Solche Beurteilung mag vermuten lassen, dass ich sehr strebsam, vielleicht sogar streberhaft gewesen sei. Ich möchte jedoch zu meinen eigenen Gunsten behaupten, dass dies nicht der Fall, sondern dass etwas anderes eingetreten war. Waren es spontan und für kurze Zeit tatsächlich wohl verletzter Stolz, elterliche Enttäuschung und sportlicher Ehrgeiz, die mich meine Anstrengungen erhöhen ließen, so entstanden in der Arbeit und durch die Arbeit recht bald Interesse und Zuneigung. Je besser ich mich zurechtfand, umso weniger empfand ich die Beschäftigung mit dem Deutschen als Pflicht; Deutsch wurde, neben dem Sport, zu meinem Lieblingsfach, das mir nachgerade Vergnügen bereitete im Vergleich etwa mit dem Mathematik- oder Physikunterricht. So erinnere ich mich gut und gern daran, wie viele Wochen wir mit Siegfried und den Nibelungen zugebracht haben und wie sehr mich diese Welt fasziniert hat – wenn man so will, war Siegfried mein Harry Potter. Später dann, weiter fortgeschritten, lasen wir natürlich auch Goethe, Schiller, Hölderlin, Novalis, von Kleist – und es war für mich jedes Mal wie die Entdeckung neuer Kontinente, die ich mir voll staunender Bewunderung erschloss und damit praktisch nebenbei, ohne jeden Makel eines pädagogischen Drills, meine Kenntnisse erweiterte.

Entsprechend makellos war dann auch das Bild, das in diesen Jahren von Deutschland und den Deutschen in mir entstand. Auch bei den Lehrern, die ich hatte und die dieses Bild ja maßgeblich mitgestaltet und -koloriert haben, spürte ich immer – und das mögen zufällige, glückliche

Konstellationen gewesen sein – eine echte Zuneigung zur deutschen Kultur. Insbesondere einem von ihnen, Monsieur Dienne, der mich einfühlsam förderte und forderte, der meine Stärken und Schwächen sehr genau registrierte, habe ich viel zu verdanken.

In anderen Worten: Es gab kaum »Misstöne«. In den Texten der Bücher, die unsere Lehrer für den Unterricht auswählten, entfaltete sich uns ein Deutschland der Kultur und des Geistes, und auch alles Gegenwärtige, was sie uns zur Kenntnis gaben, etwa Sachinformationen zur Landwirtschaft, zu Industrie und Technologie, war im besten Sinne harmlos und schilderte ein Land, dessen Bewohner vor allem arbeitsam, tüchtig und zuverlässig sind. Interessanterweise war in den Sachtexten zumeist von Bayern und Sachsen, hin und wieder auch von der Messestadt Leipzig die Rede, nie aber von Köln, Hannover oder Berlin.

Alle negativen, schmerzlichen, kritikwürdigen Aspekte blieben demnach – wenn ich von dem anfänglichen Scheitern absehe – in den ersten Jahren meiner Beschäftigung mit Deutschland hinter einem rosaroten Vorhang verborgen. Natürlich wusste ich vom Krieg, selbstverständlich erfuhr ich auch, je älter ich wurde, immer mehr Details über die jüngere Geschichte und die »Deutsche Schuld«, und ich interessierte mich zunehmend für das politische Zeitgeschehen. Doch auch das politische Klima hatte sich ja deutlich erkennbar verändert. Es war in meiner Jugendzeit – während der zweiten Hälfte der fünfziger Jahre –, trotz aller Vorbehalte und Feindseligkeiten gegenüber den Deutschen in der französischen Bevölkerung eher versöhnlich, auf Ausgleich und Zusammenarbeit ausgerichtet.

So wurden ja beispielsweise 1957 die Verträge zur Gründung der Europäischen Wirtschaftsgemeinschaft in Rom unterzeichnet, die eine enge ökonomische Kooperation zwischen Frankreich, Italien, den Beneluxländern und der Bundesrepublik Deutschland vorsahen. Dies wäre wohl kaum möglich gewesen, wenn sich die Beziehungen zwischen den alten »Erbfeinden« nicht spürbar verbessert hätten; und tatsächlich war das Verhältnis zwischen Frankreich und Deutschland durch und durch von General de Gaulle und dessen Bewunderung und Freundschaft zu Konrad Adenauer geprägt, sodass ich auch von daher weder einen Anlass hatte noch einen handfesten Anstoß bekam, mein zweifellos verklärtes Deutschlandbild zu revidieren. Ich war mit diesem Land und seiner Kultur im Reinen.

Wirtschaftswunderland

Wie Deutschland »wirklich« war, konnte ich bald darauf endlich selbst in Augenschein nehmen, und auch mein erstes Sehen und Erleben, um dies vorwegzuschicken, boten mir keinen Anlass oder Anstoß, meine aus Büchern und Berichten genährten Vorstellungen zu korrigieren. Im Gegenteil, der Eindruck meiner unmittelbaren Bekanntschaft entsprach exakt dem, was ich zuvor gelesen, erfahren und mir auf dieser Grundlage zurechtgelegt hatte. Hierbei sind sicher die besonderen Zeitumstände zu bedenken, denn meine ersten Reisen nach Deutschland fanden in den späten fünfziger Jahren statt. Und das waren bekanntlich die legendären »Wirtschaftswunderjahre«, die auch in Deutschland selbst vieles, allzu vieles mit einem rosaroten Schleier des Vergessens, des Verdrängens und des hoffnungsfreudigen Aufbruchs zuzudecken erlaubten. – Doch das begriff und erkannte ich selbstverständlich erst sehr viel später.

Als Jugendlicher dachte ich an alles Mögliche, aber ganz bestimmt nicht daran, mein Deutschlandbild in Zweifel zu ziehen und es misstrauisch an der Wirklichkeit zu überprüfen. Zunächst einmal war ich voller Vorfreude und unbelasteter Neugier – außerdem war ich auch noch mächtig stolz. Stolz deshalb, weil ich bereits in der Tertia an einem von meiner Schule organisierten Schüleraustausch mit dem Max-Planck-Gymnasium in Dortmund teilnehmen durfte, obwohl zu diesem Austausch eigentlich nur Schüler der Oberprima zugelassen waren. Weil sich aber mein großes Engagement im Deutschunterricht durchgehalten und weil sich der schon erwähnte Monsieur Dienne stark für mich eingesetzt hatte, war die Sondererlaubnis für meine Teilnahme so etwas wie eine Anerkennung meiner guten Leistungen.

Zugute kam mir, das muss ich einräumen, zweifellos auch eine gewisse Prominenz, die ich mir zu jener Zeit, es war das Jahr 1958, durch einige sportliche Erfolge erworben hatte. Nach etlichen lokalen Rekorden im Kugelstoßen hatte die französische Sportzeitung *L'Equipe* im selben Jahr mein Bild auf die Titelseite gebracht und prophezeit, meine Teilnahme an den übernächsten Olympischen Spielen sei praktisch so gut wie sicher: »Ein Franzose für Tokio!« Tatsächlich wurde ich später auch Mitglied der französischen Leichtathletik-Nationalmannschaft, musste mich aber bei den nationalen Titelkämpfen meinem Konkurrenten Alain Druffin geschlagen geben. Nachdem wir in einem äußerst spannenden Wettkampf mit jedem unserer Würfe den französischen Rekord verbessern konnten, insgesamt zwölf Mal, hatte Druffin in seinem letzten Versuch die Kugel schließlich noch einmal um zwei Zentimeter weiter gestoßen als ich – und also am Ende verdient gewonnen. So fuhr ich 1964 zwar nicht mit nach Japan, war aber durch den Sport sowohl an meiner Schule wie auch in meiner Heimatstadt Reims so etwas wie eine Berühmtheit geworden. Und das war sicher nicht hinderlich, als sich Deutschlehrer und Direktorium entschieden, mit mir eine Ausnahme zu machen und mich sozusagen vor der Zeit nach Dortmund zu schicken.

So kam ich, unverhofft, das erste Mal nach Deutschland. Und das in einer gesellschaftlichen Situation, deren Begleitumstände für mich als Gast kaum besser hätten sein können. Die Wunden des Krieges, der Niederlage, der Schuld schienen verheilt – spätesten ab Mitte der sechziger Jahre erfuhren wir dann allerdings, dass dieser Schein getrogen hatte –, der Wiederaufbau war nahezu abgeschlossen, Mangel und Entbehrungen gehörten der Vergangenheit an. Überall war Aufbruch zu spüren, Zuversicht, Optimismus, es herrschte Hochstimmung und Hochkonjunktur. Seit 1955 gab es Vollbeschäftigung – zur Erinnerung: Bereits 1960 traf die Bundesregierung dann mit Spanien und Griechenland Vereinbarungen zur Anwerbung von »Gastarbeitern«, weil laut Angaben der deutschen Wirtschaft mehr als 400 000 Arbeitskräfte fehlten –, und zwischen 1950 und 1960 stiegen die Stundenlöhne zum Beispiel für Industriearbeiter um rund 100 Prozent.

Obwohl Sparsamkeit nach wie vor als eine der höchsten Tugenden galt, entdeckten die Menschen den Konsum – bis hin zum Luxus. Und zwar nicht nur jene, die berufstätig waren und jede Woche oder jeden Monat ihre immer praller gefüllten Lohntüten mit nach Hause brachten – ein Gehaltskonto war damals noch weitgehend unbekannt. Auch die Rentner hatten nach der Rentenreform von 1957 plötzlich um bis zu 60 Prozent mehr Geld in der Tasche; das Rentensystem war dynamisiert und die Renten an die Nettolohnentwicklung angepasst worden. Jeder sollte am Wachstum teilhaben. Eben darin hatte sich ja das Soziale an der zu Recht gerühmten »Sozialen Marktwirtschaft« zu erweisen, die in jenen Jahren ausgesprochen gut funktionierte. Und ein Ende des Aufschwungs war nirgends auszumachen, es schien künftig nur noch bergan zu gehen.

Natürlich gab es den Kalten Krieg und die daran geknüpften Ängste, es gab die Wiedereinführung der Wehrpflicht im Jahre 1957 und den kurz darauf heftig entflammten öffentlichen Streit über eine von den Amerikanern geplante atomare Bewaffnung der Bundeswehr; mancher erinnert sich vielleicht noch an die so genannte Göttinger Erklärung, in der 18 führende Atomwissenschaftler, unter ihnen Werner Heisenberg und Carl Friedrich von Weizsäcker, ihrer »tiefen Sorge« Ausdruck verliehen und die unvermeidlichen Risiken von Atomwaffen öffentlich machten – eine Einmischung, der sich zahlreiche Persönlichkeiten, von Heinrich Böll bis Albert Schweitzer, anschlossen und die eine Bürgerbewegung »Kampf dem Atomtod« entstehen ließ, deren Massenproteste ja bekanntlich am Ende von Erfolg gekrönt waren. Und schließlich gab es, nicht zu vergessen, als erkennbarstes und spürbarstes Symbol der deutschen Schuld ja auch noch die Teilung des Landes, die ein Verdrängen oder ein Beschönigen der jüngsten Vergangenheit letztlich unmöglich machte. Die Berliner Mauer wurde bald darauf nicht nur zur Stein gewordenen »Schuld«, sondern zugleich zum Sinnbild eines fragilen Friedens, der über Jahre hinweg äußerst bedroht blieb.

All dies war zwar präsent und beschäftigte die Öffentlichkeit, allen voran die Springer-Presse, deren Verleger sein Verlagshaus nicht zufällig in die unmittelbare Nähe der Berliner Zonengrenze, unweit des Checkpoint Charlie, verlegte. Es spielte jedoch im Alltag der Menschen, die ich damals kennen lernte, keine unmittelbar bedrückende Rolle. Zumal in Dortmund. Man war viel eher damit beschäftigt, sich wieder gut und immer besser zu fühlen, das Alte möglichst weit hinter sich zu lassen. Man stand wie gebannt vor der nie gesehenen Warenvielfalt in den überall neu eröffnenden Selbstbedienungsläden, begann, von einer Waschmaschine, einem Kühlschrank, einem Fernsehapparat oder einem Auto nicht mehr nur zu träumen, sondern darauf zu sparen oder sich sogar auf einen Ratenkauf einzulassen. Und man war selbstverständlich nicht nur bereit, sondern fest entschlossen, für all das hart zu arbeiten. Der damals beliebteste Werbespruch lautete zwar: »Mach mal Pause. Trink Coca-Cola«, aber von »Pause machen« konnte gar keine Rede sein. Man hatte ja gerade erst richtig losgelegt. Alles schien in Bewegung, und zwar in Richtung »bessere Zeiten«, überall ratterte, rauchte und dampfte es – zum Beispiel aus den vielen Brauereien, die für mich das Stadtbild prägten und die der Dortmunder Luft ein so unverwechselbares Aroma gaben.

Kurz, ich erlebte die Menschen in Dortmund als genauso arbeitsam, tüchtig und zuverlässig, wie meine Lehrer und die Autoren der Texte, die wir in der Schule lasen, sie mir zuvor beschrieben hatten. Und dennoch kam mir anfangs alles sehr fremd vor. Es herrschte ein anderer Rhythmus, eine größere Strenge und Disziplin als in Frankreich, es roch und schmeckte anders. Aber alles, was ich zu sehen, hören, schmecken oder riechen bekam, faszinierte mich. Und da ich den Status eines Gastes genoss, habe ich beispielsweise die Strenge eher beobachtet, als dass ich sie am eigenen Leibe erfahren hätte. So fiel es mir nicht schwer, mich recht schnell einzugewöhnen, obwohl ich die vielen fremden Eindrücke während der ersten Tage kaum verarbeiten konnte.

Hausmannskost und Toast Hawaii

Die Gastfamilie, bei der ich untergebracht war, stellte in meinen Augen einen typischen deutschen Haushalt dar. Mein Austauschpartner hieß Freimut, seine Mutter teilte ihr Schicksal mit vielen Frauen jener Zeit und war verwitwet. Sie strahlte eine gewisse Härte aus, wahrte stets Distanz, benahm sich aber nie unfreundlich mir gegenüber, und sie hatte alles unter bester Kontrolle. Ich kann mich nicht erinnern, in der recht kleinen Wohnung jemals Spuren von Nachlässigkeit entdeckt zu haben, liegen gelassene Wäschestücke, benutztes Geschirr, ungemachte Betten oder dergleichen. Jede Form der »Unordnung« wurde sogleich behoben, ohne dass es hierzu irgendeines Aufstands oder großer

Worte bedurft hätte. Alles lief bewundernswert effektiv ab. An Streit, Auseinandersetzungen, Diskussionen innerhalb der Familie kann ich mich kaum erinnern; das permanente »Miteinander-Reden« eben, wie ich es aus Frankreich gewohnt war, gab es hier nicht. Gute Organisation »erlaubte« es, die Kommunikation auf ihren Nützlichkeitskern zu beschränken. Dass solche Beschränkung immer auch einer Verkümmerung gleichkommt, habe ich damals vielleicht gespürt, aber nicht weiter bedacht. Meine Neugier ließ mir gar keine Zeit, etwas zu bedenken.

Bestens geregelt und ohne viele Worte liefen auch die Mahlzeiten ab. Hierbei kam mir »Verkümmerung« jedoch ganz gewiss nicht in den Sinn, weil ich viel zu sehr mit Essen beschäftigt war. Denn die deutsche Küche hat mich spontan am meisten begeistert, und zwar – ich gestehe es ganz offen – wegen der hier üblichen Portionen. Nicht die Raffinesse oder Originalität der Zubereitung oder die Auswahl der Zutaten haben mich beeindruckt – wenn das Essen auf den Teller kam, wurde ohnehin alles miteinander vermischt und vermanscht –, sondern die Mengen. Ich bin eben wohl eher ein Gourmand als ein Gourmet. Und ich war Sportler, groß, korpulent, hungrig.

Hier fühlte ich mich nun wie im Paradies. Als wollte man sich die Bilder von ausgemergelten Kriegsheimkehrern sowie eigene Mangelerfahrungen von der Seele essen, waren die Teller stets randvoll mit Fleisch und kalorienreichen Gerichten. Und kaum hatte ich aufgegessen, wurde mir ein Nachschlag angeboten, ein Angebot, dem ich gern und oft nachkam, was wiederum nicht etwa als unhöflich oder unverschämt galt, sondern einen bei den Hausfrauen äußerst beliebt machte – sodass ich glaube sagen zu können, dass ich seinerzeit sehr beliebt war sowohl bei Freimuts Mutter als auch bei den Müttern jener Freunde, die mich hin und wieder zu sich nach Hause einluden.

Kurzum, ich war – und bin – ein guter Esser, und hier

durfte ich es sein: Viel zu essen, galt nach Jahren des Hungers als gesund, und wer über eine gewisse Körpermasse verfügte, dem war anzusehen, dass er sich etwas leisten konnte. Essen war durch und durch positiv besetzt, es diente in erster Linie – ein schöner Begriff an dieser Stelle: »Linie« – der Sättigung, nicht unbedingt einer nach wissenschaftlichen Kriterien »ausgewogenen Ernährung«. In Frankreich bevorzugte man hingegen schon damals eher die leichte, abwechslungsreiche Küche, wogegen ich auch gar nichts einwenden möchte, wenngleich ich mir zu Hause des Öfteren einen Nachschlag gewünscht hätte.

Aber ich will nicht ungerecht sein, auch nicht mir selbst gegenüber. Es ging nicht ausschließlich um Quantität, sondern es schmeckte auch vorzüglich – jedenfalls wenn man, wie ich, das Herzhafte mag. Und es gab nicht nur »Hausmannskost«, sondern ab und zu sogar kulinarische Exotika, von denen manche, aus der Rückschau betrachtet, recht kurios anmuten. Manchmal brachte Freimuts Mutter vom Einkaufen ein damals sehr beliebtes und entsprechend verbreitetes Kundenmagazin mit, das den schönen Titel trug *Die kluge Hausfrau*. Darin fanden sich allerlei Einkaufstipps sowie vor allem Belehrungen und Ratschläge in Beziehungs-, Erziehungs- und Haushaltsfragen, die den Zeitgeist sehr schön widerspiegelten, in denen es sich also zumeist darum drehte, wie die kluge Hausfrau es »ihm«, dem Hausherrn, so richtig gemütlich und angenehm machen könnte, um ihn an sich und das traute Heim zu binden. Außerdem gab es in diesen Heften eine feste Rubrik mit Rezepten, an denen sich, von heute aus gesehen, nicht nur die kulinarische, sondern auch die gesellschaftliche Entwicklung jener Zeit plastisch ablesen lässt.

Da in meiner Gastfamilie kein Hausherr vorhanden war, konnte Freimuts Mutter die patriarchalischen Empfehlungen getrost ignorieren – was sie aber nicht davon abhielt, das eine oder andere Rezept nachzukochen. So lernte ich denn eines Tages auch den legendären »Toast Hawaii« kennen, es wurde keine anhaltende Freundschaft daraus, oder, »wenn's mal schnell gehen soll«, die matschigen Dosen-Ravioli. Ich machte aber auch Bekanntschaft mit der mir bis dahin unbekannten »eigenen«, der französischen Küche, als Freimuts Mutter einmal, mir zu Ehren, den Rinderbraten rezeptgetreu auf »Französische Art« zubereitete, was schlicht bedeutete, dass Fleisch und Soße mit Knoblauch und Rotwein oder »Kognak« – so schrieb man das damals in *Die kluge Hausfrau* – angemacht wurde; mit »Französischer Küche« hatte das selbstverständlich so wenig zu tun wie das mit Tomaten und Käse überbackene »Mailänder Schnitzel« mit Mailand.

Aber das sind dem Eigennutz oder, konkret gesagt, meinem Appetit entspringende und also kleinliche Mäkeleien angesichts der guten Absichten, der Neugier und Aufgeschlossenheit, die solcher Experimentierfreude zugrunde lagen, wenngleich ich gestehen muss, dass ich persönlich derartige Abwechselungen fast immer als Verschlechterung empfand und gern auf sie verzichtet und stattdessen die geliebte Hausmannskost bekommen hätte. Dabei hatte die Haltung, die hier zutage trat, etwas durchweg Positives: Die neue Probierlust – die sich übrigens ebenso in der Mode, im Musikgeschmack oder in der Architektur niederschlug – war Ausdruck eines sich verändernden Selbstverständnisses.

Mit zunehmendem Wohlstand, mit dem Abbau noch vorhandener Handelsbeschränkungen, mit dem Aufkommen der Konsumgesellschaft setzte in fast allen gesellschaftlichen Bereichen eine Internationalisierung ein und sorgte nach Jahren der muffigen Tristesse für eine kräftige Durchlüftung. Das hatte den schönen Nebeneffekt, dass das Fremde, durch das die Deutschen so lange nicht »verunreinigt« werden wollten, plötzlich an Attraktivität gewann und dadurch im selben Maße natürlich vieles von seinem vermeintlich bedrohlichen Charakter verlor. Davon profitierte eindeutig auch ich als französischer Gast. Die Deutschen wurden sozusagen wieder weltläufig – sogar buchstäblich, wie der ebenfalls zu dieser Zeit langsam einsetzende Tourismus bald unter Beweis stellen sollte. Und diese Reiselust beschleunigte wiederum den ohnehin schon rasanten Wandel der kulinarischen Gewohnheiten bekanntlich weiter und schwemmte bereits in den 1960er Jahren beispielsweise eine erste Flutwelle von Pizzerias über Deutschland.

Der deutsche Musterknabe

Ein stabiles Hochdruckgebiet hatte den lange über der Bundesrepublik liegenden Tiefausläufer verdrängt und für ein milderes Klima mit zunehmend schönem Wetter gesorgt. Dass dies ein über weite Strecken künstlich erzeugtes Hoch war, tat der guten Stimmung keinen Abbruch. Denn tatsächlich waren viele der genannten Entwicklungen insbesondere von den USA nicht nur protegiert, sondern subventioniert, woher zweifellos die innige und nahezu unverbrüchliche Verbundenheit rührt, die die Deutschen, oder mindestens die deutschen Regierungen, seitdem gegenüber den Vereinigten Staaten empfinden. Die ökonomischen und sozialen Verbesserungen in Westdeutschland waren ebenso Mittel der »kalten Kriegsführung« wie die militärische Aufrüstung, und sie erwiesen sich, wie sich später herausstellen sollte, als deutlich wirksamer.

Heute scheint die über Jahrzehnte so enge deutsch-amerikanische Freundschaft in eine neue Phase einzutreten. Denn die politischen Grundkoordinaten haben sich bekanntlich dramatisch verändert. In den guten, alten Zeiten des Kalten Krieges war die Weltmachtrolle der USA eindeutig definiert und ihre Funktion als Ordnungs- und Schutzmacht der gesamten »freien Welt« in hohem Maße legitimiert. Mit dem erfreulichen Ende der Blockkonfrontation wurden aber, vor allem auf Seiten der einstigen »Schutzbefohlenen«, neue Positionsbestimmungen erforderlich, die man gegenwärtig aber offenbar noch nicht gefunden hat. Das macht das Verhältnis zwischen Deutschland und Amerika ungleich komplizierter, als es einmal war. Als nunmehr einziger globaler Supermacht steht den Vereinigten Staaten weder ein geografisch noch ein weltanschaulich oder militärisch klar erkennbarer Widersacher gegenüber. Das lässt die Macht der USA auf den ersten Blick zwar noch einmal größer erscheinen, droht aber das transatlantische Bündnis zu dissoziieren, weil die – vermeintlich oder tatsächlich – weniger schutzbedürftigen Partner mehr Mitsprache einfordern. Das führt angesichts einer nach wie vor instabilen Weltlage mit ihren diffusen und dezentralen Konfliktherden zu Friktionen, die an Schärfe zunehmen, die aber – das steht zu hoffen – wegen des in der Tat gemeinsamen Wertebestandes auf Dauer nicht zur Trennung führen dürfen, sondern ein neues, den veränderten Bedingungen angepasstes Verhältnis stiften sollten.

Doch das Amerika-Bild der Deutschen wie der Europäer insgesamt ist ambivalent geworden. Für die einen sind die Vereinigten Staaten das gelobte und auf immer zu lobende Land, Zuflucht, Paradies und Vorbild, für die anderen ein Moloch, in dessen Schaltzentralen – Weißes Haus, Weltbank, Pentagon – schurkische Strategen perfide Pläne schmieden und sich durch keinerlei Skrupel davon abhalten lassen, aus opaken Eigeninteressen heraus überall in der Welt Konflikte anzuzetteln. Die einen sehen in den USA das Mutterland von Freiheit und Demokratie, den Verfechter und allein potenten Bewahrer der Menschenrechte, den einzig legitimen Weltpolizisten; die anderen sehen lediglich Coca-Cola und McDonald's, kulinarische und kulturelle Einheitskost, rücksichtslosen Kapitalismus und eine auf Geschichtslosigkeit gründende Arroganz der Macht.

Solche leidenschaftlichen Verzerrungen verdanken sich

wohl eher den zunehmenden innereuropäischen Selbstfindungsproblemen als einer aufgeklärten Analyse der politischen Realitäten. Im Wechselgesang von erregter Ab- und glühender Zuneigung scheint sich so etwas wie eine Adoleszenzkrise zu offenbaren: Das nach dem Ende des Kalten Krieges nun langsam erwachsen werdende Nachkriegseuropa, das durch Amerika überhaupt erst möglich geworden ist, ringt um seine Eigenständigkeit im Verhältnis zu seinem übermächtigen »Erzeuger«. Selbst der deutsche Musterschüler, im Unterschied etwa zu den Franzosen bislang zumeist um größte Harmonie bestrebt, gibt sich nun gelegentlich obstinat und widersetzt sich amerikanischen Erwartungen. Ich bin aber überzeugt davon, dass ein Ende der Zusammenarbeit weithin nicht in Sicht ist, sondern dass die deutsch-amerikanische Liaison fortgesetzt wird, im beiderseitigen Einvernehmen.

Doch nun zurück in die 1950er-Jahre: Der Frontstaat Bundesrepublik wurde also zum westlich-kapitalistischen Musterknaben herausgeputzt, der den östlichen Nachbarn durch sein Beispiel vor Augen halten sollte, wie schön es sich in Freiheit, Wohlstand und Marktwirtschaft leben ließ. So ist es sicher kein Zufall, dass der Bau der Berliner Mauer und der anderen befestigten Grenzanlagen in ebenjener »Wirtschaftswunderzeit« stattfand: Der Anziehungskraft des Westens drohten zu viele Menschen aus den östlichen, sozialistisch regierten Ländern nicht mehr standhalten zu können. Sie wollten »rüber«. So weit war es 1958 jedoch noch nicht, weshalb ich nun wieder in mein kulinarisch experimentierfreudiges Dortmund zurückkehre.

Wenn's um die Wurst geht

Trotz manchen kulinarischen Abstechers bekam ich in Dortmund auch weiterhin viel Fleisch in dunklen oder hellen sämigen Mehlschwitzen, dazu Klöße oder reichlich Kartoffeln sowie als Gemüse vor allem Kohl in den verschiedensten Variationen – und, ach ja, freitags Fisch, meistens Heringe, sofern Freimuts Mutter sich diesen Luxus leisten konnte. Und natürlich darf ich bei alldem die Wurst nicht vergessen, die bekanntlich in der deutschen Kochkultur einen so zentralen Stellenwert einnimmt – und in die, so viel ist sicher, sogar die feinzüngigen Franzosen gern beißen, zumindest wenn sie sich unbeobachtet fühlen. Es gibt lange und kurze Würste, dicke und dünne, fette und magere; man isst sie mit oder ohne Pelle, kalt oder heiß, sei es gebraten, gekocht oder gegrillt – der Vielfalt dieses an sich so schlichten Nahrungsstücks scheinen keine Grenzen gesetzt. Wie wichtig die Wurst in Deutschland ist, zeigt nicht nur ihre scheinbar identitätsstiftende Bedeutung – offenbar verfügt jede Region, Thüringen, Frankfurt, Nürnberg, Regensburg, um nur einige Beispiele zu nennen, über eine eigene Wurst –, sondern erweist sich schon im Blick auf die Sprache: etwa wenn es um die Wurst, also um Entscheidendes geht, oder wenn einem etwas Wurst, also egal, ist, oder wenn gesagt wird, dass sich jemand durchwurstelt. Die Wurst zieht sich durch alle Lebenslagen, weshalb ich sie mir in Dortmund zum Forschungsobjekt erkor und mich bemühte, möglichst viele Varianten kennen zu lernen – aus rein ethnografischem Interesse, versteht sich.

Gerade schaut mir Gabi über die Schulter und will sich, aus mir unerfindlichen Gründen, gar nicht mehr einkriegen vor Lachen. So witzig war die letzte Bemerkung nun auch wieder nicht. Jetzt gibt sie mir darin sogar noch Recht, als wolle sie mich nicht nur unterbrechen, sondern meine Arbeits-

moral untergraben. Nichts läge ihr ferner, sagt sie, immer noch lachend. Aber unterbrechen wolle sie mich tatsächlich – und mir sagen, dass sie uns zur Stärkung auf der Terrasse einen kleinen Imbiss vorbereitet hat. Nichts Besonderes, Würstchen mit Kartoffelsalat. Und das komme, meint sie, wohl keinen Moment zu früh, diese Würstchen hätte ich mir in den letzten Absätzen ja geradezu herbeigeschrieben. Ich solle künftig lieber mal zwischendurch eine Kleinigkeit essen, damit mein Text nicht wieder so hungrig wird. Andererseits, wenn's klappt?

Zwar frisch gestärkt und kein bisschen hungrig, kann ich es dennoch nicht lassen, meine ersten Erinnerungen an die deutsche »Lebensart« mit einigen kurzen Bemerkungen zu komplettieren. Denn außer dem Mittagessen gibt es natürlich noch zwei andere wichtige Mahlzeiten, die nicht unerwähnt bleiben dürfen: das Frühstück und das legendäre Abendbrot.

Das deutsche Abendbrot! Ich hatte zwar schon so einiges darüber gehört, doch was ich dann in Dortmund sah und aß, kam mir wirklich exotisch vor. Zu Hause in Frankreich war ich es gewohnt, recht spät am Abend, so gegen acht oder neun Uhr, ein warmes Gericht zu essen, eine Suppe, einen Eintopf, ein Ragout, manchmal Nudeln. Hier nun wurde schon um sechs Uhr der Tisch gedeckt, und etwas Warmes fand sich darauf nicht: Holzbretter und Messer, dunkles Vollkornbrot, Käse, zwei oder drei verschiedene Aufschnittsorten, die ich noch nie gesehen, geschweige denn probiert hatte, Leberwurst, die für mich nichts anderes war als eine in die Wurstpelle gefüllte Pastete, und Butter, die Freimuts Mutter eigentümlicherweise immer »gute Butter« nannte, als hätte sie auch »schlechte« im Schrank, dazu Hagebuttentee oder Milch. Das war's. Jeden Abend. Nur der Aufschnitt oder die Brotsorte wechselten manchmal, ansonsten blieb das Ritual unverändert. Und nach dem

Abendbrot, sobald der Tisch wieder abgedeckt war, standen für Freimut und mich dann noch die Hausaufgaben auf dem Programm.

Heutzutage ist dieser Abendbrotbrauch in den meisten deutschen Familien kaum noch üblich, sind Pizza und Pasta, Chicken Wings und Döner an seine Stelle getreten, aber damals war das Abendbrot ein festes Ritual, eine Institution. Und im Unterschied zum Mittagessen war die Zeit, in der man seine frisch belegten Brote aß, so etwas wie die Familiensprechstunde; es konnte schließlich auch nichts kalt werden. Am Abendbrottisch erzählten wir von der Schule, tauschten Nachrichten aus, diskutierten, lachten, lästerten und machten Pläne für den nächsten Tag. Sogar Freimuts Mutter taute hierbei förmlich auf und war für ihre Verhältnisse manchmal geradezu redselig; anderntags wiederum zeigte sie sich sozusagen hörselig und wollte von mir möglichst viel über Frankreich und die Franzosen erfahren: wie wir leben und wohnen, wie sich die Frauen bei uns kleiden, was wir essen, ob es stimme, dass es bei uns sehr viel lockerer zugeht als in Deutschland, ob wir auch so viel amerikanische Musik hören. Auf diese Weise wurden die abendlichen »Sprechstunden« eindeutig zu meinen wichtigsten Lerneinheiten: Hier, beim Abendbrot, ist die deutsche Sprache in mir lebendig geworden.

Abends stand also das Gespräch, nicht die Nahrungsaufnahme im Vordergrund, weshalb das scheinbar eintönige Ritual, trotz aller Gleichförmigkeit seiner Zutaten, nie langweilig wurde. Diese schöne Institution der »Sprechstunde« ist dann leider just in dieser Zeit von einem verführungsmächtigen Gegner teilweise zerstört worden; man konnte ihm dabei zusehen, auch ich tat es: Der Fernseher hielt Einzug in die Wohnzimmer und ließ die Menschen beim Abendbrot verstummen. Im Jahr 1959 gab es bereits drei Millionen Fernsehgeräte in Deutschland, vor denen im Durchschnitt jeweils vier Leute saßen, zumeist die gesamte

Familie. Das gemeinsame Abendbrot am Tisch verkam zu Schnittchen vor der Mattscheibe. Zumindest anfangs. »Das Fernsehen«, so hat Françoise Sagan dessen Wirkung einmal beschrieben, »hat aus dem Kreis der Familie einen Halbkreis gemacht.« Erst später, als sich das Programmangebot inhaltlich wie zeitlich erweitert hatte und die erste Euphorie abgeflaut war, kehrten viele wieder in diesen Kreis, an den Tisch und zum Gespräch zurück. Zum Abendbrot eben.

Über die bislang noch unerwähnte dritte, nämlich die erste Mahlzeit am Tag bräuchte ich eigentlich kein Wort zu verlieren. Außer vielleicht an den Wochenenden konnte von einer Mahlzeit auch nicht wirklich die Rede sein; in der Regel diente die sehr kurze Veranstaltung lediglich dem Versuch, morgens nicht mit leerem Magen aus dem Haus zu gehen. So nahmen wir unser Frühstück, es bestand jeden Morgen aus Malzkaffee, Vollkornbrot und Marmelade, zumeist ebenso lust- wie wortlos und häufig genug sogar im Stehen ein. Ich kann gar nicht mehr genau sagen warum, aber morgens waren alle irgendwie immer in Eile und kaum ansprechbar. Auch ich nicht. Ich war mit meinen Gedanken bereits in der Schule, im Dortmunder Max-Planck-Gymnasium.

Leblose Schule

Als Austauschschüler fand ich die deutsche Schule wunderbar. Zum einen hat mich beeindruckt, dass erstaunlich viele Aktivitäten außerhalb des Klassenraums und der Schule organisiert wurden: Es gab einen Wandertag, und wir machten mehrfach einen Klassenausflug, was in den meisten Fällen wiederum eine Wanderung einschloss. Im Unterschied zu nicht wenigen meiner deutschen Mitschüler, die dann stets erkennbar missgelaunt und lustlos durch die Gegend schlurften, hatte ich großen Spaß daran. Und ich malte mir aus, dass sich in solchen Unternehmungen ein besonderes

Verhältnis zur Natur zeige, eine Verbundenheit, die auch ich empfand und die mir durch meine Großeltern in den Ardennen, vor allem durch meinen Großvater, mit dem ich stundenlang durch die Wälder streifen konnte, vermittelt worden war. Im Nachhinein denke ich jedoch, dass sich die Häufung unserer Ausflüge wahrscheinlich lediglich dem Zufall verdankte: Sie waren vielleicht der Jahreszeit oder sogar unserer, also der Anwesenheit der französischen Austauschschüler geschuldet, denn sie passten in Wahrheit so gar nicht zu meinen sonstigen Eindrücken von der deutschen Schule.

Das andere bemerkenswerte, von mir als sehr angenehm empfundene Charakteristikum bestand darin, dass die Schule in Dortmund nur vormittags stattfand. Am Nachmittag hatten wir frei, konnten uns verabreden oder Sport treiben oder durch die Gegend ziehen. Das war großartig, eine Freiheit, wie ich sie aus Frankreich nicht kannte, wo wir den ganzen Tag, bis fünf Uhr, Unterricht hatten und auch danach noch in der Schule blieben, um unsere Hausaufgaben zu machen. Diese Freiheit habe ich als neugieriger Gast in einem fremden Land natürlich besonders genossen, sie kam mir gerade recht, weil sie mir die Möglichkeit eröffnete, die Stadt und ihre Umgebung zu erkunden sowie – aber dazu später mehr – außerschulische Kontakte zu knüpfen.

An die Inhalte des Unterrichts oder an einzelne Lehrer kann ich mich nicht mehr erinnern, und das ist sicher nicht nur meinem schlechten Gedächtnis anzulasten. Ich finde es im Rückblick sehr bezeichnend, was an der deutschen Schule die stärksten und bleibendsten Eindrücke bei mir hinterlassen hat: alles, was nicht Schule war – dass wir den Klassenraum mehrfach verlassen haben, dass mittags schon Schluss war. Was aber geschah bis dahin, im Klassenraum? Offenbar nichts von Bedeutung, auch nicht in negativer Hinsicht, sonst hätte ich konkrete Personen und Begebenheiten nicht komplett vergessen.

Woran ich mich hingegen noch sehr genau erinnern kann, ist die Atmosphäre, die sich deutlich von der Atmosphäre an französischen Schulen unterschied: der vorherrschende Ton, der Umgang zwischen Lehrern und Schülern, der Unterrichtsstil. Das hätte ich damals sicher nicht in Worte fassen und präzise beschreiben können, es war mehr eine Grundempfindung, vielleicht die Ahnung eines Mangels: Die Veranstaltung »Schule« erschien mir seltsam unlebendig. Alles war in kantige Formen gepresst, in Ritualen erstarrt: gestrenger Frontalunterricht im strikten 45-Minuten-Takt, vortragende, respektheischende, nahezu obrigkeitliche Lehrer und rezipierende Schüler, die nur etwas sagen durften, wenn sie direkt gefragt wurden. Das alles wirkte auf mich wie eine genauestens einstudierte Inszenierung, die ich aber damals weder abschreckend noch abstoßend fand, sondern einfach nur anders, deutsch eben; das im Klassenzimmer beobachtete Verhalten passte ja zu meinem Bild von den fleißigen, ordentlichen, disziplinierten Deutschen. Die Lernanstalt war eben ihre Art von Schule, ihre Art von Unterricht, dessen Erfolge sich aber doch durchaus sehen lassen konnten, wie das Wirtschaftswunder belegte.

Erst heute, nachdem ich mich einige Jahre mit dem Thema »Bildung« beschäftigt habe, weiß ich, wie wundersam die deutsche Erfolgsgeschichte wirklich ist. Denn es grenzt tatsächlich an ein Wunder, mit der in Deutschland seit Jahrzehnten strukturell kaum veränderten pädagogischen Praxis so gut gebildete und ausgebildete Menschen zu formen, wie sie für eine solche Erfolgsgeschichte unabdingbar sind. Mir ist schleierhaft, wie und wo dies geschieht. Die real existierenden Schulen jedenfalls erscheinen mir als Lernorte hierfür nicht sehr geeignet zu sein. Denn Bildung kann sich nicht – so wenig wie die Liebe – monologisch ereignen, sie lässt sich nicht verabreichen, verordnen, vermitteln, sondern vollzieht sich nur – wie die Liebe – als aktiver Austauschprozess, im Dialog.

Einen solchen Dialog gab es aber an der Dortmunder Schule, im Unterschied zu den französischen Schulen, die ich kannte, praktisch nicht. Selbstverständlich war auch der Schulalltag bei uns in Frankreich in hohem Maße reguliert, es gab ebenfalls ein großes Autoritäts- und Hierarchiegefälle zwischen Lehrern und Schülern, es wurde doziert, gepaukt, gedrillt, gedroht. Aber eben nicht ausschließlich, es wurde auch miteinander gesprochen, es wurde hin und wieder improvisiert, wenn die geplante Stunde für den Stoff nicht ausreichte, weil wir in der Diskussion die Zeit vergaßen – kurz, es gab Raum für Dialog. Im Unterricht insgesamt ging es lebendiger zu, immer wieder ergaben sich Gespräche, ohne dass wir Schüler uns jedes Mal durch Handzeichen zum Reden anmelden mussten, kam es zu Diskussionen, in deren Verlauf, wie kurzzeitig auch immer, das Gefälle zwischen Belehrenden und Lernern aufgehoben schien.

Als Vorbild für solch ein dialogisches Lernen ließe sich der Philosoph Sokrates nennen, der seine »Schüler« bekanntlich nicht belehrte, sondern befragte und mit ihnen lernte, indem er ein Gespräch anzettelte. Sokrates war sogar davon überzeugt, dass der Mensch überhaupt nur im und durch das Gespräch lernen und sich der Wahrheit annähern könne: Man redet miteinander, tauscht seine Ansichten über eine Sache aus, um sie genauer zu erkennen, nimmt sie auseinander, wird dabei vielleicht eigener Irrtümer gewahr und setzt sie schließlich wieder neu zusammen. Und selbst wenn das Gespräch zu keinem Ende kommt oder im Streit mündet, sind die daran Beteiligten, sofern ihnen ihre Eitelkeit nicht den Blick verstellt, klüger geworden und haben gewiss mehr gelernt als durch Unterweisung und präzise Informationen. Denn das Gespräch dient nicht dazu, Wissen weiter zu geben, zu »informieren«; man spricht miteinander, damit der andere etwas tut oder empfindet oder einsieht, wechselweise. Und erst solches Interesse verleiht dem Besprochenen Bedeutung, macht es lehrreich.

Natürlich schlussfolgere ich daraus nicht, dass man den Unterricht nun zu einer einzigen Palaver-Veranstaltung ummodeln sollte. Aber die Möglichkeit zum Gespräch muss prinzipiell vorhanden sein, auch damit Lehrer und Schüler nicht lediglich in ihrer reduzierten Rolle aufgehen – die einen haben das Wissen, die anderen bekommen es zugeteilt, die einen sind aktiv, die anderen sind passiv –, sondern den Respekt voreinander bewahren und sich wechselweise als aktive Teilnehmer verstehen und wahrnehmen. Denn Bildung und Lernen sind notwendig gebunden an die Eigenaktivität des Lernenden.

Selbstverständlich muss es hierzu Anstöße geben, fachgerechte Anleitung, und natürlich gibt es einen jeweils gültigen Kenntnisstand, der sich aus all den vorhandenen Wissensbeständen als den sozusagen stofflichen Voraussetzungen zusammensetzt, von denen viele zunächst einmal schlicht gepaukt werden müssen, zumal diese Grundlagen – etwa der Geschichte, der Mathematik, der Kunst und Literatur, der Naturwissenschaften oder der Fremdsprachen – ja von hoher Beständigkeit sind. Doch erst wenn es der Schule gelingt, dass sich die Schüler auch solches Pauken zu Eigen, das heißt zu ihrer eigenen Sache machen, damit ihnen die Wissensteile nicht fremd bleiben und lediglich bis zur nächsten Prüfung in ihrem Kopf zwischengelagert werden, kann daraus ein Lernprozess entstehen. Hierzu müsste allerdings der Anteil der frontalen Belehrung zugunsten dialogischer Umgangsformen stark eingeschränkt werden, müssten also letzten Endes auch die Lehrer, wie dies Pierre Paolo Pasolini schon einmal gefordert hat, zu Lernenden werden: »Man kann nicht lehren, wenn man nicht gleichzeitig lernt.«

Davon konnte, um wieder in das Jahr 1958 zurückzukehren, an der Dortmunder Schule keine Rede sein. Wir wurden belehrt, im Dreiviertelstundentakt mit Stoff gefüllt. Und die Zeit war knapp, Lehrplan und Lernpensum genau bemessen, sodass möglichst nichts dazwischenkommen durfte, wollten die Lehrer den ihnen vorgegebenen Halbjahresplan einhalten. So schön es auch für mich persönlich war, schon ab mittags meine Freiheit zu genießen, so wenig Raum lässt die halbtägige Paukschule für die notwendigen Zwischentöne, für die Entspannung, für das Gespräch, für das Leben.

Das ist in einer Ganztagsschule anders, denn die längere Schulzeit geht ja nicht mit einer entsprechenden Vermehrung der Unterrichtseinheiten einher. Das bedeutet, dass sich Lehrer und Schüler zwangsläufig nicht nur im Frontalunterricht begegnen, sondern die Institution auch als Lebensraum zu gestalten haben, wo gemeinsam gegessen wird, wo man sich bewegen und auch einmal entspannen kann – und wo man von daher auch den sozialen Umgangsformen und Tugenden eine viel größere Aufmerksamkeit widmet.

Es ist eigentlich verrückt, wie hartnäckig in Deutschland an der Halbtagsschule festgehalten wurde, während in den meisten europäischen Ländern die Ganztagsschule gang und gäbe ist und sich alles in allem auch bestens bewähren konnte. Und nicht nur in Europa. In Wahrheit steht Deutschland mit seiner Halbtagsschule schon lange weltweit fast allein auf weiter Flur. Das deutet auf ungewöhnlich starke Beharrungskräfte hin und lässt vermuten, dass zumindest in den Köpfen vieler verantwortlicher Politiker, Beamter und Lehrerfunktionäre noch immer die alten Vorstellungen von Familie und Arbeitsteilung unter den Geschlechtern herumgeistern: Die Mama gehört nach Hause, und ganztägige Kinderbetreuung könne nur eine Notlösung für arme Familien sein, in denen die Mütter zum Mitverdienen gezwungen sind.

Wer derart überkommenen, im 19. Jahrhundert wurzelnden Idealen nachhängt – und andere Beharrungskräfte vermag ich kaum auszumachen –, ignoriert die Bedürfnisse der Betroffenen, fragt weder danach, was die Mütter wollen, noch danach, was für die Kinder gut wäre. Dabei sind diese Fragen längst beantwortet. Auch die deutschen Eltern sprechen sich seit langem mehrheitlich für das Ganztagsmodell aus. Schon in den sechziger Jahren hat die Hälfte der Eltern in Umfragen ganztägige Betreuungsangebote für ihre Kinder gefordert, heute sind es weit mehr, unter den Frauen sogar über 80 Prozent. Und das ist ja auch kein Wunder in einem Land, dessen Bewohnerinnen und Bewohner sich in hohem Maße über Leistung und Berufstätigkeit definieren. Schon Freimuts Mutter hätte sicher einiges von ihrer Strenge und Härte abgelegt, wenn sie in dieser Hinsicht stärker entlastet worden wäre.

Darüber hinaus zeigt das Beispiel anderer Länder, etwa Frankreichs, welche positiven Effekte von einer umsichtigen und zeitgemäßen Familien- und Bildungspolitik sowie einem möglichst flexiblen Kinderbetreuungsangebot ausgehen. So gibt es in Frankreich nicht nur eine höhere Frauenerwerbsquote und eine ebenfalls deutlich höhere Geburtenrate als in Deutschland – was aus ökonomischen und demografischen Gründen bekanntlich sehr vorteilhaft ist –, auch das französische Bildungssystem schneidet, obgleich es ebenfalls im unteren Qualitätsniveau angesiedelt ist, in internationalen Vergleichsuntersuchungen regelmäßig etwas besser ab als das lange Zeit so hoch gerühmte und als vorbildlich geltende deutsche Modell. Dessen Ruhm ist allerdings spätestens mit der so genannten *Pisa*-Studie endgültig verblasst.

Die Reaktionen, die diese internationale Vergleichsuntersuchung zur Erfassung basaler Kenntnisse und Fähigkeiten von Schülerinnen und Schülern gegen Ende der Pflichtschulzeit – genannt *Programme for International Student Assessment* – in Deutschland ausgelöst haben, hätten übrigens »deutscher« kaum sein können. Was war geschehen? Im Auftrag der Organisation für wirtschaftliche Zusammenarbeit und Entwicklung (OECD) hatte in den Jahren 2001 und 2002 in 32 Ländern eine international standardisierte Erhebung stattgefunden, um die »Lesekompetenz« sowie die »mathematische und naturwissenschaftliche Grundbildung« zu ermitteln. Dies erfolgte dezidiert nicht mit dem Ziel, etwa ein internationales Kerncurriculum oder einen verbindlichen Wissenskanon zu entwickeln, sondern um den Regierungen Empfehlungen zu geben, wie der Bildungsstand ihrer Bevölkerungen zu verbessern sei. Das Verfahren war so ausgereift, dass man in der Tat sagen kann, dass hierbei keineswegs die etwa 15-jährigen Jugendlichen getestet wurden, sondern das Niveau und die Qualität von Bildung. So ging es ganz generell, auch bei den 50 000 Schülern von knapp 1500 Schulen, die in Deutschland an den Tests teilnahmen, nicht um Wissen und die Beherrschung des Schulstoffs. Nein, nicht die Allgemeinbildung und das abrufbare Kenntnisrepertoire der Schüler sollten vermessen werden, sondern – um ein großes Wort zu verwenden – ihre »Lebenskompetenzen«. Gefragt waren Kreativität, Selbständigkeit, Kommunikations- und Problemlösungsfähigkeiten – ein, wie ich finde, vorbildlicher Ansatz. Und das Ergebnis? Niederschmetternd. Das Bildungsniveau in Deutschland? Desolat.

Dennoch zeigte sich in dem Schock, den *Pisa* im »Land der Dichter und Denker« ausgelöst hat, vor allem eine ausgeprägte deutsche Aufregungssehnsucht. Denn die von den Bildungsforschern mit wissenschaftlicher Autorität ermittelten Mängel waren weder neu noch unbekannt. Seit Jahren schon wurde der Zustand des deutschen Bildungssystems in den unterschiedlichsten Tonlagen beklagt – von Seiten der Lernenden wie der Lehrenden, von Seiten der Eltern und auch aus Sicht der Wirtschaft –, gab es Mahnungen, Analysen, Forderungen, ohne dass sich der wachsende Chor der Kritiker vorher erkennbar Gehör verschaffen konnte. Das erweckt den Verdacht, als speiste sich die durch *Pisa* ausgelöste Betroffenheit in erster Linie aus dem wenig schmeichelhaften »Ranking«: Die Aufregung, so mein Eindruck, entzündete sich zwar auch, aber nicht so sehr an der mangelhaften Qualität von Bildung als vielmehr an der Tatsache, dass das deutsche Bildungsniveau im internationalen Vergleich im unteren Drittel rangiert (Platz 21!) – weit hinter den etwa in Finnland, Südkorea, Neuseeland, Irland oder Österreich gemessenen Leistungen. Der Ansehensverlust schien kränkender zu sein als der Substanzverlust bedrohlich. Hätten nur einige Länder schlechter abgeschnitten als Deutschland, wären die katastrophalen Ergebnisse möglicherweise wieder nur von den Fachleuten zur Kenntnis genommen und ohne nennenswerte Konsequenzen im inneren Expertenkreis debattiert worden.

Jetzt ging es aber auch um das Außenbild Deutschlands, um Renommee, Image, ausländische Investoren. Und schon wurde die Bildung zur Chefsache. Erstmals überhaupt in der Geschichte der Bundesrepublik gab ein Kanzler im Sommer 2002 im Bundestag eine Regierungserklärung zum Zustand von Schulen und Universitäten ab und kündigte entschlossene Maßnahmen an – zum Beispiel auch die Förderung von Ganztagsschulen. Es bedürfe einer »nationalen Kraftanstrengung« für eine umfassende Bildungsreform. Ich kann dem nur zustimmen und hoffen, dass die Spannung und der reformerische Elan nicht gleich wieder nachlassen, sobald die größte Erregung abgeflaut und die Kränkung halbwegs verdaut ist. Und ich kann nur hoffen, dass die wichtigsten Botschaften der Bildungsforscher auch wirklich angekommen sind und in der Folge von den »zuständigen« Gremien weder rhetorisch noch aktionistisch verwässert werden.

Ich halte es deshalb, auch wenn ich mich wiederhole, für angebracht, diese wichtigsten Botschaften noch einmal kurz zu benennen: Das meines Erachtens zweitgrößte Verdienst der *Pisa*-Studie war der überzeugende Nachweis, dass es mit Einzelmaßnahmen – mehr Geld, mehr Lehrer, mehr Ganztagsschulen, frühere Einschulung oder ähnliches – nicht getan ist, sondern dass das gesamte Bildungssystem in all seinen Institutionen – von der Familie über Kindergärten und Schulen bis hin zur Hochschul-, Berufs- und Weiterbildung – reformiert werden muss. Die *Pisa*-Ergebnisse konnten nämlich eindrücklich belegen, dass das Niveau und die Qualität von Bildung nicht von einzelnen Faktoren abhängen, nicht vom Schultyp, nicht von Lernart und -dauer, nicht von Bildungsetats und Prüfungsformen, nicht einmal von den sozialen Verhältnissen, auch nicht davon, ob die Bildung staatlich oder privat, zentral oder dezentral organisiert wird. Nein, das alles spielt eine Rolle, und das eine mag besser sein als das andere; aber die Tauglichkeit jeder einzelnen Maßnahme wird sich letztlich erst dann erweisen, wenn sie sich in einen sinnvollen Zusammenhang fügt, wenn es gelingt, über die Grenzen der verschiedenen Bildungsinstitute hinaus eine Kultur des Lernens zu etablieren, für deren Ausgestaltung wir alle verantwortlich sind. Bildung sollte wieder als öffentliche Aufgabe wahrgenommen werden.

Dies überzeugend transparent gemacht zu haben, halte ich, wie gesagt, für das zweitgrößte Verdienst der Untersuchung. Das größte Verdienst allerdings gebührt den *Pisa*-Forschern für den von ihnen wieder gesellschaftsfähig gemachten und allein angemessenen Bildungsbegriff. Bildung ist nicht auf Lernen, Belehren und Wissen zu reduzieren, sondern ist ein aktiver, komplexer und unabschließbarer Prozess, in dessen glückendem Verlauf eine selbständige und selbsttätige, problemlösungsfähige und lebenstüchtige Persönlichkeit entstehen kann. Diese Person mag dann vielleicht auch jede Frage im Wissensquiz *Wer wird Millionär?* beantworten können, wird aber eben dadurch nicht ihre Bildung unter Beweis gestellt haben, sondern allenfalls ein respektables Speichervermögen für abrufbare Dateneinheiten. Denn Bildung ist etwas anderes und ist mehr als Wissen. Und je stärker dies wieder ins Bewusstsein dringt, umso eher lassen sich die offen daliegenden Probleme in den Griff bekommen – nicht zuletzt, weil diese Erkenntnis zu einem anderen Blick auf die vorhandenen »Bildungsorte« zwingt. Eine Verbesserung der Situation setzt allerdings die Bereitschaft voraus, die zur Messung der Katastrophe herangezogene Fachkompetenz auch für ihre Überwindung zu nutzen, anstatt das Handeln nun lediglich der Kultusministerrunde und den Bildungspolitikern zu überlassen.

Hier macht sich plötzlich Gabi bemerkbar. Vielleicht gibt es wieder etwas zu essen. Aber das scheint nicht der Fall zu sein. Sie hat die letzten paar Seiten vor sich und wirkt irgendwie zerknautscht, unzufrieden. Ich solle das Thema an dieser Stelle abbrechen, meint sie, sonst werden sich später viele Leserinnen und Leser langweilen, nämlich all jene, die mein letztes Buch Der Horizont hat Flügel *gelesen hätten. Stattdessen solle ich nach Dortmund zurückkehren, zum Beispiel zu den »außerschulischen Kontakten«, die ich vorhin erwähnt hätte. Also zu ihr. Dortmund? Ach ja. Bin wohl ein bisschen abgetrieben. Da hat Gabi Recht. Aber das Thema »Bildung« entflammt mich eben immer wieder. Bitte um Nachsicht. Darf man sein eigenes Buch empfehlen? Also, wer mehr darüber wissen will …*

Mein wichtigster »Bildungsort« in Dortmund, um meinen kleinen Bildungsexkurs pragmatisch zusammenzufassen, war also sicher nicht das Max-Planck-Gymnasium, auch wenn ich das Erlebnis dieser deutschen Schule um nichts in der Welt missen möchte. Sehr viel prägender jedoch, bildender, war – ich habe es schon erwähnt – zum Beispiel das Abendbrot in meiner Gastfamilie, waren die Erfahrungen des Neuen, Fremden und einige private Kontakte, die mich viel über Deutschland und die Deutschen gelehrt haben.

Nachdem ich, wie die anderen Austauschschüler auch, zunächst vor allem die Nähe meiner französischen Mitschüler gesucht und sehr viel Zeit mit ihnen verbracht hatte, stand mir das Glück zur Seite. Nur einige Tage nach unserem Eintreffen in Dortmund fragte mich Pierre Dejambe, ob ich ihn nicht einmal bei seiner Gastfamilie besuchen wolle. Er wohnte ganz in der Nähe, bei einer Familie Schinke, die drei Kinder hatte, zwei Söhne und eine Tochter. Insbesondere diese Tochter, meinte Pierre, könnte mich vielleicht interessieren, weil sie, wie ich, ein großes Sportass sei.

Ich nahm sein Angebot begeistert an. Glücklicherweise hatte ich inzwischen, im Alter von 16 Jahren, eine quälende Eigenschaft weitgehend abgelegt, unter der ich die Jahre zuvor schwer gelitten hatte: meine Schüchternheit gegenüber Mädchen. Ich war eine auffällige Erscheinung, groß, korpulent, rothaarig, entsprach aber ganz gewiss keinem damals bei den für mich infrage kommenden Mädchen verbreiteten Schönheitsideal. Viele Mädchen respektierten meine sportlichen Leistungen, manche bewunderten sie vielleicht sogar, sie fühlten sich ansonsten aber nicht von mir angezogen. Und je stärker ich dies registrierte, desto größer waren meine Unsicherheit und Angst geworden.

Wie ich meine Hemmungen schließlich großteils überwinden konnte, kann ich selbst nicht recht erklären. Es gab kein konkretes Erlebnis, keine Liebesgeschichte, die mich geläutert hätte. Sicher spielte die anhaltende Anerkennung, die mir wegen meiner sportlichen Erfolge zuteil wurde, für mein wachsendes Selbstbewusstsein eine nicht unerhebliche Rolle. Jedenfalls war ich 1958 in Dortmund, als mich Pierre Dejambe zu seiner deutschen Gastfamilie einlud, in einer ausreichend stabilen Verfassung, dass mich der Kontakt mit einem fremden Mädchen nicht mehr in Angst und Schrecken versetzte. So besuchte ich denn eines schönen Tages meinen Mitschüler Pierre bei dessen Gastfamilie Schinke.

Eine Liebe in Dortmund

Es war ein Donnerstag, Pierre hatte mich zum Abendbrot angemeldet. Der Weg von der Wohnung meiner Gastfamilie in der Wittelsbacherstraße war nicht weit, und ich war guten Mutes losgegangen. Als ich jedoch, nachdem ich das Haus erreicht und den Hausflur betreten hatte, die letzten Stufen der Treppe nahm, veränderte sich meine Gefühlslage dramatisch. Und schließlich vor der Wohnungstür angekommen, hätte ich am liebsten auf den Absätzen kehrtgemacht. Mit jedem meiner letzten Schritte, mit jeder Stufe war die mir so bekannte, doch für überwunden geglaubte Nervosität angestiegen. Da stand ich nun, wünschte mich weit weg und begann schon, mir eine Ausrede zurechtzulegen. Aber noch bevor ich meiner Neigung zur Flucht hätte nachgeben können, hörte ich hinter mir Schritte. Ich saß in der Falle.

»Du musst Daniel sein«, sagte die junge Frau, die in schnellen Schritten, immer zwei Stufen auf einmal nehmend, die Treppe hochhetzte. »Da habe ich es ja gerade noch rechtzeitig geschafft. Hast du schon geklopft? Komm doch herein.« Mit einem lauten »Hallo, ich habe unseren Gast gleich mitgebracht« öffnete sie die Wohnungstür und schob mich praktisch hinein. Alles ging so schnell und geschah mit einer solchen Selbstverständlichkeit, dass sich meine Erstarrung unverzüglich löste. Eben noch wie paralysiert, musste ich nun agieren, Hände schütteln, Namen merken, erste Fragen beantworten. Pierre stellte mich Herrn und Frau Schinke vor, deren Söhnen und zuletzt mit leicht ironischem Unterton der Tochter des Hauses: »Gabi hast du ja schon kennen gelernt.«

Ja, so lernte ich Gabi kennen. Wie sie in knielangem Schottenrock und leichtem Pullover, eine Sporttasche über der Schulter, die Treppe hochstürmte und mich mit ihrer Spontaneität aus einer unangenehmen Lage befreite. Der

Abend wurde dann äußerst lebhaft und amüsant. Sieben neugierige, aneinander interessierte Menschen an einem großen Tisch, die sich wechselweise kaum zu Wort kommen ließen. Es war fast wie in Frankreich, nur dass ich hier, weil ich im aktiven Sprechen und Hören der deutschen Sprache noch nicht sehr geübt war, phasenweise kaum mehr mitkam. Das tat aber dem Vergnügen keinen Abbruch, und alle Schinkes waren aufmerksam genug, ihre Sätze sofort umschreibend zu wiederholen, sobald sie bei Pierre oder mir einen fragenden Blick bemerkten. Hier ging es anders zu als in meiner Gastfamilie: lebhafter, offener – was bei drei Kindern und einem »kompletten« Elternpaar sicher kaum verwunderlich ist. Und ich gestehe, dass ich meinen Mitschüler Pierre an diesem ersten Abend ein wenig um sein Glück beneidete; aber wirklich nur anfangs und ganz kurz, denn erstens habe ich mich in meiner Gastfamilie sehr wohl gefühlt, und zweitens sollte ich in der Folge auch mit den Schinkes recht viel Zeit verbringen können.

Mit Gabi habe ich an diesem Abend vermutlich am wenigsten gesprochen. Aber ich hörte ihr Lachen, und immer wieder fanden sich unsere Blicke. Ich las Neugier in ihren Augen, Interesse; garantiert hatte sie sich den Franzosen Daniel Goeudevert ganz anders als ausgerechnet groß und rothaarig vorgestellt. Und ich selbst war nach dem starken Eindruck unserer ersten Begegnung nicht nur neugierig und interessiert, sondern fasziniert, was auch ihr wiederum kaum verborgen geblieben sein dürfte. Dennoch möchte ich nicht von »Liebe auf den ersten Blick« sprechen, daran glaube ich nicht, obwohl ich ein hoffnungsloser Romantiker bin. Sehen allein genügt nicht. Um zu lieben, muss mehr hinzukommen.

Und es kam mehr hinzu, recht schnell sogar. In der Folge nutzte ich jede Gelegenheit, Pierre Dejambe einen zumindest kurzen Besuch bei seiner Gastfamilie abzustatten, wobei ich mich jedes Mal vorher bei ihm vergewisserte, dass

Gabi zum Zeitpunkt meiner Visite auch zu Hause sein würde. So sah ich sie in den nächsten Tagen sehr oft und suchte geradezu ihre Nähe, wenngleich es die Situation nicht erlaubte, dass wir dabei mehr als jeweils nur ein paar kurze Sätze wechseln konnten. Wir waren ja immer in Gesellschaft, und ich durfte mir gegenüber ihrer Familie mein großes Interesse an ihr nicht anmerken lassen. Ihre Eltern hätten den Kontakt sonst garantiert unterbunden. Wir waren beide erst sechzehn, sie war die Tochter anständiger deutscher Eltern und ich ein vermeintlich leichtlebiger, vielleicht sogar leichtsinniger Gast aus dem »Land der Liebe«. Da galt es aufzupassen, zumal die Zeiten streng waren. Über große Gefühle, die Liebe oder gar die Sexualität wurde selbst unter Gleichaltrigen damals in Deutschland allenfalls hinter vorgehaltener Hand gesprochen. Jedenfalls vermute ich, dass es so war, denn gehört habe ich dergleichen nie.

Nun war ich, was ich ja schon zugestanden habe, in Liebesdingen im Allgemeinen und im Umgang mit den Mädchen im Besonderen ganz sicher alles andere als ein »typischer Franzose«. Im Flirten hatte ich so wenig Erfahrung wie mit der Liebe, es gab nichts als unerfüllte und scheinbar unerfüllbare Wünsche, entsprechend unsicher war mein Auftreten. Von mir ging deshalb damals wohl so gut wie keine Verführungsgefahr aus. Ich hatte nicht die geringste Idee, wie und womit man ein Mädchen für sich einnimmt. Das wiederum konnten die Schinkes jedoch nicht wissen, weshalb sie – ich bildete mir jedenfalls ein, dass es so sei – stets ein Auge auf uns warfen, nicht aufdringlich und offen misstrauisch, aber vorsichtig. Wenn ich Gabi also näher kennen lernen wollte – und das wollte ich unbedingt –, musste ich mir etwas einfallen lassen.

Wieder einmal kam mir der Sport zu Hilfe. Von Pierre wusste ich ja bereits, dass Gabi eine große Leichtathletikerin war. Ich konnte mir also an zwei Fingern abzählen, dass sie viel Zeit auf dem Sportplatz beim Training zubringen musste. Wenn es mir nun gelingen würde, sie dorthin begleiten zu können, ohne einen Verdacht zu wecken, so rechnete ich mir aus, sollten wir die eine oder andere Möglichkeit finden, auch einmal allein miteinander zu sprechen. Gedacht, getan: Bei nächster Gelegenheit brachte ich das Gespräch im Beisein von Gabis Eltern auf den Sport, erwähnte bescheiden die eigenen Erfolge und zeigte mich dann – scheinheilig – überrascht, als Herr Schinke stolz von den Leistungen seiner Tochter berichtete. Was für ein Zufall! Und welch glückliche Fügung – setzte ich gleich nach –, da ich selbst gerade händeringend nach einer Trainingsmöglichkeit suchen würde, um nicht ganz außer Form zu geraten, mich aber bekanntlich in Dortmund nicht auskenne. Es wäre mir daher eine große Hilfe, wenn ich Gabi einmal zum Training begleiten dürfe, um mich bei ihrem Verein zu erkundigen, ob ich dort als Gast hin und wieder mittrainieren könne.

Der Plan ging auf. Wer wollte einem französischen Austauschschüler ein derart harmloses Hilfsersuchen ausschlagen? Schon am nächsten Tag war ich mit Gabi zum Sport verabredet. Unser erstes Rendezvous. Da ich fremd war und also den Weg nicht kannte, holte ich sie von zu Hause ab, wohin ich sie, ganz Kavalier, nach dem Training auch wieder zurückbrachte. Als wir uns verabschiedeten, konnten wir Gabis Eltern erfreut berichten, dass mir auch ihr Verein seine Hilfe nicht verweigert hatte. Selbstverständlich durfte ich jederzeit am Training der Leichtathleten teilnehmen. Das legalisierte sozusagen unsere Beziehung. An mindestens zwei Nachmittagen in der Woche gingen Gabi und ich nun gemeinsam einer allseits respektierten Tätigkeit nach und waren sogar gut in dem, was wir taten. Es gab nichts Anrüchiges daran, weshalb Gabis Familie in der Folge ihr eventuell vorhandenes Misstrauen ablegte und auch nichts dabei fand, wenn wir uns hin und wieder auch außerhalb des Sportplatzes trafen. Endlich konnten wir miteinander sprechen, ohne dass uns jemand Drittes dabei zuhörte.

So lernte ich Gabi näher kennen, und es dauerte nicht lange, bis ich mich in sie verliebte. Sie war meine erste Liebe und wurde – das sollte mir allerdings erst viele Jahre später klar werden – meine Lebensliebe. Wir nutzten jede Gelegenheit zum Reden. Ihre Neugier, ihre Offenheit und Spontaneität faszinierten mich. Und sie war auf eine Art und Weise selbstbewusst und ehrgeizig, wie ich es bei den französischen Mädchen, die ich kannte, noch nicht erlebt hatte. Obwohl wir gleich alt waren, kam sie mir doch reifer, erfahrener, erwachsener vor – wobei sie mich, wie sie mir sagte, merkwürdigerweise umgekehrt genauso wahrnahm. Ich denke, es war für uns beide das jeweils Andere, Fremde, was uns aneinander fesselte – sowie zugleich das überraschende Erlebnis, wie viel uns bei aller Fremdheit doch gemeinsam war, was wir beide mochten, was wir ablehnten, wofür wir uns interessierten.

Wann immer es uns möglich war, unternahmen wir etwas zusammen. Wir gingen ins Kino, wo wir uns zum Beispiel meine damaligen Lieblingsfilme *Hiroshima, mon amour* und *Richard III.* ansahen, und es war verblüffend, wie eng unsere Einschätzung und unsere Wahrnehmungen beieinander lagen, aber auch, was ihr so alles aufgefallen war, dass ich, obwohl ich die Filme nicht zum ersten Mal sah, noch gar nicht bemerkt hatte. Noch nie hatte ich mich in der Gegenwart eines anderen Menschen so wohl und sicher gefühlt, noch nie die Anwesenheit einer anderen Person als so anregend und intensiv empfunden. Kurz, ich war über beide Ohren in Gabi verliebt.

Aber ich gerate in Schwärmerei und sollte deshalb besser auf das tragische Finale zusteuern. Denn Gabis und mein Glück war alles in allem zunächst recht flüchtig. Und bevor noch jemand etwas Falsches denkt: Es war ein durch und durch keusches Glück; die einzige Intimität, die wir uns manchmal erlaubten, wenn wir uns unbeobachtet fühlten, war Händchenhalten. Aber auch damit war bald Schluss, denn mein Aufenthalt in Dortmund näherte sich rasant seinem Ende. Es war kaum auszuhalten, und so gab ich Gabi das Versprechen, im nächsten Jahr wiederzukommen und ihr so oft wie möglich zu schreiben.

Dieses Versprechen hielt ich auch ein. Die Briefe, die ich in den nächsten Monaten schrieb und die immer mit einer Liebeserklärung endeten, hat Gabi noch lange aufgehoben, bevor sie sie viele Jahre später in einem Anflug von Bitterkeit vernichtete. Leider. Wir würden heute gern noch einmal darin lesen. Jene Bitterkeit hatte übrigens nichts mit mir oder der Erinnerung an mich zu tun. Sie war bei Gabi aus dem schmerzlichen – und vielen von uns wohl bekannten – Gefühl entwachsen, dass die Jugend nun endgültig vorbei und es deshalb an der Zeit sei, auch alle Spuren zu tilgen, die darauf zurückverweisen. Eine Art Lebenskrise also. Nebenbei bemerkt, völlig verfrüht. Denn Gabi ist noch heute jung.

Aber ich schweife ab. Zunächst einmal fieberte ich damals den nächsten Sommerferien entgegen, um endlich wieder nach Dortmund fahren zu können. Meine Eltern fanden das durchaus vorbildlich und unterstützten mich daher so gut sie eben konnten. Zwar hatte ich ihnen auch ein wenig von Gabi erzählt, doch als Hauptgrund für meinen Reisewunsch angegeben, meine Sprachkenntnisse weiter verbessern zu wollen; das war ja durchaus nicht bloß gelogen, sondern stellte lediglich so etwas wie eine Akzentverschiebung dar. Denn wahr ist auch, dass ich während meiner Dortmund-Aufenthalte im Deutschen große Fortschritte gemacht habe, wovon ich in der Schule eindeutig profitieren konnte – von meinem späteren Lebensweg ganz zu schweigen.

Kaum ein Jahr nach meinem ersten Besuch kam ich also wieder nach Dortmund. Trotz Unterstützung meiner Eltern, die nur über bescheidene Mittel verfügten, hatte ich nicht viel Geld, ich musste etwas hinzuverdienen. Nachdem ich mich in der Jugendherberge eingemietet hatte, machte ich mich deshalb zunächst auf die Suche nach einer Einnahmequelle – und wurde sehr schnell fündig, denn die Arbeit, wie es damals so schön hieß, lag auf der Straße. Ich fand einen Job als Aushilfskraft bei der Dortmunder Kronenbrauerei, wo ich die Bierwagen zu be- und entladen hatte, was mir bei meiner Statur nicht besonders schwer fiel. Von den Kollegen wurde ich deshalb sofort akzeptiert, und die Gespräche mit ihnen erweiterten meinen Wortschatz um viele neue Ausdrücke. Wenn der Chef außer Sichtweite war, hieß es beispielsweise: »Abtauchen!« Das bedeutete, hinter einem Wagen zu verschwinden, um erst mal eine Frühstückspause einzulegen.

Nach der Arbeit verabredete ich mich, so oft es ging, mit Gabi. Wir knüpften nahtlos dort an, wo wir im Jahr zuvor aufgehört hatten. Ich besuchte sie zu Hause, wir gingen zum Sport, ins Kino oder Eis essen. Und wir redeten, der Gesprächsstoff schien uns niemals auszugehen. Es war wunderschön – und leider abermals flüchtig. Denn die Wochen vergingen wie im Zeitraffer, kaum war ich angekommen, musste ich auch schon wieder abreisen. Erneut große Traurigkeit, ein neues Versprechen: Ich werde wiederkommen.

Und ich kam wieder. Im Jahr darauf fuhr ich also zum dritten Mal nach Dortmund – es sollte mein letzter Besuch werden. Alles war erneut so schön, aber auch so kurz wie im Vorjahr. Ich wohnte wieder in der Jugendherberge und arbeitete in der Brauerei, wo ich diesmal die von einer Waschanlage gereinigten Flaschen in Kisten sortierte. Und ich traf Gabi, wann immer wir Zeit füreinander hatten. Als der neuerliche Abschied schon wieder nahte, saß ich mit ihr eines Abends im Westfalenpark auf den Rosenterrassen und wollte sie nach mehr als zwei Jahren endlich einmal küssen. Sie aber wehrte mich spielerisch ab und ließ es nicht zu, weil – wie ich hinterher erfuhr – auf einer Bank uns gegenüber die Nachbarn ihrer Eltern saßen. Gabi fürchtete, zu Hause Ärger zu bekommen, denn obwohl ich inzwischen so eine Art Freund der Familie war, hätten es ihre Eltern ganz bestimmt nicht gern gesehen, wenn sie sich von mir in aller Öffentlichkeit hätte küssen lassen. Dieses Ereignis, mein verlorener Kampf um einen Kuss, so scheint mir im Rückblick, war eine Zäsur, es hat Gabi nachdenklich werden lassen und schließlich dazu bewegt, eine folgenschwere, »vernünftige« Entscheidung zu treffen.

Wenige Tage nach jenem verpatzten Rendezvous kam aus für mich bis dahin heiterem Himmel das Aus. Ich hatte Gabi abgeholt, um mit ihr zum Training zu gehen. Unterwegs bleibt sie plötzlich stehen, greift meinen Arm, sieht mir gerade in die Augen und erklärt unvermittelt: »Es hat keinen Zweck. Unsere Beziehung ist hoffnungslos.« Es war wie ein kurzer, trockener Tiefschlag. Mein Magen zog sich augenblicklich zusammen, und die Hitze schoss mir in den Kopf. Aber ich wusste im selben Moment auch, und das Erlebnis auf den Rosenterrassen war hierfür symptomatisch, dass sie Recht hatte. Die notwendige Verheimlichung unseres Glücks wirkte zersetzend. Wir waren beide noch sehr jung, ich ging zur Schule, hatte keinen Beruf und nicht die geringste Ahnung, welchen Weg ich einmal einschlagen wollte. Und ich würde nach jeweils wenigen Wochen wieder für lange Zeit abwesend sein.

Obwohl ich das alles einsah, war ich völlig niedergeschmettert. Und sprachlos. Ich glaube, ich habe bei dieser letzten Begegnung kein einziges Wort herausgebracht. Es war unser Abschied, so viel ahnte ich, aber ich blieb stumm, war unfähig, etwas zu entgegnen. »Das ist das Ende«, sagte Gabi zuletzt mit fester Stimme, machte kehrt und ließ mich verzweifelt zurück.

Ich weiß nicht mehr, wie lange ich reglos verharrte. Ich war unfähig, einen klaren Gedanken zu fassen und empfand ihre Entscheidung als Tragödie. »Nicht einmal einen

Kuss«, war vielleicht das Erste, was ich dachte, bevor ich wie betäubt in die Jugendherberge zurückschlich, wo ich in meinem Schmerz sofort meine Eltern anrief und sie bat, mich unverzüglich abzuholen. Ich hatte das Gefühl, ich könnte keine Sekunde länger in Dortmund bleiben: Alles hier, die Gebäude, die Straßen, die Parks, die Brauereien, ja, selbst die Luft schien mit Gabi imprägniert. Ich musste weg. Und so befand ich mich schon zwei Tage später auf der Rückfahrt nach Frankreich. Meine erste Liebe war gescheitert.

Immer wieder Deutschland

Scheitern ist wohl das Schicksal nahezu jeder »ersten Liebe« – und vieler anderer, nachfolgender Lieben ja leider ebenfalls. Denn auch zu lieben will gelernt sein. Im Grunde ist es wie mit dem Schachspielen: Es bedarf sehr vieler Übung und Praxis, um das Spiel halbwegs zu beherrschen und in den vielen kleinen sowie den wenigen entscheidenden Situationen aus einer Vielzahl von Möglichkeiten eine der richtigen auszuwählen; nur manchmal, ganz selten, gibt es nur einen einzigen richtigen Zug. Aber sogar der größte Könner, mag er ein Schachweltmeister sein, wird die eine oder andere Partie verlieren, weil er – wie in der Liebe – ein eigenmächtiges Gegenüber hat, der oder die ebenso viel Einfluss auf das Geschehen nimmt wie er selbst. Wer dieses Gegenüber – seinen Partner – vergisst oder vernachlässigt, wer nur an sein eigenes Spiel denkt, den Aktionen des anderen keine ausreichend große Aufmerksamkeit widmet und nicht den erforderlichen Respekt zollt, wird am Ende nicht gewinnen können – beziehungsweise seine Liebe, in der doppelten Wortbedeutung, verlieren.

Nun möchte ich die Analogie nicht zu weit treiben. Die Geschichte mit Gabi und mir passt hier in Wahrheit gar nicht so recht ins Bild. Die äußeren Umstände waren bei uns zweifellos ausschlaggebender als unsere Unerfahrenheit. Ich denke, wir sind nicht gescheitert, weil wir Fehler gemacht, einander verletzt oder die Aufmerksamkeit füreinander verloren hätten. Das war es in diesem Fall gewiss nicht. Nein, unsere Liebe hatte damals schlicht keine Chance – und doch haben wir sie genutzt und eine Romanze erlebt, die für mich immer etwas ganz Besonderes geblieben ist und die ich so wenig vergessen konnte wie Gabi selbst, deren Bild sich in meine Seele gebrannt hatte.

Aber es war vorbei. Zurück in Frankreich, hatte ich deshalb zunächst einmal genug von Deutschland. Ich brauchte Abstand, suchte Vergessen. Das galt allerdings nicht für die deutsche Sprache, in der ich durch die Dortmund-Besuche so große Fortschritte gemacht hatte und die ja nun gewissermaßen auch zur Sprache meiner Liebe geworden war. Um mich von Gabis Verlust abzulenken, konzentrierte ich mich von nun an sehr stark auf die Schule, gab ein Jahr darauf sogar den Sport auf und machte, wiederum ein Jahr später, mein Baccalauréat – das entspricht dem deutschen Abitur. Danach begann ich an der Sorbonne in Paris ein Studium der Literatur und wählte als Hauptfach – na, was wohl? – Deutsch.

Es ist schon verblüffend, wie sehr das Deutsche zu einem bestimmenden Element in meinem Leben wurde, ohne dass ich dies – ebenso wenig wie die wenigen anderen bestimmenden Elemente in meinem Leben – bewusst oder absichtlich herbeigeführt hätte: Zum Sport war ich durch Zufall gekommen; Gabi hatte ich über Pierre kennen gelernt; und dem Deutschen hatte ich mich intensiver zugewandt, weil ich sitzen geblieben war und mich anstrengen musste. Einen Plan habe ich dabei nie verfolgt, alles hatte sich immer irgendwie so ergeben, ohne mein eigenes Zutun. Auch ein Berufsziel hatte ich nicht vor Augen.

Das war zu jener Zeit, im Unterschied zu heute, aber auch

gar nicht notwendig. Was immer man gelernt hatte, konnte man auch anwenden, an Jobs herrschte kein Mangel, das Problem der Arbeitslosigkeit gab es nicht. Und sobald einem eine Tätigkeit nicht mehr gefiel, brauchte man bloß über die Straße zu gehen, und schon fand man eine andere Anstellung. Ich weiß, wovon ich rede, denn genauso begann dann mein Berufsweg.

Genaueres darüber ist in einem anderen Buch nachzulesen, meiner Autobiographie *Wie ein Vogel im Aquarium*. Hier deshalb nur so viel: Ich unterrichtete Deutsch an einem Pariser Gymnasium, hatte nach dem Abitur meine spätere Frau Liliane kennen gelernt, sie gleich darauf geheiratet und war im Alter von 22 Jahren bereits dreifacher Vater. Alles war viel zu schnell gegangen, als dass ich in meiner Entwicklung hätte mithalten können. Mein Gehalt war alles andere als üppig, es reichte kaum, um die Familie zu ernähren, und den Lehrerberuf empfand ich als zunehmend deprimierend, weil ich mich für das Versagen jedes Einzelnen verantwortlich fühlte – und es waren stets zahlreiche Schüler, die im Unterricht nicht mitkamen und die ich auch durch zusätzliche Nachhilfestunden in kleinen Gruppen nicht nennenswert voranbringen konnte. Kurzum, ich war 23 und mit meiner Lebenssituation durch und durch unzufrieden. Beruflich frustriert, privat überfordert und finanziell in angespannter Lage: Es musste etwas geschehen.

In einem spontanen Entschluss kündigte ich daraufhin kurzerhand meine Stelle am Gymnasium, ohne meine Frau Liliane davon zu unterrichten und machte mich auf die Suche nach einer neuen Arbeit. Das war, wie schon erwähnt, nicht schwer, die Zeitungen waren voll mit Stellenangeboten. In allen Branchen wurden Arbeitskräfte gesucht. Aber für welchen Beruf sollte ich mich entscheiden? Ich hatte ja im Grunde von nichts eine Ahnung. Also überließ ich mich weitgehend dem Zufall und meinem ersten Eindruck. Ja, und dann passierte es, dass mich von den vielen verschiedenen Ausschreibungen ausgerechnet eine Annonce von Citroën am meisten ansprach. Der Automobilkonzern suchte für eine große Niederlassung an der Peripherie von Paris einen Autoverkäufer, dessen Tätigkeit in der Anzeige so verlockend beschrieben war, als sei in Wahrheit von einem leitenden Angestellten die Rede. Das wollte ich genauer wissen und fand mich deshalb am nächsten Tag bei der angegebenen Adresse ein, um mich zu bewerben.

Nun, um es kurz zu machen, obwohl es viele Mitbewerber gab und ich über keinerlei Erfahrungen verfügte, bekam ich den Job. Sowohl der Personalchef als auch der Niederlassungsleiter hatten es wohl als besonders extravagant empfunden, einen Gymnasiallehrer, einen »Intellektuellen«, als Autoverkäufer einzustellen; dieser Versuchung konnten sie nicht widerstehen. So wurde ich denn von einem Tag auf den anderen zu einem Verkäufer, worüber meine Familie anfangs gar nicht glücklich war und sich fast ein wenig dafür schämte; der Beruf stand nicht gerade in hohem gesellschaftlichen Ansehen. Erst als ich nach einem Monat das erste Gehalt nach Hause brachte, waren solche Vorbehalte schnell vergessen. Ich verdiente dreimal so viel wie als Lehrer, und mir stand sogar ein Dienstwagen zur Verfügung, was für eine Familie mit drei Kindern eine nicht zu unterschätzende Erleichterung darstellt. Es ging uns also deutlich besser als vorher.

So begann mein Weg in die Automobilbranche. Das Kapitel »Deutschland«, davon war ich überzeugt, war damit abgeschlossen – eine Überzeugung, die sich als grandiose Fehleinschätzung erweisen sollte. Ohne dass ich es ahnen konnte, wurde aus meinem ersten Deutschland-Kapitel bald sozusagen ein ganzes Buch, mein Leben. Denn schon bald führte mich mein Weg wieder zurück nach Deutschland und in eine steile Karriere, die ich nicht zuletzt meinen Kenntnissen der deutschen Sprache und Kultur verdanke – ich werde im nächsten Kapitel darauf zurückkommen. Und dies war nicht der einzige Kreis, der sich auf wundersame Weise schließen sollte. Auch Gabi, meine erste Liebe, trat eines Tages wieder in mein Leben.

Lebensliebe

22 Jahre waren vergangen, seit Gabi und ich uns in Dortmund getrennt und zuletzt gesehen hatten, 22 Jahre ohne jeglichen Kontakt, und 22 Jahre, in denen mir eine Karriere geschehen war, über die ich im Nachhinein immer noch verblüfft bin. Nach 22 Jahren also, wir befinden uns im Jahr 1982 und ich war damals Vorstandsvorsitzender der deutschen Ford-Werke in Köln, blieb mein Blick eines Morgens auf einem Brief haften, der zuoberst auf dem Poststapel auf meinem Schreibtisch lag und mich geradezu elektrifizierte. Nach 22 Jahren hatte ich die Handschrift sofort wiedererkannt. Der Brief war von Gabi – das erste Lebenszeichen nach so langer Zeit.

Zehn Jahre zuvor, als mir die Leitung der deutschen Importniederlassung von Citroën in Köln übertragen worden war, hatte ich meinerseits einmal nach ihr geforscht, war nach Dortmund gefahren und hatte die mir von damals bekannte Wohnung aufgesucht, dort jedoch weder sie noch ihre Eltern ausfindig machen können. Von ehemaligen Nachbarn, die ich befragte, erfuhr ich lediglich, dass die Familie verzogen war und dass Gabi geheiratet hatte. Ihr neuer Nachname und ihr Verbleib waren unbekannt. Enttäuscht hatte ich die Suche daraufhin schnell wieder abgebrochen, ohne allerdings die Hoffnung zu verlieren, dass sich unsere Wege irgendwann noch einmal kreuzen würden. Bei meinem Glück!

Und nun hielt ich diesen Brief in der Hand, einen Brief von Gabi. Sofort war ich in Erinnerungen befangen, längst vergessene Bilder entstanden neu in meinem Kopf. Ich weiß nicht mehr, wie lange ich den geschlossenen Umschlag durch meine Finger habe gleiten lassen, wie oft ich ihn unschlüssig ablegte und wieder aufnahm, bevor ich ihn endlich öffnete und das Geschriebene zuerst hastig und dann mehrfach hintereinander Wort für Wort las. Es war recht kurz: Sie habe mich kürzlich zufällig im Fernsehen gesehen, teilte sie mir darin mit, und freue sich sehr, dass es mir offenkundig gut gehe; außerdem sei sie ebenso überrascht wie beeindruckt, was ich aus meinem Leben oder mein Leben aus mir gemacht hätte. Das war schon fast alles, aber es genügte mir fürs Erste vollauf. Nur eines war ungenügend, denn das Wichtigste, einen Absender oder eine Telefonnummer, hatte sie mir nicht dazugeschrieben. Ich nehme an, sie wollte vermeiden, dass ich mich lediglich aus Pflichtgefühl zu einer unverbindlich-freundlichen Antwort veranlasst sehen könnte. Daran hatte sie kein Interesse.

Daran hatte auch ich kein Interesse, wohl aber an ihr. Ohne große Probleme gelang es mir, sie mit Hilfe des Poststempels im entsprechenden Telefonbuch ausfindig zu machen. Aber wer oder was würde mich am anderen Ende der Leitung erwarten? Immerhin bestand die Gefahr, dass ein Wiedersehen die schönen Erinnerungen beschädigen könnte. So zögerte ich zwar noch eine ganze Weile, bis ich mich stark genug fühlte, sie anzurufen, doch schließlich standen wir uns nur wenige Tage später nach so langer Zeit erstmals wieder gegenüber. Es war überwältigend. Und die Umstände unseres Wiedersehens waren, wie ich schnell erfuhr, einer Verkettung von Zufällen geschuldet.

Zur selben Zeit, als ich in einer Live-Sendung im WDR-Fernsehen auftrat, in der die Gäste mit allerlei unvorhergesehenen Situationen konfrontiert wurden, wollte sich Gabi einen Krimi ansehen. Sie schaltet ihr Gerät ein, wählt aber aus Versehen ein falsches Programm und landet bei einer damals recht beliebten, von Claus Hinrich Casdorff geleiteten Spiel-Talkshow mit dem Titel *Ich stelle mich*; darin sollte ich zum Beispiel einen Radwechsel vornehmen, konnte mich aber der Blamage, die das für mich unvermeidlich geworden wäre, dadurch entziehen, dass ich Authentizität einforderte; schließlich hätten die Zuschauer einer Live-Sendung ein Recht darauf, zu erfahren, wie es wirklich ist. Also bat ich darum, man möge meinen Fahrer, Herrn Scholhölter, der hier irgendwo in den Kulissen auf mich wartete, vor die Kamera holen, da er es sei, der sich in meiner Realität um so ein Malheur kümmern würde. Ich weiß nicht, ob Gabi sich ausgerechnet in dieser Szene zuschaltete – sie weiß es auch nicht mehr –, aber noch bevor sie leicht genervt umschalten konnte, nahm sie ein ihr bekanntes Gesicht wahr, das sie seit 22 Jahren nicht mehr gesehen hatte. Mein Gesicht. Und das machte sie immerhin so neugierig, dass sie dafür sogar auf ihren Krimi verzichtete.

Als Gabi und ich uns dann nach so langer Zeit wieder gegenüberstanden, hat es zwar gleich wieder zwischen uns gefunkt, aber wir haben uns natürlich – erwachsen und verantwortungsvoll, wie wir nun waren – zunächst einmal zurückgehalten und uns sehr gut überlegt, ob unsere Liebe ausreichen würde, um uns zwei Menschen so unterschiedlichen Charakters, mit unseren je eigenen Lebens- und Familienerfahrungen, wirklich auf Dauer zu binden. Übrigens sind wir nicht eine Sekunde darauf gekommen, darüber nachzudenken, ob es vielleicht französische und deutsche Eigenschaften geben könnte, die schwer miteinander in Einklang zu bringen wären und die Beziehung gefährden könnten.

Nein, unser Problem, der Konflikt, in dem wir uns befanden, war ganz banaler und gleichwohl äußerst schmerzlicher Art. Einerseits haben wir sofort gespürt, dass unsere Liebe die ganze Zeit schadlos überdauert hatte und dass wir nun eine Möglichkeit finden mussten, sie praktisch werden zu lassen und wenigstens eine Weile miteinander zu leben; niemals hätte ich mir den Gedanken erlaubt, diese Chance auszulassen. Andererseits standen wir beide in einer festen Beziehung, empfanden nicht nur tiefe Zuneigung für unseren jeweiligen Partner, sondern eine hohe Verantwortung gegenüber unseren Familien.

Ich war hin- und hergerissen und – ganz entgegen meiner sonstigen Neigung – unfähig, einen klaren Entschluss zu fassen. Wie schon einmal viele Jahre zuvor erfuhr ich erneut am eigenen Leibe, dass Leidenschaft Leiden schafft. Vermutlich hätte ich mich, wie es Männern in solchen Konstellationen leider häufig eigen ist, noch lange vor einer Entscheidung gedrückt, wenn Gabi mich nicht eines Besseren belehrt hätte: zu warten, würde nichts erleichtern, sondern alles komplizieren – womit sie, im Nachhinein betrachtet, selbstverständlich uneingeschränkt Recht hatte. Und das gilt keineswegs nur für unseren Fall, sondern ganz generell: Ich kann und muss immer wieder viele meiner Bedürfnisse hinter berufliche und private Pflichten zurückstellen; das ist der Alltag, das ist, und zwar im gut gemeinten Sinne, Zivilisation. Wer aber ein so tiefes Gefühl wie die Liebe aus einem Verantwortungsbewusstsein anderen gegenüber unterdrückte, handelte in Wahrheit verantwortungslos, weil er sich selbst wie auch diejenigen unglücklich machte, denen er sich verpflichtet fühlt, die ihm aber selbstverständlich nicht nur eine leidige Pflicht sein wollen. Das kann, davon bin ich überzeugt, unmöglich gut gehen – wenngleich einem diese Erkenntnis natürlich nicht die Traurigkeit nimmt angesichts der wohl unvermeidlichen Verletzungen, die entstehen, wenn sich eine einst fest gefügte Beziehung löst.

Die schwerste Verletzung aber, die ich mir selbst sowie den Menschen, die mir nahe stehen, zufügen kann, wäre die Lüge. Wie damals, bei unserer Trennung, war es Gabi, die dies zuerst erkannte und entsprechend handelte: Sobald sie sich ihrer Gefühle mir gegenüber sicher war, musste sie klare Verhältnisse schaffen, offenbarte sich ihrer Familie und leitete die Scheidung ein. Dieser Schritt war übrigens mit keinerlei Forderung an mich verbunden und an keine Bedingungen geknüpft; es war in erster Linie eine Demonstration ihrer Ehrlichkeit. Sie konnte, als sie agierte, durchaus nicht sicher sein, wie ich mich verhalten, wofür ich mich letztlich entscheiden würde. Denn tatsächlich blieb ich nach wie vor unentschlossen. Aber Gabis Beispiel und ihre gradlinige Haltung haben mir bald die Augen geöffnet: Ich musste ebenfalls eine Entscheidung treffen, und zwar durfte dies keine Entscheidung *gegen*, sondern hatte eine Entscheidung *für* etwas oder jemanden zu sein.

Nun gut, da der Ausgang bekannt ist, kann ich mich kurz fassen: Ich entschied mich für meine Liebe zu Gabi, und ich habe das seitdem, das heißt seit nunmehr fast zwanzig Jahren, noch keine Minute bereut. Schon bald darauf sind wir dann in Köln zusammengezogen und haben wenig später in einem kleinen Ort in der französischen Provence geheiratet. Es war eine Traumhochzeit ohne jeden Pomp. Nur der engste Freundeskreis war anwesend, gerade einmal sechs Personen, und natürlich unsere Eltern, die sich während all der für sie doch überraschenden Ereignisse ganz wundervoll verhalten haben. Vor allem meine Mutter, die erst kurz vor unserer Trauung von unserer frühen Liebe erfuhr, hatte sofort einen Narren an Gabi gefressen und spontan darauf bestanden, ihre Trauzeugin zu sein. Bis zum Tod meiner Mutter vor wenigen Jahren blieb das Verhältnis zwischen ihr und Gabi von einer frappierenden Innigkeit.

Für das Verhältnis zwischen Gabi und mir gilt das bis heute. Und das ist deshalb so frappierend wie beglückend, weil auch unsere Ehe insbesondere in den ersten Jahren, in denen ich beruflich extrem eingespannt war, so einige Zerreißproben zu überstehen hatte, an denen die Ehen sehr vieler Manager scheitern. Allein die Tatsache beispielsweise, dass man mehr Zeit mit der Sekretärin als mit seiner Frau verbringt, wirft verständlicherweise einen Schatten, der unbedingt ausgeleuchtet werden muss, damit es nicht vollends dunkel wird. Wer etwa glaubt, seinen Partner von beruflichen Details oder gar von beruflichen Schwierigkeiten verschonen zu müssen, um sie oder ihn nicht unnötig in Sorge zu bringen, der endet bald im Nebeneinander, das dann wiederum nicht selten in Sprachlosigkeit und schließlich in Entfremdung mündet.

Solchen Gefahren wusste Gabi jedoch immer rechtzeitig und mit großer Präsenz entgegenzutreten, indem sie es erst gar nicht zuließ, dass ich sie von irgendeinem Problem ausklammerte. Sicherlich kam uns zugute, dass wir uns bereits in einem reifen Alter befanden, über vielerlei Erfahrungen verfügten und nicht zuletzt schon einmal erlebt hatten, welche Ablösungserscheinungen einer Partnerschaft drohen, die in einen routinierten Selbst- und Gleichlauf gerät. Dies zu verhindern, ist bisweilen sehr anstrengend, aber jeder Mühe wert.

Auch wir haben, neben vielen Höhen, einige Tiefen durchlebt und schwierige Zeiten gemeistert. Vor allem in meinen Jahren als VW-Vorstand, die bald nach unserer Heirat folgten, sah sich Gabi oftmals durch meinen Terminkalender, durch all die gesellschaftlichen Verpflichtungen und professionellen Erfordernisse an den Rand gedrängt. Sie hat sich dort nie lange aufgehalten, sondern sich mit viel Geschick und noch mehr Einfühlung ganz schnell wieder in der Mitte eingefunden, im Zentrum meines Lebens. Und ich, ich habe sie im Unterschied zu meiner ersten Frau, Liliane, immer über alles auf dem Laufenden zu halten versucht, was mich in meinem Alltag beschäftigte. Nicht zuletzt deshalb, weil sie mir die wichtigste Ratgeberin war – und ist. So war selbst die schwierige Phase meines Ausstiegs bei Volkswagen, einschließlich des seltsamen Vakuums, das darauf folgte, im Rückblick eine erfüllte Zeit. So habe ich das seltene Glück, eine Beziehung zu erleben, die mit zunehmender Dauer nicht etwa abgekühlt wäre, sondern stetig an Festigkeit gewonnen hat. Und an Intensität.

Aber hier sollte ich besser abbrechen – und es ist keine Sekunde zu früh. Kaum habe ich die letzten Sätze niedergeschrieben, kommt Gabi in mein Arbeitszimmer und fragt, ob ich etwas brauche. Wenn ich es genau bedenke: nein, nicht wirklich. Alles, was ich brauche, habe ich ja schon, durch sie. Es ist für mich kein schönerer Platz vorstellbar als der an ihrer Seite. Das sage ich ihr jetzt aber nicht, sondern bitte sie stattdessen um Mineralwasser. Als sie mit der Flasche und einem Glas zurückkehrt, kommt mir jedoch noch ein weiterer Gedanke. Ach, ich wüsste schon, was ich jetzt noch bräuchte, bevor ich mit dem nächsten Kapitel beginne. Was mir so richtig gut täte. Was mich neu motivieren würde. Aber auch das sage ich jetzt nicht, sondern warte damit lieber bis morgen Früh. Aus taktischen Gründen …

Ein Ausflug ans Meer

Es ist gut, Dinge zu sammeln, aber es ist besser, spazieren zu gehen.
ANATOLE FRANCE

»Was machen wir eigentlich hier? Wie hast du das wieder geschafft?«, fragt Gabi, mehr an sich selbst als an mich gerichtet, während ich, zufrieden strahlend, neben ihr die Hafenpromenade entlangschlendere. Wir halten uns an den Händen, wie damals in Dortmund.

Erst kurz zuvor hatte ich beim Frühstück – natürlich im Kerzenschein – einen erneuten Anlauf zur (Arbeits-)Flucht genommen und diesen kleinen Ausflug vorgeschlagen, nicht ernsthaft hoffend, dass ich damit wirklich durchkommen würde. Doch zu meiner Überraschung hatte Gabi den Vorschlag keineswegs sofort verworfen und diesmal nicht die Pflicht gegen ihn ins Feld geführt. Das sah ihr gar nicht ähnlich und war etwas irritierend, denn mit zumindest spielerischem Widerstand hatte ich sicher gerechnet. Fest entschlossen, mir die gute Gelegenheit nicht wieder entgleiten zu lassen, war ich jedoch unmittelbar darauf in Betriebsamkeit verfallen, um ihr keinen Sinneswandel mehr zu gestatten und möglichst bald aufbrechen zu können. Und so geschah es. In von mir unerwarteter Einmütigkeit hatten wir dann tatsächlich alles stehen und liegen gelassen und waren gleich morgens spontan an die Küste hinuntergefahren. Da sind wir nun.

»Du hast mich überrumpelt, Goeudevert«, gibt sich meine Frau jetzt streng. »Na, das wird dir so bald nicht wieder gelingen, das verspreche ich dir. Denn es gibt für dich im Moment, weiß Gott, Wichtigeres zu tun, als hier mit mir in der Sonne herumzubummeln.«

»Ach, komm schon«, erwidere ich und lege meinen Arm um ihre Schultern. »Wir gönnen uns, vor allem ich mir natürlich, doch nur mal einen freien Tag. Und da wir nun schon hier sind, sollten wir es uns auch gut gehen lassen. Das dient schließlich der dringend gebotenen Regeneration meiner Schaffenskraft. Außerdem willst du mir doch wohl nicht ernstlich erzählen, dass du mein kleines Manöver vorhin nicht vom ersten Moment an durchschaut hast. Das glaub ich niemals, dafür kenne ich dich zu gut. Nur welchem besonderen Umstand ich deine plötzliche Milde verdanke, weiß ich nicht so recht. Vermutlich haben dich die Erinnerungen an den ersten und zweiten Anfang unserer Liebe darauf gebracht, dass sie hin und wieder Luft zum Atmen braucht, Meeresluft am besten. Denn Disziplin, Pflichtgefühl und protestantische Arbeitsethik können der Liebe ebenso zum Feind werden wie ihre Heiligsprechung. Häufig genug geht ja beides, sich wechselseitig verstärkend, miteinander einher, wie du es mir vor kurzem so eindringlich beschrieben hast: Je weniger Raum ich meinen Gefühlen lasse, desto kostbarer und unbedingter erscheinen sie mir; und je ›wertvoller‹ sie auf diese Weise werden, desto sparsamer werde ich mit ihnen umgehen, damit sie in der unvollkommenen Praxis nicht zu Schaden kommen. Der ganz normale Wahnsinn eben, der aus einer Überdramatisierung der banalsten Gefühle erwächst; dabei stand am Anfang doch einfach nur ein schlichtes Begehren. Ich glaube, du hast einfach unverschämtes Glück gehabt, dass du auf einen Franzosen getroffen bist.«

»Nicht gleich übertreiben«, schränkt Gabi ein, »auch wenn ich gar nicht bestreiten will, dass ich es durchaus schlechter hätte treffen können – möglicherweise aber auch besser. Wer weiß das schon? Doch ich will mich nicht beklagen. Andererseits ist dein Glück, mein Lieber, erst recht nicht zu verachten. Ich sorg schließlich dafür, dass du bei all der Leichtigkeit nicht abhebst; und im Gegenzug nimmst du mir etwas von meiner Schwere. Wir sind eben komplementär. Aber über das Thema haben wir ja schon allzu ausführlich gesprochen.«

»Apropos Leichtigkeit«, ergänzt sie: »Das ist ein gutes Stichwort, mit dessen Hilfe wir das Angenehme mit dem Nützlichen verbinden können, damit du gar nicht erst den Faden verlierst. Denn dieses Leichte ist wahrscheinlich auch der Grund, warum du dich in Deutschland, unter all den Beschwerten, so wohl fühlst. Du nimmst auch anderen – Mitarbeitern, Lesern, Zuhörern – ein wenig von ihrer Schwere, und sie danken es dir mit Sympathie. Du scheinst alles leicht zu nehmen, auch wenn es einmal schwer ist, während die Deutschen dazu neigen, alles schwer zu nehmen, auch wenn es eigentlich leicht ist und obwohl es ihnen insgesamt fast unvergleichlich gut geht. Kein Wunder, dass du dich wie Gott in Deutschland gefühlt hast und heute noch fühlst. Es ist nicht nur das Essen. Die ganze Art des Lebens und Arbeitens in Deutschland hat dir Möglichkeiten eröffnet, die sich dir in Frankreich nicht geboten hätten. Und dadurch konntest du deine Talente und Fähigkeiten überhaupt erst richtig zur Geltung bringen.«

Ich bin verblüfft, beileibe nicht zum ersten Mal. Wofür ich zum Teil Jahre brauche – etwa zu realisieren, dass ich Karriere mache, oder zu erkennen, was das Besondere einer Beziehung, zum Beispiel zu den Deutschen, ist –, das erfasst Gabi häufig ganz intuitiv. Sie hat mir damit schon so manches Mal auf die Sprünge geholfen. Aber das hat natürlich nicht nur angenehme Seiten, besonders für einen zur Eitelkeit neigenden Menschen. Denn Gabis Auffassungsgabe zeigt mir zugleich meine Grenzen auf, meine blinden Flecken. Wer mag das schon? Ich komme mir dann immer etwas begriffsstutzig vor.

»Ja, ich glaube, so ähnlich ist es wirklich«, kann ich deshalb nur vorsichtig bestätigen. »Doch darüber würde ich lieber später am Schreibtisch noch einmal nachdenken als hier und heute unter freiem Himmel«, versuche ich auszuweichen. »Wenn du aber unbedingt aus unserem Tête-à-tête einen Arbeitsausflug machen musst – und dieser Strafe werde ich wohl nicht entgehen können –, dann lass uns wenigstens über ein Thema sprechen, das dieser schönen Umgebung irgendwie angemessener ist, das hierher passt.«

»Zum Beispiel?«

»Siehst du das Pärchen da vorn?«

»Ja, und? Was ist mit den beiden? Du willst doch nicht etwa schon wieder von der Liebe anfangen?«

»Keine Sorge, ausnahmsweise nicht. Nein, ich habe lediglich bemerkt, dass die beiden Deutsch miteinander sprechen, und es sind keineswegs die ersten deutschen Worte, die mir während der halben Stunde, seit wir hier sind, zu Ohren kommen. Es ist ein Phänomen, das ich immer wieder beobachte. Und überall. Ist dir schon einmal aufgefallen, dass die Küsten aller Weltmeere, ganz besonders deren schöne und warme Abschnitte, wie abgelegen sie auch sein mögen, von Deutschen bevölkert sind? Und nicht nur die Küsten. Die Berggipfel, Wüsten, Urwälder ebenso. Wo man auch hinkommt, nirgends dauert es lange, bis man auf den ersten Deutschen trifft. Aus keinem anderen Land scheinen die Menschen so gern und ausgiebig zu verreisen wie aus Deutschland. Und kaum sind sie wieder zu Hause, planen sie schon die nächste Flucht, als wollten alle eigentlich immer nur weg. Bloß weg! Bei jeder sich bietenden Gelegenheit – und davon gibt es viele, denn ich kenne auch kein Land, dessen Bewohner mehr Urlaub und Freizeit hätten als die Deutschen.«

»Natürlich ist mir das auch schon aufgefallen. Das ist doch längst ein alter Hut. Aber so, wie du das gerade formuliert hast, klingt es fast nach einem Vorwurf«, erwidert meine Frau bedrohlich angriffslustig. »Als hättest du hier eine weitere nationale Neurose entdeckt. Ich reise doch auch ganz gern, wie du weißt. Welche Beschädigungen oder

Traumata, bitteschön, versuche ich denn dadurch abzuwehren? Wovor bin ich auf der Flucht, Herr Doktor? Nein, antworte nicht! Lass den Quatsch. Ich kann an der Reiselust der Deutschen rein gar nichts Geheimnisvolles ausmachen. Und wenn dieses Fernweh tatsächlich ein Symptom ist, dann allenfalls für Wohlstand, Neugier, Weltläufigkeit, Offenheit – also eher ein Gesundheitsbeweis als ein Hinweis auf mysteriöse seelische Verkrümmungen.«

Obwohl ich die Reaktion leicht überzogen finde, bleibe ich defensiv. »Von Neurose habe ich weder gesprochen, noch habe ich dergleichen gemeint«, verteidige ich mich. »Ich muss doch wohl nicht jedes Mal betonen, dass ich in erster Linie nicht kritisieren, sondern verstehen will. Doch so wie du kann ich die Urlaubsmobilität der Deutschen beim besten Willen nicht verstehen, als Beleg für ihre seelische Ausgeglichenheit erscheint sie mir ungeeignet. Nein, die starke Sehnsucht nach der Fremde hat schon etwas Kompensatorisches. Vielleicht nichts Neurotisches, meinetwegen.«

»Was sollen Neugier und Offenheit denn kompensieren?«, widerspricht Gabi. »Mir fiele da nichts ein. Es ist, als würdest du verzweifelt nach dem sprichwörtlichen Haar in der Suppe suchen. Da ist aber kein Haar. Der Koch hat eine Glatze. Natürlich dient ein Urlaub auch dem Ausgleich, der Kompensation, wenn du so willst. Man sucht Erholung, Abwechslung, möchte etwas anderes sehen, hören, riechen, schmecken als sonst, sich etwas gönnen, sich verwöhnen. Was gibt es daran nicht zu verstehen? Und was ist daran verdächtig?«

»Nun gut«, sage ich, »sprechen wir über die von dir unterstellte Neugier und Offenheit, über Abwechslung und die Lust auf das andere. Natürlich gibt es viele neugierige und offene Menschen in Deutschland wie dich. Aber spricht die Tatsache, dass mehr als die Hälfte der deutschen Touristen Jahr für Jahr in denselben Urlaubsort zurückkehrt, häufig sogar in dasselbe Quartier, für ihre Neugier? Und ist es ein

Zeichen deutscher Offenheit und Weltläufigkeit, wenn man sich in den touristischen Zentren so einrichtet wie zu Hause? Mit deutschen Geschäften, deutschen Kneipen, deutscher Hotelleitung, deutschen Zeitungen und der Fußball-Bundesliga am Samstag? Das passt nicht recht zusammen, finde ich. Und wohlgemerkt, wir reden hier von Millionen. Fast 14 Prozent der Deutschen über vierzehn Jahren verbringen ihren Jahresurlaub in Spanien, fast 10 Prozent in Italien. Glaubst du, dass die meisten dieser Menschen an ihrem Ziel noch irgendetwas Fremdes zu finden hoffen?«

Ohne eine Antwort abzuwarten, nutze ich die Gunst meiner frischen Kenntnisse – schließlich sammele ich seit einiger Zeit alle mir zugänglichen Informationen über Deutschland und die Deutschen: »Nur mit dem Wohlstand hast du uneingeschränkt Recht«, ergänze ich zunächst wohlwollend. »Eine derart kostspielige Leidenschaft wie das Reisen muss man sich leisten können. Und die Deutschen können das offenbar, sie geben insgesamt jährlich immerhin rund 100 Milliarden Euro für ihren Urlaub aus. Und das wiederum gibt den Ferien eine Bedeutung und lädt sie mit Erwartungen auf, denen die Prosa des Urlaubsalltags – mittelmäßiges Essen, überfüllte Strände, durchgelegene Matratzen, überchlorter Swimmingpool – wohl nur selten gerecht werden kann. Was immer es ist, das sich die Menschen von den ›drei schönsten Wochen des Jahres‹ erhoffen, in den Bettenburgen an der spanischen Costa Brava oder den Liegestuhl- und Sonnenschirmbatterien an der italienischen Riviera, dürften sie das Ersehnte allenfalls ausnahmsweise finden – etwa wenn sie sich verlieben. Ich behaupte, selbst diejenigen, die den Massentourismus naserümpfend meiden und das ganz und gar Außergewöhnliche bevorzugen – Elefantenpolo in Nepal, Trekking-Touren in den Rocky Mountains –, ebenso wie diejenigen, die im Urlaub gern Kopf und Kragen riskieren und mit einem Kanu reißende Flüsse ›bezwingen‹ oder sich mit einem um die Knöchel geknoteten Gummiseil in wildromantische Bergschluchten hinabstürzen, werden das Gesuchte in der Regel kaum finden. Sie machen vielleicht extreme Instant-Erfahrungen, müssen aber feststellen, dass sie danach dieselben sind und dass nach ihrer Rückkehr alles so ist wie vorher.«

»Geht's nicht ein bisschen kleiner?«, unterbricht mich Gabi. »Was soll denn das Ominöses sein, was die armen Deutschen in ihren Ferien verzweifelt suchen? Ich denke, jeder wird seine eigenen, individuell ganz unterschiedlichen Wünsche haben und sie zudem den Gegebenheiten anpassen. Manchmal gehen die Wünsche in Erfüllung, meistens bleibt etwas zu wünschen übrig. Das ist immer so, und das wissen die Leute auch, die ohne Zweifel viel realistischer und viel weniger naiv sind, als du sie hier darstellst.«

»Moment«, falle ich ihr ins Wort. »Ich würde nie behaupten wollen, zu wissen, was sich die Einzelnen jeweils wünschen. Und ich halte die Deutschen ganz gewiss nicht für realitätsferne Träumer. Aber dass, beispielsweise ihrer Reiselust, unter anderem eine unerfüllte Sehnsucht zugrunde liegt, dabei möchte ich schon bleiben. Das offenbarte sich für mich übrigens schon, als die ersten kleinen Reisewellen in den 1960er-Jahren von Deutschland nach Italien schwappten. Selbst den steifen und bodenständigen Adenauer, den alle Welt in der provinziellen Bescheidenheit seines Bungalows in Rhöndorf glücklich wähnte, schwemmte es damals über die Alpen nach Cadenabbia, wo er fortan in der Villa La Collina regelmäßig die Sommerfrische zu verbringen pflegte. Dort, beim Boccia, verzichtete er sogar aufs Jackett, was ihm in den Augen des deutschen Publikums geradezu den Hauch eines Libertins verlieh. Er, wie viele andere mit und nach ihm, hatte seine Sehnsucht nach Luxus und den Üppigkeiten des Südens entdeckt, die die schamhaften und arbeitsamen Deutschen der Nachkriegszeit so lange unterdrückt hatten. Nur im Süden, so schien es, könnten sich die Deutschen von sich selbst befreien.«

»Das meinte ich vorhin mit kompensatorisch«, versuche ich meinen kleinen Vortrag nun zu beenden. »All die Wünsche, die man im Alltag unterdrücken zu müssen glaubt, sollen im Urlaub erfüllt, all die Zwänge, denen man sich sonst zu unterwerfen meint, aufgehoben werden. Und dann stellt man fest, dass die ganze Disziplin, die man sich in den Ferien endlich einmal abzuschütteln vorgenommen hat, eine verinnerlichte ist. Man kann sie nicht zu Hause lassen, sondern nimmt sie mit auf Reisen, sie steckt in einem – und ist ja auch zu weiten Teilen eine selbstgewählte, eine für richtig gehaltene. Das führt zu Frustrationserlebnissen und mündet notwendig in ein Dilemma, das ich deutsch nennen möchte. Ein Deutscher arbeitet gern und viel, er definiert sich über seine Arbeit und würde mit dem Verlust seines Arbeitsplatzes geradezu seine Würde verlieren. Zugleich sehnt er sich nach dem ganz anderen, da das eigentliche Leben mit dem tatsächlichen nicht identisch sein kann, sondern immer woanders und zu einer anderen Zeit angesiedelt ist. Leider nicht in der Toskana zur Urlaubszeit, denn der Aufenthalt dort erweist sich als ernüchternd tatsächlich. Das hat Züge eines tragischen Charakters und resultiert daraus – ich wiederhole mich jetzt –, dass sich die Deutschen nicht verstehen. Sie haben irgendwie aus dem Blick verloren, was sie wollen, und da die Menschen schlussendlich das und so sind, was sie wollen, könnte man sagen: Die Deutschen haben sich aus dem Blick verloren. Und nun schwärmen sie aus und suchen sich auf der ganzen Welt. Dabei könnten sie sich allenfalls bei sich selbst finden, gleichgültig, wo sie sich gerade aufhalten.«

Hier gerate ich ins Stocken, weil mir plötzlich das Bizarre der Szenerie bewusst wird. Gabi und ich schauen aufs Mittelmeer, hinter uns ein deutschsprachiges Pärchen, und ich versteige mich in einen Monolog über die Deutschen. Wir halten uns immer noch an den Händen, und als sich nun nach meinem abrupten Verstummen unsere Blicke treffen, müssen wir beide lachen. »Wir sind doch wirklich bescheuert«, sage ich nur. »Ist es das, was du wolltest?«

»Schon gut«, räumt Gabi lachend ein, »war vielleicht doch keine so gute Idee von mir, dich jetzt und hier mit der Arbeit zu triezen. Du hast gewonnen – und von mir die Erlaubnis, alles Deutsche für heute zu vergessen. Bis auf mich.«

Es wurde übrigens ein wundervoller Tag, dessen Einzelheiten ich selbstverständlich für mich behalte. Jedenfalls war es so schön, dass Gabi die Leichtfertigkeit beging, mir einen nächsten freien Tag zu versprechen, sobald ich nennenswert vorangekommen bin. »Nennenswert« –, das ist dehnbar. Ich fahre deshalb einfach fort, wo ich im chronologischen Gang meiner deutschen Geschichte zuletzt stehen geblieben war. Mit meinem Abschied aus Dortmund und von Gabi schien diese deutsche Geschichte ja zunächst definitiv beendet zu sein. Das Kapitel war abgeschlossen und eine Fortsetzung für mich nicht im Bereich des Denkbaren. Ich hatte in Frankreich Fuß gefasst. So glaubte ich.

Unter Deutschen

Es kommt ein Mann nie weiter, als wenn er nicht weiß, wohin er geht.

OLIVER CROMWELL

Mein Leben schien gerichtet. Das Verkaufen lag mir, und der Kontakt zu meinen Kunden, die ich vorwiegend zu Hause aufsuchte, anstatt sie in unseren Ausstellungsräumen zu empfangen, machte mir Spaß, sodass sich der berufliche Erfolg fast von selbst einstellte; in meinem besten Monat schloss ich einmal 42 Kaufverträge ab. Dass ich unverhofft über ein gewisses Verkaufs- und Marketingtalent verfügte, muss man dann wohl auch in den Führungsetagen zur Kenntnis genommen haben, denn ich wurde bald in kurzen Abständen, ohne zu wissen, wie mir geschah, und ohne dass ich danach verlangt hätte, immer eine Stufe weiter nach oben geschoben. Zwar war ich weder ein Autokenner und schon gar kein Autonarr, nahm aber nun ausgerechnet in der Automobilbranche einen recht rasanten Aufstieg. Gerade einmal 26 Jahre alt, hatte ich es bereits zum Gruppenchef – mit Dienstwagen – gebracht, war Vorgesetzter aller Verkäufer einer Pariser Citroën-Niederlassung in der Nähe der Gare de Lyon und zugleich für das Marketing dieser Filiale verantwortlich.

Alles war bestens. Ich hatte meinen Platz gefunden, präziser gesagt, mein Platz hatte mich gefunden. Gabi, Deutschland und die deutsche Sprache waren weit weg, eine entfernte und sich weiter entfernende Vergangenheit. Zwar besorgte ich mir am Bahnhof hin und wieder eine deutsche Zeitung, um nicht ganz aus der Übung zu kommen, im Grunde hielt ich aber das Deutschland-Kapitel für abgeschlossen. Es hatte mit meinem beruflichen wie privaten Alltag nichts mehr zu tun und würde, so dachte ich, auch weiterhin nichts mehr damit zu tun haben. Perdu. Ich konnte damals nicht ahnen, dass hinter meinem Rücken bereits an einer Fortsetzung dieses Kapitels geschrieben wurde.

Nachdem ich an einem zweiwöchigen Seminar in Le Mans teilgenommen hatte, auf dem die Gruppenchefs aus allen Teilen des Landes in neuen Personalführungs- und Marketingmethoden geschult worden waren, bot mir Citroën völlig überraschend eine neue, zeitlich befristete Tätigkeit an: Ich war auserkoren worden, die Hostessen des Automobilsalons in Genf auszubilden und sie die Regeln des Kundenumgangs zu lehren – eine äußerst reizvolle Aufgabe für einen jungen Mann. So brauchte ich nicht lange zu überlegen, um das Angebot anzunehmen. Und tatsächlich gehört dieser Abstecher in die Mitarbeiter(innen)schulung zu den schönsten Jobs, die man mir je anvertraut hat. Die Arbeit mit den Hostessen machte mir – und ich glaube, auch ihnen – großen Spaß und sie schien Früchte zu tragen, da sich auch die Kunden zufrieden zeigten und der Absatz dadurch eine erfreuliche Entwicklung nahm.

Das blieb meinem Umfeld auch diesmal nicht verborgen, möglich auch, dass irgendjemand meine Tätigkeit lobend erwähnt hat. Eines Tages jedenfalls bestellte mich der Leiter der Schweizer Citroën-Niederlassung, André Perrey, zu sich, bekundete offenherzig, dass er nur Gutes über mich höre und fragte unvermittelt, ob ich nicht bei ihm in der Schweiz bleiben wolle. Er sei gerade dabei, die Unternehmensführung neu zu organisieren und suche einen Verkaufsvorstand. Das sei, nach allem, was er über mich wisse und von den Kolleginnen und Kollegen erfahren habe, genau das Richtige für mich. Und eine Absage, fügte er lächelnd hinzu, würde er auf keinen Fall akzeptieren.

Ich war zunächst völlig perplex und begann nur langsam zu realisieren, was das für mich bedeutete und welche Chance sich mir hier eröffnete. Ich war 27 und sollte einen Vorstandsposten übernehmen. Ohne lange zu überlegen und gerührt über das in mich gesetzte Vertrauen, nahm ich die großzügige Offerte von Monsieur Perrey dankend an – obwohl ich zugeben muss, dass mir nicht ganz wohl dabei war. Als ich kurz darauf nach Hause, in unsere kleine Pariser Vorstadtwohnung zurückkehrte und Liliane und den Kindern voller Stolz berichtete, was geschehen war und dass wir in Kürze nach Genf umziehen würden, war die Begeisterung groß und ungeteilt, obwohl ein solcher Umzug mit drei Kindern bekanntlich für alle Beteiligten kein Vergnügen darstellt. Wenn ich darüber hinaus bedenke, dass dies nur der erste von zahllosen weiteren Umzügen war, dann bin ich meiner damaligen Frau, Liliane, noch heute unendlich dankbar für ihre Geduld. Ohne ihre Unterstützung wäre mein Berufsweg zweifellos weniger erfolgreich verlaufen.

Nun also Genf, die Schweiz, ein zweisprachiges und im Grunde auch ein »zweikulturelles« Land. Was ich in all der Aufregung und bei aller Freude zunächst nicht bedacht hatte, was mir dann aber sehr schnell klar wurde, war, dass ich mit unserem Umzug – sozusagen halbwegs – auch zur deutschen Sprache und Kultur zurückkehrte. Diese Lehre wurde mir praktisch gleich am ersten Tag erteilt. Man hatte ein feierliches Antrittsessen für mich ausgerichtet, ich saß am Ehrentisch, um mich herum die größten Schweizer Händler und alle Führungskräfte. Nach etwa zwanzig Minuten, wir hatten längst Platz genommen, uns vorgestellt und ich war sofort ins Plaudern geraten, spricht mich einer der Herren dezent von der Seite an und fragt, ob ich denn nicht trinken wolle. Doch, doch, erwiderte ich, der Wein wird schon nicht verkommen, aber im Moment sei mir noch nicht danach. Das möchte ja sein, gab daraufhin der kluge Frager beharrlich zu bedenken, aber vielleicht den anderen. Die würden jedoch nicht anfangen, bevor ich einen Toast gesprochen oder zumindest »zum Wohle« gesagt hätte. Und in der Tat, als ich nun in die Runde blickte, sah ich alle Gläser voll; niemand hatte auch nur genippt – eine unter Franzosen kaum vorstellbare, eben eine sehr deutsche Zurückhaltung. In Frankreich bedürfte es auch bei solchen Anlässen keiner »Trinkgenehmigung«; ein gefülltes Glas wäre Aufforderung genug.

Auf solche und ähnliche Situationen konnte ich mich jedoch dank mancher Vorkenntnisse sehr schnell einstellen. Sie gereichten mir dadurch letztlich sogar zum Vorteil, weil es gerade »das Deutsche« war, das meiner weiteren Karriere ganz entscheidende Impulse geben sollte. So war ich zum Beispiel das erste und blieb über Jahre hinweg das einzige Vorstandsmitglied bei Citroën in der Schweiz, das Deutsch sprach. Und das sollte sich als unschätzbarer Vorteil erweisen, weil die Deutschschweizer Händler, die besonders in Stresssituationen oft ins Deutsche verfielen, für einen erheblichen Teil unseres Umsatzes verantwortlich waren und in mir nun einen kongenialen Gesprächspartner gefunden zu haben glaubten. Ich sprach ihre Sprache, sie dankten es mir mit Vertrauen und guten Absatzzahlen, so, dass sich eine wirklich erfolgreiche Zusammenarbeit entwickelte.

Das Glück hatte mir erneut zur Seite gestanden und es blieb mir weiterhin treu. Als nur zwei Jahre nach meiner Ernennung zum Verkaufsvorstand der damalige Generaldirektor für die Schweiz auf eine Führungsposition nach Frankreich zurückberufen wurde, erkor er zum Abschied mich zu seinem Nachfolger. So bin ausgerechnet ich, der ich Literaturwissenschaft studiert habe und eigentlich nie recht wusste, welche Richtung ich einschlagen sollte, zu einem veritablen Generaldirektor geworden. Ich konnte es kaum fassen und hoffte, meine angenehme Situation eine ganze Weile auskosten zu können.

Es dauerte jedoch wiederum nicht lange, bis man in der Citroën-Führung meine Feuertaufe offenbar als so gut bestanden betrachtete, dass man mich zu noch Höherem berufen hielt. Nach fünf wunderbaren und erfolgreichen Jahren in der Schweiz erhielt ich 1974 das Angebot, die deutsche Importniederlassung in Köln zu übernehmen. Obwohl Deutschland für Citroën der größte und also wichtigste Exportmarkt war, die Kölner Niederlassung importierte 50 000 Autos jährlich und hatte 700 Beschäftigte, war man mit der Geschäftsentwicklung unzufrieden. Eine Automarke, die sich eher durch unkonventionelle Modelle auszeichnet – man denke etwa an die »Ente« –, kann zwar auf eine treue Stammkundschaft bauen; es fällt ihr aber schwer, neue Kunden zu gewinnen. Deshalb sollte der stagnierende Absatz nun durch die Einführung eines neuen Modells, des Citroën GS, angekurbelt werden. Das war meine Aufgabe, eine große Herausforderung, der ich mich nun zu stellen hatte, leicht zweifelnd, ob ich ihr und den gesamten veränderten Umständen gewachsen sein würde.

Die Zweifel erwiesen sich erfreulicherweise als unberechtigt. Man begegnete mir ohne jedes Ressentiment, so dass ich überraschend schnell Tritt fassen und mich problemlos zurechtfinden konnte. Dieser sanfte Übergang ist übrigens nicht unwesentlich auch der – wieder einmal – glücklichen Fügung zu danken, dass ich meine ersten Berufserfahrungen in Deutschland ausgerechnet in Köln machen durfte. Hätte es mich damals gleich in eine Stadt wie Wolfsburg oder Hannover oder Hamburg verschlagen, wäre mir die Eingewöhnung und Akklimatisierung mit Sicherheit schwerer gefallen. In Köln hingegen fand ich mich sofort zurecht, da die Rheinländer der französischen Mentalität durchaus nahe sind: Sie reden und lachen gern und viel, erzählen gern Witze, sind vergleichsweise offen und spontan, suchen und finden schnell Kontakt, und zwar in einer zumeist lockeren, leicht oberflächlichen Art, wie sie klassischerweise auch den Franzosen nachgesagt wird. Einen besseren Ort, um in den deutschen Berufsalltag einzusteigen, hätte ich mir nicht wünschen können.

Die einzige kleine Irritation in dieser Anfangszeit bereitete mir übrigens der Blick auf meine erste Gehaltsabrechnung, auf der ich dokumentiert fand, dass mir nicht nur die üblichen Steuern und Abgaben, sondern auch eine Kirchensteuer vom Lohn abgezogen worden war. Ganz automatisch. Auf Nachfrage ließ man mich wissen, dass ich diesen Steuerabzug nur verhindern könne, indem ich aus der Kirche austrete. Das fand ich befremdlich, denn ein derartiges Verhältnis zur Kirche, die nach meinem Verständnis für alle offen sein muss, war mir aus Frankreich unbekannt. Noch in meiner Kindheit konnte der Pfarrer nur überleben, wenn er jeden Tag von einer anderen Familie zum Essen eingeladen wurde, und musste ansonsten mit den Spenden auskommen, die man ihm nach dem Gottesdienst zusteckte. In Deutschland hingegen, so stellte ich nun fest, werden die Kirchen wie Unternehmen geführt und ihre Angestellten wie höhere Beamte entlohnt. Kirchliche Würdenträger fahren mit großen Limousinen durchs Land und pflegen einen fast schon großbürgerlichen Lebensstil. Worin aber ihre Würde und Bedeutung bestand, war für mich schwer auszumachen, da die Kirche im geistigen und gesellschaftlichen Leben der Menschen eine eher nachgeordnete Rolle spielte. Sogar in Köln, einer Stadt, die derart von ihrem prächtigen Dom geprägt ist.

Hier begann also mein berufliches Engagement in Deutschland. Hätte mir damals jemand prophezeit, dieses Engagement würde mehr als zwanzig Jahre währen und mich von Citroën über Renault und Ford bis in die Konzernspitze von Volkswagen führen, ich hätte ihn wohl lauthals ausgelacht. Ich hatte keinen Plan, schon gar keine Karriereplanung und war von allem gegenwärtig Anstehenden so absorbiert, dass ich mir über die Zukunft keinerlei Gedanken machte. Das Hier und Jetzt hielt mich vollständig in seinem Bann, schließlich sollte ich Autos in einem Land verkaufen, dessen Bewohnern bis heute ein geradezu libidinöses Verhältnis zu ihrem motorisierten Fortbewegungsmittel nachgesagt wird. Nicht zu Unrecht, wie ich mit der Zeit feststellen sollte.

Der Verkäufer als Völkerkundler

Um ein Produkt auf Dauer erfolgreich zu verkaufen, reicht es nicht hin, ein guter Psychologe zu sein, die Verkaufssituation jederzeit gut lesen und steuern zu können sowie alle Tricks und Raffinessen der Kundenansprache zu beherrschen. Mit solchen Methoden lässt sich zwar der eine oder andere Abschluss tätigen, sie erzeugen aber keine Firmen- oder Produktbindung. Möchte sich ein Anbieter nachhaltig in einem Markt behaupten, dann sollte er es deshalb tunlichst vermeiden, seine Kundschaft nach allen Mitteln der Vertriebskunst zum Kauf lediglich zu verführen oder zu überreden. Nein, er täte gut daran, sie stattdessen von der Qualität seines Angebots und den Vorzügen seiner Serviceleistungen zu überzeugen. Und dies gelingt umso besser, je besser ich sowohl meine Kunden, ihre Wünsche und ihre Lebensumstände als auch ihr möglicherweise spezifisches Verhältnis zu dem von mir angebotenen Produkt kenne.

Gute Verkäufer wie gute Manager müssen am Puls der Zeit sein, das heißt, den Puls ihrer Kunden fühlen, Trends erschnuppern, eine gewisse Sensibilität für den gesellschaftlichen Wertewandel und für kulturelle Strömungen ausbilden, indem sie den Blick weit über das eigene Unternehmen und das spezielle Produkt hinausschweifen lassen. Sie müssen herauszufinden versuchen, was der Kunde von heute braucht und welche Einflüsse sein Denken und seine Ansprüche von morgen prägen. Das heißt, man muss sich mit dem Umfeld seiner Kunden vertraut machen, es gleichsam erforschen. Zum guten Verkäufer wie zum guten Manager wird nur, wer solchen Forschergeist auszubilden vermag und wer sich seine Neugier stets bewahrt. Das heißt in anderen Worten: Zum guten Verkäufer wie zum guten Manager wird in meinen Augen letztlich nur, wer seine Kunden mag und ihre Wünsche ernst nimmt, anstatt sie nur als neutrale Abnehmer und ihre Interessen als Nachfrageelemente zu betrachten.

Die Konsumenten sind nämlich weder jene stets kühl kalkulierenden, Kosten-Nutzen-Rechnungen anstellenden, ausschließlich vernunftgesteuerten Wesen, als die sie die Wirtschaftslehre gern darstellt, um die eigenen Hände in Unschuld zu waschen, noch und schon gar nicht sind sie eine dem Herdentrieb folgende, eher tumbe Masse, der man im Grunde alles andrehen kann, sofern man sich dabei nur einigermaßen geschickt anstellt und es einem gelingt, ein entsprechendes Bedürfnis zu erzeugen. Beide Lesarten zielen weit an der Realität vorbei und sind dennoch bis heute erschreckend verbreitet. Sie münden nicht selten in etwas, was ich schon wiederholt als Diktatur des Angebots bezeichnet habe. Eine solche Diktatur zeichnet sich durch Ignoranz aus und äußert sich darin, dass sich Designer, Konstrukteure, Ingenieure, Hersteller nur noch um die eigene Achse drehen, statt auf die Verbraucher allenfalls noch auf die Konkurrenz schauen und am Ende beispielsweise High-Tech-Geräte in die Auslagen bringen, für deren Bedienung ein eigenes Hochschulstudium erforderlich wäre, oder schrill designte Haushaltsgeräte, die sich im Alltagsgebrauch als nahezu untauglich erweisen, etwa weil sie schlicht nicht sauber zu halten sind.

Natürlich wird inzwischen auch sehr viel Marktforschung betrieben, werden Verbraucherbefragungen durchgeführt und Marktsegmente akribisch analysiert. Das alles ist zweifellos auch sehr hilfreich und kann vor groben unternehmerischen Fehlgriffen schützen, es bleibt jedoch ergänzungsbedürftig, weil auch hierbei gilt, dass der reinen Evidenz nicht unbedingt zu trauen ist. Bevor ich als Franzose beispielsweise ein im heimischen Markt erfolgreiches Produkt im Ausland anbiete, ebenso bevor ich eine technische Neuerung oder ein neues Produkt im Konstruktionslabor entwickeln lasse, ist eine Marktbeobachtung zwar unerlässlich, aber noch nicht hinreichend. Ich sollte mich zugleich bemühen, die Vorstellungswelt und Mentalität meiner neuen Kunden verstehen zu lernen. Denn Vernunft und Logik sind für ihr Marktverhalten nicht unbedingt ausschlaggebend, sondern spielen häufig nur eine untergeordnete Rolle.

Jede Kaufentscheidung ist eine komplexe Angelegenheit, und zwar umso komplexer, je teurer und komplizierter das Produkt ist. Qualität, Preis-Leistungs-Verhältnis, Design, Funktionalität sind nicht alles; ich muss, auch um diese wichtigen Parameter schon in der Produktion passend zu gestalten und immer neu justieren zu können, möglichst viel über das Image, die Geltung, die Wertigkeit meines Produkts wissen sowie über dessen Gebrauch in der Praxis. Und diese Praxis ist immer und überall kulturell eingefärbt, sie hat sozusagen einen Überbau, den ich nicht objektiv ermitteln, weder messen oder berechnen noch schlicht erfragen, sondern allenfalls subjektiv verstehen kann.

Nehmen wir ein Beispiel: Als französischer Manager eines französischen Automobilkonzerns hätte ich nach kurzem Anschauungsunterricht auf deutschen Straßen – als so einer Art Marktbeobachtung –, leicht auf den Gedanken verfallen können, die nach Deutschland importierten Autos künftig ohne Stoßstangen auszuliefern. Nun gut, der ordentliche deutsche TÜV hätte diese Sparmaßnahme selbstverständlich sofort untersagt, aber mir geht es hier ja nur um das Beispiel. Denn wozu haben die Autos in Deutschland Stoßstangen, da hier doch niemand auf die Idee käme, sie tatsächlich zum Stoßen zu benutzen? Die beispielsweise in Frankreich und Italien so beliebte wie bewährte Methode des stoßweisen Ein- und Ausparkens mit hörbarem Metall-

oder Kunststoffkontakt ist in Deutschland doch höchst verpönt, ja, sie ist geradezu verfemt. Die Stoßstangen haben hier blitzblank, dellen- und kratzerfrei zu sein, sie sind unberührbar, fast möchte man sagen: sakrosankt. Und wer den Frevel, das Sakrileg eben, begeht, diese Unberührbarkeit zu missachten, muss sogar mit einer Anzeige und anschließenden polizeilichen Ermittlungen rechnen – eine in Frankreich nicht nur undenkbare, sondern gesetzlich ausgeschlossene Unfallfolge: Wer bei uns nach einem Bagatellunfall, bei dem vielleicht ein wenig Lack oder Blech, aber keine Person zu Schaden gekommen ist, die Polizei riefe, würde zu einer Bußgeldzahlung verurteilt werden, weil er die Staatsbediensteten von ihrer eigentlichen Arbeit abhielte und damit nicht nur Steuergelder verschwendete, sondern in letzter Konsequenz die öffentliche Ordnung gefährdete.

In Deutschland hingegen wird jede Delle zum polizeilichen Aktenzeichen und ist die Stoßstange, obzwar ohne jede Funktion, noch weit wichtiger als in Frankreich oder Italien. Sie gehört einfach dazu, ist Bestandteil der Gesamtkomposition Automobil. Das lässt sich weder vernünftig ergründen noch erklären. Es ist schlicht so, dass eine große Einmütigkeit darüber herrscht, wie ein Fahrzeug, das Auto genannt werden will, auszusehen hat. Und es ist ebenfalls so, dass ein »Auto« genanntes Fortbewegungsmittel in Deutschland einen ungeheuer wertvollen Besitz darstellt, dessen Unversehrtheit ebenso schützenswert zu sein scheint wie die des Menschen. Und zwar von Staats wegen. Für die Deutschen scheint das Auto etwas anderes zu sein, einen ganz anderen Stellenwert zu haben als für die Menschen anderer Länder.

Das Auto in Frankreich beispielsweise ist in erster Linie ein Gebrauchsgegenstand und dient der schnöden Fortbewegung, während es in Deutschland einer Reliquie gleicht und nachgerade Verehrung beansprucht. Bis in die 1990er-Jahre hinein ermittelten Umfragen mit zuverlässiger Regelmäßigkeit, dass das Auto für den deutschen Mann das Wichtigste im Leben ist, wichtiger noch als die eigene Frau oder Freundin, die bei den meisten Männern erst an zweiter Stelle rangierte – eine Rangfolge, die mich immer wieder verblüfft hat und die mir im Übrigen noch aus keinem anderen Land der Welt zu Ohren gekommen ist. Ich weiß nicht, ob sich diese Wertigkeit bis heute durchgehalten hat, möchte mich aber weigern zu glauben, dass eine aktuelle Umfrage zu gleichen Ergebnissen kommen würde, und will es mir in Wahrheit auch nicht vorstellen. Ich nehme lieber an – und glaube, hierfür auch viele Hinweise wahrzunehmen –, dass sich inzwischen doch eine etwas pragmatischere Einstellung durchgesetzt hat.

Dennoch bleibt es natürlich dabei: Die Deutschen – die »deutschen Männer« müsste es hier präziser lauten, denn bei den Frauen sieht die Angelegenheit etwas anders aus –, die Deutschen und ihre Autos, das ist ein sehr spezielles Kapitel, weniger eine Sach- als eine Liebes- und Leidensgeschichte, kein Zweckbündnis, sondern eine Ideologie. Und zwar von Anfang an. Schon 1907, als noch Kutschen und Pferdefuhrwerke das Straßenbild beherrschten, schrieb ein namenloser Enthusiast in einer Sonntagszeitung: »Wenn auch im leichtlebigen Frankreich der Automobilismus viel schneller emporgeblüht ist als in dem immerhin vorsichtigen Deutschland, so ist dennoch das Automobil, der Automobilismus eine gute deutsche Sache.«

Dieses »Deutsche« an der guten Sache ist von besonderer Intensität, weshalb ich es schon immer für angebracht, nein, sogar für notwendig gehalten habe, auch ein besonderes Augenmerk darauf zu richten. Und dies gilt, davon bin ich überzeugt, generell: Ich muss die Menschen, denen ich ein Produkt oder eine Dienstleistung anbiete, möglichst gut kennen, soll ihre Kaufentscheidung nicht ein einmaliger Akt bleiben, sondern eine Beziehung stiften, aus der ein längerfristiges Austauschverhältnis entsteht. Erst ein derart stabiles Geben und Nehmen schafft die Basis für eine gesunde Volkswirtschaft.

Zwei Welten

An nationalen Besonderheiten, deren Berücksichtigung womöglich gewisse Anpassungsleistungen erforderlich gemacht hätte, waren die ausländischen Automobilkonzerne zu meiner Zeit allerdings entschieden desinteressiert. Sie pflegten weder etwaigen Mentalitätsunterschieden zwischen Deutschland und dem Rest der Welt noch dem hervorgehobenen Stellenwert des Autos in Deutschland, der tiefen seelischen Verbundenheit der stolzen Halter mit ihrem Gefährt eine nennenswerte Aufmerksamkeit zu widmen. Was soll der Quatsch? Ein Auto ist ein Auto ist ein Auto! Und zwar überall! Dass es mit unterschiedlichen Bedeutungen belegt werden kann, schien man für Mystik zu halten, die im Geschäftsleben nun wirklich nichts zu suchen habe. So wurden auch die kulturellen Unterschiede etwa zwischen Deutschland und Frankreich beispielsweise bei Renault, meiner nächsten beruflichen Station nach Citroën, schlicht nicht zur Kenntnis genommen. Stattdessen herrschte ein gewisser Snobismus vor, immerhin verkaufte man damals auch ohne jede »Anbiederung« 150 000 Fahrzeuge pro Jahr nach Deutschland; zudem war Renault im heimischen Frankreich so erfolgreich, dass man dem Auslandsgeschäft ohnehin keine große Bedeutung beimaß. Und was die Franzosen für gut befinden, das könnten die Deutschen ja schließlich nicht als schlecht bewerten. Warum sollte also, was in Frankreich Erfolg hat, in Deutschland durchfallen?

Eine ähnliche Einstellung war auch im Ford-Management vorherrschend, und sie war wohl ausschlaggebend dafür, die Leitung der deutschen Ford-Werke nicht etwa einem Deutschen, sondern einem Franzosen, nämlich mir, anzuvertrauen. Ironischerweise beförderte also gerade dieser leichte Chauvinismus meine Karriere. Dass ich trotz meines »deutschen« Äußeren – ich sah offenbar so aus, wie sich Amerikaner einen Deutschen vorstellen, groß, massiv, rotblonde Haare – und trotz meiner deutschen Sprachkenntnisse ein Nichtdeutscher war, dürfte bei meiner Anstellung die maßgebliche Rolle gespielt haben. Wie schon bei Renault, so hielt man auch bei Ford die Ansprüche der deutschen Kunden an das Automobil für völlig überzogen, weshalb man die Spitzenposition gezielt mit einem Ausländer besetzte, von dem man sich erhoffte, er würde mit der gebotenen und allein »sachdienlichen« Nüchternheit alle kostensteigernden Begehren der autoverrückten deutschen Kundschaft abwehren und in erster Linie das Wohl und die Rendite der amerikanischen Aktionäre mehren. Zu viel Nähe, Verständnis und intime Kenntnis, so die damalige Überzeugung vieler ausländischer Unternehmensführungen, wären hierbei nur von Nachteil.

Eine derart bornierte und nicht erst in Zeiten der Globalisierung geschäftsschädigende Haltung, die die Unternehmen heute in der weltweit immer stärker verzahnten Wirtschaft weitgehend abgelegt haben, bereitete mir vor allem bei Renault – später in milderer Form auch bei Ford – die größten Schwierigkeiten. Alle spezifischen Bedürfnisse der deutschen Kunden, wenn sie denn überhaupt zur Kenntnis genommen wurden, tat man als »Sonderwünsche« ab. Wo kämen wir denn hin, wenn wir jedem seine Extrawurst braten wollten? Außerdem hätte das die Produktionsabläufe ungleich komplizierter und natürlich teurer gemacht. Also war besser, erst gar nicht daran zu rühren, gar nicht erst hinzuschauen.

Und diese »Gefahr« war tatsächlich gering. Die Führungsmannschaft bei Renault etwa bestand, wie es für große französische Unternehmen typisch ist, ausschließlich aus Absolventen französischer Eliteschulen; man war sehr hierarchiebewusst und blieb gern unter sich und seinesgleichen. Selbst für den Generaldirektor der deutschen Importniederlassung gehörten die Beherrschung der deutschen Sprache oder gar Kenntnisse über Kultur und Gesetze des Importlandes nicht zu den geforderten Qualifikationen. Das hielt man offenbar für Petitessen und kultivierte stattdessen einen elitären Standesdünkel, der unter anderem den Effekt hatte, dass die Vertragshändler schlicht wie Befehlsempfänger behandelt wurden, mit deren Ein- und Ansichten man sich nicht weiter beschäftigen mochte. Wozu also deren Sprache sprechen?

Von der Einsicht, dass die Sprache eines Landes weit mehr verkörpert als ein Kommunikationsmittel, dass ich erst über die Sprache einen Zugang zur Kultur und ein Verständnis vieler landestypischer Gewohnheiten und Verhaltensweisen gewinnen kann, waren meine Kollegen weitgehend unbeleckt. Dahinter stand – und steht bei vielen bis heute – eine tiefer gründende Gleichgültigkeit, die das Eingehen von Beziehungen, auch von Geschäftbeziehungen, in Wahrheit nicht erleichtert, sondern erschwert. Um eine Sprache wirklich zu beherrschen, muss ich die Menschen, die diese Sprache sprechen, gewissermaßen lieben, sie kennen lernen wollen – was im übertragenen Sinne auch die Voraussetzung von jeglichen Austauschverhältnissen ist. Wer aber zum Beispiel die Deutschen gar nicht kennen lernen will, der sollte keinen Handel mit ihnen treiben, und er könnte sich in der Tat auch das Erlernen ihrer Sprache sparen, denn mit Vokabelwissen und basalen Grammatikkenntnissen ist es keineswegs getan. »Am unverständlichsten reden die Leute daher«, wusste schon Karl Kraus, »denen die Sprache zu nichts anderem dient, als sich verständlich zu machen.«

Dass und wie die Sprache auch Einstellungen und Verhaltensweisen prägt, wird sich dem Unkundigen nicht erschließen. So zeigten sich Franzosen wie Amerikaner regelmäßig verwirrt bis verständnislos über die ihnen unbekannten, ausgesprochen höflichen Umgangsformen deutscher Manager in gemeinsamen Sitzungen. Die Deutschen hörten einander zu und ergriffen erst das Wort, wenn der Vorredner ausgesprochen hatte. Ich konnte die Verwirrung dann oftmals auflösen, indem ich erklärte, dass die vermeintlich vornehme Zurückhaltung weder mit Höflichkeit noch mit mangelnder Durchsetzungsfähigkeit gleichgesetzt werden dürfe. Das erstaunt beobachtete Verhalten hänge vielmehr mit der Syntax der deutschen Sprache zusammen, in der das Verb gewöhnlich erst am Ende eines Satzes steht. Wenn man den anderen also nicht aussprechen ließe, könne man gar nicht verstehen, was er sagen will. Das heißt, es ist schlicht der Satzbau, der die Deutschen zu einem Diskussionsverhalten zwingt, das sich vom vergleichsweise wilden Konferenzstil der Franzosen oder Amerikaner deutlich unterscheidet. Und zwar nicht zum Nachteil, wie ich finde.

Meine Bemühungen, Missverständnisse aufzulösen und Fehlinterpretationen aufzuklären, waren allerdings nicht gerade überaus beliebt, sondern wurden häufig als zuweilen interessante, aber im Grunde überflüssige Belehrungen empfunden. Für das Kerngeschäft seien derlei Intimitäten doch wohl irrelevant – so das in Wahrheit allerlei Geschäftshemmnisse verursachende Grundmissverständnis. Denn die selbstgerechte Attitüde erwies sich schon damals immer wieder als eine dem Verkauf nicht eben förderliche Grundhaltung. Niemand kannte die Wünsche, Bedürfnisse und Vorstellungen unserer Kunden besser als die Händler vor Ort, weshalb ich immer Wert darauf gelegt habe, gleich zu Beginn einer neuen Tätigkeit möglichst viel herumzureisen und das Gespräch mit den deutschen Verkäufern zu suchen. Da ich hierbei viele hilfreiche Informationen erhielt, nahm ich es billigend in Kauf, im Kreise der Vorstandskollegen eine, manchmal einsame, Ausnahme zu sein und entsprechend als Exot betrachtet zu werden.

Wenn ich dann im Vorstand mal wieder über die deutschen Besonderheiten referierte und darauf drängte, diesen Eigenheiten in der Produktgestaltung und -ausstattung stärker Rechnung zu tragen, wurde ich von manchem in der Runde sogar als Konvertit beargwöhnt und mit dem Vorwurf belegt, ich würde bald deutscher als die Deutschen denken – eine natürlich durch und durch unlogische Feststellung, weil die Kollegen sich doch andererseits gerade etwas darauf zugute hielten, nichts von den Deutschen zu wissen oder wissen zu wollen und davon überzeugt schienen, auch nichts über sie wissen zu müssen, um mit ihnen Geschäfte machen zu können. Ich hielt und halte das grundsätzlich für einen Fehler, der umso schwerer wiegt, je stärker das zu verkaufende Produkt auch emotional besetzt ist und damit »Funktionen« erfüllt, die von seinem Hersteller gar nicht ins Auge gefasst worden waren. Und dass das Auto in Deutschland emotional hoch besetzt ist, kann nur demjenigen verborgen bleiben, der die Augen geschlossen hält, etwa weil er dem Vorstandsautismus vollends verfallen und nur noch seine eigene Wichtigkeit wahrzunehmen fähig ist. Nichts mehr sonst.

Was dabei herauskommt, wenn der Kunde ein unbekanntes Wesen bleibt und man die Käufer allenfalls als statistische Größe in Betracht zu ziehen gewillt ist, musste ich zum Beispiel bei der Einführung des berühmten Renault 14 erleben. Dieses Wunder der Renault-Produktion war das erste Auto, das von einem Computer nach ausschließlich rationalen und funktionalen Gesichtspunkten entwickelt worden war. Die Vorgaben waren so definiert, dass der Wagen bei möglichst geringen Außenmaßen über einen möglichst großen Innenraum verfügen sollte – ein sehr vernünftiges Konzept, das heute von vielen Kleinwagenherstellern, auch von Renault, intelligent umgesetzt wird. Was jedoch damals dabei herauskam, war ein abstoßend hässliches Produkt: Da der Computer hinten drei Sitze vorgesehen hatte, musste die Karosserie hinten sowohl breiter als auch etwas höher werden als vorne; so entstand ein seltsam unproportioniertes Auto mit einem furchtbar dicken Hintern und einer jämmerlich kleinen Schnauze. Wer würde mit so etwas durch die Gegend fahren und sich zeigen wollen? Zumal in Deutschland, wo das Auto für viele das vielleicht wichtigste Statussymbol ist?

Dass das Modell in ästhetischer Hinsicht nicht gerade als Geniestreich reüssieren würde, war selbst den französischen Managern in Paris aufgegangen. Sie maßen der missglückten Linienführung aber keine allzu große Bedeutung bei. Denn erstens war die Ästhetik eines Autos in Frankreich nicht so entscheidend, und zweitens konnten sie relativ sicher sein, dass der große Teil der französischen Stammkundschaft nicht wegen einer »Geschmacksfrage« die Marke wechseln würde. So kam es dann auch: In Frankreich wurde der R 14 zwar nicht gerade ein Verkaufshit, doch lief der Absatz den Erwartungen durchaus entsprechend. Für das Auslandsgeschäft und insbesondere für den von mir verantwortlich betreuten deutschen Markt hingegen erwies sich das neue Modell aus dem High-Tech-Konstruktionslabor, das überhaupt nicht den Bedürfnissen der deutschen Kunden angepasst war, als ein Desaster. Die Händler reagierten entsetzt – ich konnte es ihnen nicht im Geringsten verübeln – und erkannten sofort, dass wir ihnen die Verkaufsräume mit einem Ladenhüter zustellten. Von Absatz konnte keine Rede sein, unser Marktanteil sank, die Rendite war rückläufig, die Zentrale in Paris wurde unruhig. Nicht zuletzt wuchs die Verärgerung der Händler, wobei sich ihr Zorn natürlich insbesondere gegen den für sie zuständigen Generaldirektor, also gegen mich, richtete.

So nahm meine erste berufliche Niederlage ihren Lauf und war schließlich besiegelt, als man mich 1978 aus Deutschland abzog und mir eine neue Aufgabe in der Pariser Zentrale übertrug. Zwar gab ich mir selbst nur sehr bedingt die Schuld am Scheitern der Modelleinführung, ich musste mir jedoch vorhalten, dass es mir nicht gelungen war, den französischen Managern die Eigenheiten und Besonderheiten des deutschen Marktes so entschieden genug nahe gebracht zu haben, dass man im Exportgeschäft zu Ausstattungsveränderungen bereit gewesen wäre. Gerade im Hinblick auf das Auto kann man aber die deutschen Kunden, ihre Bedürfnisse, Wünsche, Vorstellungen, Träume, gar nicht ernst genug nehmen. Schon der kleinste Makel – zu schmale Reifen, zu weiche Federung, zu breites Heck – wird mit Kaufenthaltung bestraft. Denn das Auto ist …

Des Deutschen liebstes Kind

Jeder, zumindest jeder männliche Kandidat, der bei Günther Jauchs Wissensquiz *Wer wird Millionär?* ein nennenswertes Sümmchen erspielt hat, gibt auf die obligatorische Frage des Moderators, was er sich denn mit dem vielen Geld nun leisten wolle, die obligatorische Antwort: »Ein neues Auto!« Jeder. Herr Jauch bräuchte die Frage eigentlich gar nicht mehr zu stellen. Stattdessen könnte er sich gleich nach Marke, Farbe, Ausstattung erkundigen. Alle, die er fragt, wollen am liebsten ein neues Auto, möglichst das »Traumauto«, übrigens völlig unabhängig davon, wie gut das alte noch in Schuss und wie alt es ist. Denn dass ein *Wer wird Millionär?*-Gewinner, vorausgesetzt er ist Deutscher, über achtzehn Jahre alt und kein Mitglied irgendeiner Natursekte, noch kein Auto sein Eigen nennt, kann eigentlich nicht vorkommen.

In Deutschland sind zurzeit über 43 Millionen Pkw zugelassen, mehr Autos werden lediglich in den USA (rund 130 Millionen) und in Japan (etwa 50 Millionen) gezählt. Setzt man diese absoluten Zahlen jedoch in Relation zur Bevölkerungsgröße, übertrumpft Deutschland die beiden führenden Autonationen sogar noch – wobei ich kritisch hinzufügen möchte, dass diese üblichen statistischen Vergleiche eigentlich erst dann eine verkehrs- und umweltpolitische Aussagekraft gewinnen würden, wenn man die Anzahl der Pkw zugleich mit dem vorhandenen Straßennetz in Beziehung setzen, also berechnen würde, wie viele Kilometer Straße pro Auto zur Verfügung stehen; eine solche Statistik habe ich in meiner Managerzeit einige Male vergeblich vorgeschlagen, sie existiert meines Wissens bis heute nicht. Doch zurück zu den angekündigten Standardgrößen: Während auf 1000 US-Amerikaner rund 480 Pkw entfallen, teilen sich 1000 Deutsche immerhin schon etwa 510 Autos – zum Vergleich, in Indien sind es ganze vier, in China drei Pkw je 1000 Einwohner, von den afrikanischen Ländern wollen wir lieber gleich ganz schweigen. Bedenkt man darüber hinaus, dass von den 82 Millionen Deutschen etwa 15 Millionen jünger als 18 Jahre und mehr als zehn Millionen älter als 70 Jahre sind, lässt sich getrost behaupten, dass die Wahrscheinlichkeit, auf einen mehr oder weniger zurechnungs- und wahrnehmungsfähigen deutschen Erwachsenen zu treffen, der kein eigenes Auto in der Garage, im Car Port oder am Straßenrand stehen hat, äußerst gering ist. Da trifft man wohl eher schon einmal auf einen Franzosen im Spitzenmanagement eines deutschen Unternehmens.

Eine entsprechend eminente Bedeutung hat die Kraftfahrzeugindustrie, die seit langem zu den mit Abstand wichtigsten Industriebranchen in Deutschland gehört. In ihr sind heute circa 750 000 Menschen beschäftigt, die einen Gesamtumsatz von fast 200 Milliarden Euro pro Jahr erwirtschaften; das liegt nicht sehr weit vom Gesamtvolumen des Staatshaushalts entfernt, der im Jahre 2002 mit 247 Milliarden Euro beziffert wurde. Kurzum, es gibt wohl kein anderes Industrieprodukt in Deutschland, das so wichtig wäre wie das Auto. Würde man die Zulieferbetriebe sowie alle ökonomischen Aktivitäten, die unmittelbar mit dem

Auto zusammenhängen (wie etwa Straßenbau, Motorsport, Parkraumbewirtschaftung), hinzurechnen, käme man zu dem Ergebnis, dass ein Großteil des deutschen Bruttosozialprodukts rund ums Auto erwirtschaftet wird. Ohne die Automobilindustrie befänden sich der deutsche Arbeitsmarkt sowie die deutsche Volkswirtschaft insgesamt vermutlich auf dem Niveau eines zentralafrikanischen Landes.

Bei diesem herausragenden ökonomischen und gesellschaftlichen Stellenwert ist es schon recht kleinlich und zeugt von Realitätsferne, etwa einen Kanzler Schröder wegen seiner guten Beziehungen zur Automobilbranche als »Autokanzler« zu titulieren und diesen Titel so auszusprechen, als bezeichnete er etwas Anrüchiges, etwas der Begünstigung oder gar Korruption Nahestehendes. Jeder Kanzler in Deutschland ist ein Autokanzler, sonst wäre er nicht Kanzler – da könnte er an so vielen Türen pochen und Gittern rütteln, wie er wollte. Gegen die Liebe der Deutschen zum Automobil ist kein Kraut gewachsen und keine Politik zu machen, außer um den Preis des eigenen politischen Untergangs. Hier sind größte Vorsicht geboten und höchste Sensibilität gefragt.

Hinter der Automobilbranche steht nämlich weit mehr als bloß ökonomische Macht. Bislang habe ich ja lediglich einige spröde Wirtschaftsdaten aufgezählt. Die hätten meine französischen Kollegen damals sicher auch noch interessiert zur Kenntnis genommen, ohne dass sie daraus notwendig den Schluss hätten ziehen müssen, ihre Geschäfts- oder Modellpolitik den deutschen Verhältnissen anzupassen. Entsprechende Daten lassen sich für alle Länder ermitteln, sie zeigen graduelle, aber keine prinzipiellen Unterschiede und dienen unter anderem als Grundlage für unternehmerische Entscheidungen. Nicht ermitteln oder sonst wie registrieren lässt sich in anderen Ländern hingegen der schon einmal erwähnte »Überbau«, jene leidenschaftliche Beziehung, die die Deutschen zum Auto unterhalten und die einer Quasi-Religion gleichkommt, mit einigen wenigen Grundsätzen und sehr vielen Anhängern.

Nirgendwo sonst hat das Auto eine vergleichbare soziale, symbolische, ja, metaphysische Bedeutung wie in Deutschland. Man könnte von einer Automobilmystik sprechen. Die eingetragene Bruderschaft, die sich dieser Mystik verschrieben hat und über die Einhaltung ihrer Grundsätze wacht, heißt Allgemeiner Deutscher Automobil Club, kurz ADAC genannt. Vor dieser Bruderschaft, der Millionen Autofahrerinnen und Autofahrer als ordentliche Mitglieder angehören, erzittern Regierungen und Unternehmen, an ihr beißen sich Umweltschützer und Weltverbesserer die Zähne aus. Sie ist die vielleicht mächtigste Lobby im Lande. Und ich weiß, wovon ich rede, auch ich habe diese Macht hin und wieder zu spüren bekommen.

Publizistische Unterstützung erhält der ADAC von vielen Tageszeitungen im Allgemeinen, allen voran die *Bild*, und von einigen »Fachorganen« im Besonderen, die, wie etwa *auto, motor, sport* oder *Auto Bild* in Deutschland Rekordauflagen erzielen, wie sie anderswo undenkbar wären. Aber worin unterstützen diese beliebten Gazetten die ehrenwerte Bruderschaft? Nun, vor allem in der entschlossenen Abwehr jedes vermeintlichen Angriffs gegen »Seine Heiligkeit«, das Auto. Steigt beispielsweise der Benzinpreis, prangt anderntags garantiert die pure Entrüstung ob solcher Schamlosigkeit in fetten Lettern auf den Titelseiten: »Melkkuh Autofahrer!« Und dann geht's zur Sache: wahlweise gegen profitlüsterne Ölscheichs und nimmersatte, verkommene Ölmultis oder gegen unfähige Politiker, die wieder einmal die Mineralölsteuer erhöht haben oder gar eine Ökosteuer einführen, nur um durch den Griff in die Taschen des kleinen, ohnehin schon arg gerupften Autofahrers irgendwelche Haushaltslöcher zu stopfen, die durch die eigene Politik überhaupt erst entstanden sind. So nicht! Nicht mit uns!

Das Repertoire des nun einsetzenden Widerstands reicht von Boykottaufrufen gegen den als Übeltäter ausgemachten Mineralölkonzern, über die Aufforderung, dieser oder jener Partei bei der nächsten Wahl – und gewählt wird in Deutschland eigentlich immer – einen Denkzettel zu verpassen, bis hin zu subversiven Tanktipps, mit detaillierten Angaben darüber, an welchen Tankstellen der Sprit noch billiger zu haben ist. Solche Tipps werden von nicht wenigen auch tatsächlich beherzigt, die dann mit ihren großen, gepflegten, häufig besonders PS-starken und entsprechend spritfressenden Limousinen trotzig zum Tanken in den übernächsten, 20 Kilometer entfernten Ort fahren. Und sie nehmen den weiten Weg keineswegs deshalb auf sich, um Geld zu sparen. Um die 50 Cent oder den einen Euro pro Tankfüllung dürfte es in den seltensten Fällen gehen.

Nein, es geht natürlich, wie so oft in Deutschland, ums Prinzip – wenngleich es müßig wäre, dieses Prinzip mit den Mitteln der Vernunft ergründen zu wollen. Zwecklos! Denn das Auto und das Autofahren gehören zu den ganz wenigen Alltagsbereichen, in denen der Deutsche keine logische Begründung für sein Handeln zu brauchen scheint. Ich fürchte deshalb, das ominöse Prinzip ist nicht wirklich zu erklären, ebenso wenig wie die rätselhafte Tatsache, dass trotz all der regelmäßigen Aufregung um Benzinpreis und -verbrauch, um Steuern oder Umweltschutz sowohl die Zahl der zugelassenen Autos in Deutschland Jahr für Jahr weiterhin zunimmt wie auch die Anzahl der mit dem Pkw zurückgelegten Kilometer. Dass irgendjemand während der letzten drei Jahrzehnte sein Autofahren wegen der vielstimmig beklagten und immer neue Verarmungsszenarios provozierenden Erhöhungen der Betriebs- und Anschaffungskosten tatsächlich nennenswert einschränken musste, lässt sich statistisch jedenfalls nicht belegen.

Noch deutlicher als am Beispiel Benzinpreis tritt die Rätselhaftigkeit der deutschen Philoautomobilie am eigentlichen Credo des ADAC und seiner publizistischen Verbündeten zutage: »Freie Fahrt für freie Bürger!« Abgesehen davon, dass sogar ich, der ich dem Auto und der Automobilbranche sehr zugeneigt bin, all denen, die diese allzu schlichte Forderung gebetsmühlenartig wiederholen, einen fast schon obszönen Missbrauch des Wortes »Freiheit« vorwerfe, muss gefragt werden, was denn überhaupt damit gemeint sein soll. Und wieder dürfte eine Erklärung schwer fallen. »Freie Fahrt für freie Bürger!« hat vielmehr den Status eines Bekenntnisses, eines Glaubensatzes, dessen nicht näher herleitbare Gültigkeit mit geradezu inquisitorischem Eifer behauptet wird. Wer sich von diesem Glauben abwendet, dem drohen Bann und Höllenfeuer.

Als ich in meiner Zeit als Vorstandsvorsitzender der deutschen Ford-Werke einmal in einem *Spiegel*-Interview bemerkte, dass ich mit einem Tempolimit leben könne – und die Redakteure dann ohne mein Wissen gerade diese Bemerkung instinktsicher zur Überschrift des Interviews auserkoren hatten –, löste das einen regelrechten Aufschrei in der Branche aus. Innerhalb des Automobilverbandes wurde ich über Nacht zum Feind erklärt und als Nestbeschmutzer beschimpft. Die Hysterie ging so weit, dass der damalige Mercedes-Benz-Vorstand Werner Niefer, mit dem ich bis dahin nicht das Geringste zu tun hatte, während einer Verbandsveranstaltung in kindliche Allmachtsfantasien verfiel und mir gegenüber die wüste Drohung ausstieß, meine Karriere könne schneller zu Ende sein, als ich glaube. Es klang so, als fühlte sich der Mercedes-Mann ermächtigt, mir meinen Ford-Vertrag zu kündigen, wenn ich nicht unverzüglich dem Aberglauben abschwören und auf den Pfad, in diesem Fall: die Autobahn der Tugend zurückkehren würde.

Ich konnte das Ausmaß der Aufregung jedenfalls kaum fassen. Denn erstens hatte ich weder Absicht noch Grund, der Autoindustrie, die meine Familie und mich schließlich gut ernährte, Schaden zuzufügen. Ich war im Gegenteil überzeugt davon, dass die Branche Gefahr laufe, schwer in Misskredit zu geraten und also tatsächlich Schaden zu nehmen, wenn sie sich ihrer gesellschaftlichen und ökologischen Verantwortung verweigerte und ihre Zielsetzung sowie das Produkt selbst nicht permanent weiterentwickeln und den sich wandelnden Umständen anpassen würde. Zu diesen Umständen gehörte beispielsweise damals gerade das so genannte Waldsterben, das Anfang der 1980er-Jahre durch besorgniserregende Studien in den Fokus der Öffentlichkeit gelangt war. Und als einer der Hauptverursacher für die Schäden an mehr als einem Drittel der deutschen Waldfläche konnte zweifelsfrei der Kraftfahrzeugverkehr ausgemacht werden. Einer solchen Tatsache kann ich mich doch nicht verschließen, gerade wenn ich auch weiterhin Kraftfahrzeuge bauen und verkaufen will.

Mir ging es um die Zukunfts- und Überlebensfähigkeit des Autos und der Automobilbranche, und wem es darum geht, der wird es kaum vermeiden können, auch auf die Unzulänglichkeiten, Schwierigkeiten und Absurditäten hinzuweisen, die diese Fähigkeiten beeinträchtigen könnten. Zur Erinnerung: Jahr für Jahr mehr Autos, Jahr für Jahr mehr Straßen, Jahr für Jahr mehr gefahrene Kilometer – wer glaubt, dass dies immer so weitergehen kann, ist doch nicht ganz bei Sinnen. Insofern hielt und halte ich es für unerlässlich, gerade innerhalb der Branche vor der anhaltenden Fixierung auf High-Tech-Engeneering, vor einem weiteren Ausbau des Autobahnnetzes, vor einer aberwitzigen Geschwindigkeitsfaszination und nicht zuletzt vor den ökologischen Folgekosten des Straßenverkehrs zu warnen. Dabei verstand ich meine Äußerungen und Vorschläge stets als leidenschaftliches Plädoyer *für* das Auto, um dessen intelligente Fortentwicklung es mir ging. Ich hatte aber, obwohl ich es besser hätte wissen können, den Einfluss jener deutschen Automobilmystik und ihrer Glaubenshüter sträflich unterschätzt.

Die Folgen waren zwar kurzzeitig unangenehm, ich konnte mit ihnen aber ebenso gut leben wie ich ja in Wahrheit schon lange mit einem Tempolimit lebte. Denn faktisch und praktisch war die Geschwindigkeit auf nahezu allen Straßen in Deutschland schon damals längst limitiert – und sei es wegen der hohen und stetig weiter zunehmenden Verkehrsdichte. Meine Fassungslosigkeit über das wegen einer harmlosen Äußerung einsetzende Kesseltreiben beruhte deshalb zweitens, und zwar zu größeren Teilen, darauf, dass ich partout nicht erkennen konnte, wofür sich die tapferen Ordensritter eigentlich so martialisch ins Zeug legten, denn was sie zu schützen vorgaben, existierte doch gar nicht. Jedenfalls nicht in der Realität, in der ich mich aufhielt.

So ist die immer wieder einmal hochkochende Auseinandersetzung um das Tempolimit höchst bizarr zu nennen und trägt im Grunde die Züge eines mittelalterlichen Glaubensstreites, dessen Kontrahenten die ewige Verdammnis droht, sollten sie nicht obsiegen. Und worum wird gestritten? Geht es wirklich um die paar hundert Autobahnkilometer, stückchenweise verteilt über die gesamte Republik, für die formal tatsächlich noch keinerlei Geschwindigkeitsbegrenzung vorgegeben ist? Hier dürften und könnten die freien Bürger also endlich einmal freie Fahrt aufnehmen und das Gaspedal voll durchtreten – aber doch nur theoretisch, nämlich für den Fall, dass die Verkehrsverhältnisse solche »Freiheit« jemals zuließen. Worum es also allenfalls geht, ist die »Bedingung der Möglichkeit von Geschwindigkeit«. Wenn das nicht typisch deutsch ist.

Diese so wichtige »Bedingung der Möglichkeit« beschränkt sich jedenfalls auf gerade einmal etwa ein Prozent des Straßennetzes – das ist weniger als des Kaisers Bart –, kann aber im Extremfall nicht nur Karrieren beenden, sondern Regierungen in die Krise stürzen. Denn in Deutschland darf man die Konjunktur bremsen, den Optimismus, die Kreativität, die Dividende-Erwartungen der Aktionäre –

und die Einwanderung sowieso. Wer aber die Autofahrer bremsen will, sollte sich auf einiges gefasst machen.

Die sonst so vernünftigen, gründlichen, ordnungsliebenden Deutschen haben ein eigenwilliges, ein, um es vorsichtig zu formulieren, verschrobenes Verhältnis zum Auto. Sie belegen es mit Kosenamen, hegen und pflegen, wachsen und polieren es, kleben lustige Sticker ans Heck oder überziehen die Sitze mit Schonbezügen, manchmal legen sie es tiefer und rüsten es mit einem Sportlenkrad, einem Sportauspuff und Breitreifen auf, auch die Freisprecheinrichtung und der CD-Wechsler dürfen nicht fehlen, man will es schließlich gemütlich haben. In Deutschland ist sogar schon einmal allen Ernstes eine *Autofahrerpartei* zur Bundestagswahl zugelassen worden und angetreten – ein in keinem anderen Land der Welt vorstellbarer Vorgang. Alles in allem eine Vernarrtheit, die ihresgleichen vergeblich sucht.

Und das ist erst die eine, fast möchte man sagen, die zärtliche Seite der Beziehung. Es gibt noch eine andere. Denn am hochglanzpolierten und gewachsten Lack der garagengepflegten Karossen scheinen nicht nur rationale Kriterien, sondern auch zivilisatorische Errungenschaften bisweilen abzuperlen wie das Regenwasser. Dieselben Leute, die ihren Nachbarn verklagen, weil dessen Apfelbaum einen Schatten auf ihr Grundstück wirft, dieselben Leute, die dafür eintreten, die Kleinkriminalität mit drakonischeren Strafen zu bekämpfen und jeden ausländischen Schwarzfahrer unverzüglich abzuschieben, dieselben gesetzesfixierten Leute also, die Recht, Ordnung und innere Sicherheit hochhalten, fahren im Stadtverkehr grundsätzlich 20 Stundenkilometer zu schnell und hören Radiosender, bei denen sie erfahren, wo die Polizei Radarfallen aufgestellt hat. Dieselben Leute, die sich etwa in ihrem beruflichen Umfeld glaubhaft gegen Diskriminierung und Ungerechtigkeit einsetzen, nötigen auf der Nachhausefahrt den Corsa-Fahrer mit der Lichthupe von der linken Spur – oder erteilen umgekehrt dem von hinten heranbrausenden BMW-Fahrer eine Lektion, indem sie ihn möglichst dicht auffahren lassen und ihm dann ihr Bremslicht zeigen. Dieselben Leute, die sich bei der Gewerkschaft oder bei Greenpeace engagieren, die für den Schutz von Minderheiten, die Rechte der Frauen oder den Erhalt bedrohter Tierarten eintreten, scheinen im Straßenverkehr alle Grundsätze über den Bordstein zu werfen: Der Türke wird zum »Kaffer«, der Kadettfahrer zum »Proleten«, die Frau zur »Frau am Steuer«, und von den Tieren, die ihren Weg kreuzen, bleibt in der Regel nicht viel übrig.

Auf gut Deutsch gesagt: Hinterm Steuer wird schon mal die Sau rausgelassen. Hier kann man sich einmal gehen lassen, schimpfen, fluchen, schreien, drohen, hier kann man sich ausprobieren, Grenzen austesten, die Musik bis zum Anschlag aufdrehen, auf dass die Bässe das Blech vibrieren lassen und in die Magengruben unschuldiger Passanten am Straßenrand eindringen – kurz, hier kann man eben noch einige wenige Reste von jener Freiheit spüren und ausleben, die aus so vielen kleinlich reglementierten Abläufen in Beruf und Freizeit entschwunden scheint. Denn hier, im eigenen, metall- und kunststoffgepanzerten Territorium, im fahrenden Zuhause, wähnt man sich stark und zugleich geschützt, auch vor dem Zugriff anderer; dabei ist man gerade hier, wie die Unfallstatistik beweist, in Wahrheit doch gefährdeter als nirgendwo sonst im Alltag.

Das mag nun alles sehr boshaft klingen, ist aber von mir gar nicht so gemeint – was übrigens meines Erachtens auch für die meisten Ausfälle, Rüpeleien und haarsträubenden Aktionen im Straßenverkehr gilt, die von ihren Verursachern ebenfalls nicht so gemeint sein dürften. Die Aggressionen richten sich nicht so sehr gegen andere, sondern haben so eine Art Ventilfunktion. Das Autobesitzen und Autofahren gehört, vielleicht neben dem Sport, zu den ganz wenigen Lebensbereichen, in denen die sonst so disziplinierten Deutschen hin und wieder ihre Kontrollsucht ablegen. Das führt aber zumeist keineswegs dazu, dass sie tatsächlich die Kontrolle verlieren, vielmehr erfahren sie durch den kurzzeitigen Grenzübertritt den Sinn des Kontrolliertseins neu – zumal diese seltsame Mischung aus harmloser Verrücktheit und Aggressivität in aller Regel etwas Spielerisches, Experimentelles hat.

Wo kann ich meine Mitmenschen, wenn sie mir auf die Nerven gehen oder mir sonst wie in die Quere kommen, schon einmal nach Herzenslust anschreien, sie anpöbeln und beschimpfen? Wo kann ich solchen zumeist tunlichst unterdrückten Gefühlen einmal »freien Lauf« lassen, ohne gleich unangenehme Konsequenzen fürchten zu müssen, ohne also das Risiko einzugehen, verklagt oder geschlagen zu werden? Natürlich: am besten im Auto. Warum denn nicht? Wenn es kein Cabriolet ist. Denn dort, durch Scheiben und Blech rundum geschützt, können die beliebigen Kontrahenten meine Erregung vielleicht optisch wahrnehmen, sie werden meine Verbalattacken aber nicht hören und sich entsprechend wenig darum scheren. Außerdem sind die Begegnungen im Straßenverkehr so anonym wie flüchtig und die virtuellen Autostreithähne – oder Streithühner, denn die deutschen Frauen haben in dieser Disziplin während der letzten Jahre stark aufgeholt – haben bald schon wieder einen gehörigen Abstand zwischen sich gelegt. Nicht erst beim Verlassen des Fahrzeugs, sondern meistens schon während der Fahrt, kehren sie ohnehin schnell zu alter Korrektheit zurück. Einfach mal Luft abgelassen. Da fühlt man sich gleich besser.

Im schallisolierten Raum die guten Sitten zu verlieren, ist darüber hinaus vielleicht sogar das einzige Vergnügen, das Autofahrern in Deutschland noch geblieben ist. Ich jedenfalls kann die latente Aggressivität durchaus nachvollziehen. Denn mal ehrlich: Kaum sonst wo macht das Autofahren weniger Spaß als ausgerechnet in diesem autoverrückten Land, dessen freie Bürger so gern freie Fahrt aufnehmen würden. Aber (Straßenverkehrs-)Ordnung muss eben sein, und so ist der deutschen Regelungswut der schon berühmt-berüchtigte Schilderwald entsprossen, der seinesgleichen sucht und kaum mehr Raum für freie Entscheidungen lässt. Nicht einmal ein schöner, wilder Kreisverkehr kann einem hier die Fahrt versüßen. In Frankreich und überall anderswo befinden sich an solchen Rondellen selbstverständlich keine Ampeln. Man muss versuchen, sich in den fließenden Verkehr einzufädeln, und hat dabei stets darauf gefasst zu sein, dass ein anderer einen Fehler machen könnte. Das erfordert einerseits eine gewisse Freizügigkeit in der Regelauslegung und setzt andererseits ein Minimum an Entschlossenheit und auch Risikobereitschaft voraus.

Hier, etwa in einem französischen Kreisverkehr, hat sich das Abenteuer, das mit dem Automobil einmal verbunden war, in kleinen Resten bewahrt. Und es funktioniert. Mir ist jedenfalls nicht bekannt, dass die Unfallrate in Frankreich nennenswert höher wäre als in Deutschland, wo man selbst das Prinzip des Kreisverkehrs durch die Montage von Ampelanlagen gleichsam wieder ad absurdum geführt hat. Auf deutschen Rondellen fließt und kreist nichts, Lichtsignale geben den Stop-and-go-Takt vor, damit ja niemand eine eigene Entscheidung treffen muss und womöglich etwas Falsches tut.

Das ist ehrenhaft gedacht und ordentlich ausgeführt, aber schrecklich langweilig. Und es setzt die entscheidungsentwöhnten deutschen Autofahrer im Ausland bisweilen unter gehörigen Stress: Als ich mich einmal von meinem deutschen Fahrer, an dem ich nie etwas auszusetzen hatte, von Köln nach Paris bringen ließ, ist er am Triumphbogen fast verrückt geworden. Es ging weder vor noch zurück. Hinter uns hupten aufgebrachte Franzosen, weil er sich nicht nach vorn in den an ihm vorbeirauschenden Verkehr traute. Er war der Situation nicht gewachsen, wie paralysiert, bis ich ihn lautstark aufforderte, die Augen zu schließen und einfach anzufahren. Schon waren wir drin.

So etwas Ähnliches hat, nebenbei bemerkt, einmal Ulrich Wickert am gleichen Ort gemacht, als er noch ARD-Korrespondent in Paris war. In einer glänzenden Reportage zeigte er deutsche Besucher des Triumphbogens, die sich vergeblich mühten, auf die Insel mit dem Bauwerk zu gelangen. Sie fanden keine Lücke, trauten sich nicht, die Straße zu überqueren, auf der ein nicht abreißender Verkehrsstrom in Respekt einflößender Geschwindigkeit im Kreis floss. Nicht so der bereits Frankreich-erfahrene Herr Wickert. In einem kleinen Lehrstück demonstrierte er den Fernsehzuschauern dann, wie es geht. Mit anfangs geschlossenen Augen und ohne zwischendurch nach links oder rechts zu schauen, ging er einfach gemessenen Schrittes drauflos und erreichte, ohne zu stocken und unversehrt, kurz darauf die andere Seite. Und wie zum Beweis, dass er nicht einfach nur unverschämtes Glück hatte, wiederholte er den Versuch gleich mehrfach. Ohne Probleme. Nur mit seinem Körper teilte er wieder und wieder den Strom aus Autos wie weiland Moses mit seinem Zauberstab das Meer.

In Deutschland wäre von einem derartigen Selbstversuch aus den genannten Gründen übrigens dringend abzuraten. Da es im Straßenverkehr nur selten gefordert ist, würde ich mich auf das Improvisations- und Entscheidungsvermögen der deutschen Autofahrer nicht unbedingt verlassen. Eher schon muss davon ausgegangen werden, dass sie ihr »Recht« durchsetzen, wo sie sich im Recht sehen. Und diese Grundaggressivität, die – wie ich zu zeigen versucht habe – auch aus einem Mangel an Lusterfahrungen, an Fahrerspaß herrührt, sollte zur Fußgänger-Vorsicht Anlass geben.

An der Liebe zum Automobil hingegen mangelt es den Deutschen, trotz aller praktischen Gebrauchseinschränkungen, bis heute nicht. Es ist ein symbolischer Gegenstand geblieben, ein Identifikationsobjekt – weit mehr noch als die Nation –, dessen Nutzwert nur einen kleinen Teil seiner Bedeutung ausmacht. Wie es diese Bedeutung erlangt hat, wird sich vermutlich niemals restlos aufklären lassen, sondern zu großen Teilen im Dunkeln bleiben, ein mystisches Geheimnis eben. Aber dass das Auto in Deutschland ein so hoch bewerteter und geschätzter Gegenstand ist, dürfte als Tatsache fraglos sein, und es spielte für mich, meine Erfahrungen, mein Leben und meine Karriere in Deutschland eine maßgebliche Rolle.

Eine deutsche Karriere

Wenn auch nur annähernd zutrifft, was ich über die Liebe der Deutschen zum Auto notiert habe, dann sind die Vorstände der namhaften Automobilunternehmen so etwas wie Hohepriester. Sie gebieten über das allseits begehrte Objekt. Entsprechend groß sind ihr Einfluss und die Aufmerksamkeit, die ihnen in der Öffentlichkeit zuteil wird. So gehören die Chefs der großen Automobilkonzerne seit jeher zu den bekanntesten Persönlichkeiten des Wirtschaftslebens. Solche Prominenz macht ihre Arbeit nicht unbedingt leichter, weil jede Entscheidung, jedes neue Modell, jedes technische oder ästhetische Detail kritisch beäugt und vielfältig kommentiert wird; es ist ein wenig wie beim Fußball: Millionen Experten wissen es meistens ein bisschen besser als die Trainer/Konstrukteure und Manager, Hunderte von Journalisten sowieso.

Dennoch schmeichelt die gesellschaftliche Aufmerksamkeit natürlich dem eigenen Ego – und sie ist, dies nur nebenbei bemerkt, oftmals auch die einzig artikulierbare, wenngleich unverschämte (Selbst-)Rechtfertigung für die ins Bizarre gesteigerten und durch keine Gegenleistung mehr zu deckenden Vorstandsgehälter: »Wenn man mich für derart wichtig und mächtig hält«, so der kindische Gedankengang,

»werde ich mich wohl auch entsprechend honorieren lassen dürfen.« Und was angemessen ist, darüber befinden dann in vielen Fällen die Vorstände selbst, häufig gedeckt von so genannten Aufsichtsräten, deren Mitglieder vielfach anderswo Vorstände sind. Ein apartes System der gegenseitigen Begünstigung.

Sowohl die öffentliche Hervorgehobenheit wie auch die wahnwitzigen Gehälter haben darüber hinaus zur Folge, dass das Karrierekarussell nur spärlich besetzt ist: Lediglich eine handverlesene Schar von Personen, die üblichen Verdächtigen sozusagen, dreht sich hier vergnügt im Kreis, während alle anderen dem Treiben, sei es ehrfürchtig oder missgünstig, von außen zusehen. Man könnte versuchen aufzuspringen, wenn man sich traute; es dreht sich zwar, ist aber nicht abgesperrt – wie mein eigenes Beispiel belegt.

Dass ich selbst auf dieses Karussell geraten bin – ohne recht zu wissen wie –, ist mir allerdings erst spät bewusst geworden. Citroën, Renault, Ford, Volkswagen waren die Stationen meines Berufsweges – einer Karriere, wie sie mir woanders als in Deutschland kaum möglich gewesen wäre. Ganz sicher nicht in Frankreich, wo es kein derartiges Karussell gibt, sondern faktisch einen *closed shop*, ein System mit rigorosen Zugangsbeschränkungen. Die Spitzenpositionen in der französischen Wirtschaft – desgleichen in der Politik – sind fast ausnahmslos den Absolventen einer Hand voll exklusiver Eliteschulen vorbehalten. Quereinsteiger, wie es sie in Amerika zahlreich gibt, oder Praktiker, die sich über Jahre bis in die Firmenspitze hocharbeiten, wie es für weite Teile insbesondere des mittelständischen Managements in Deutschland kennzeichnend ist, wird man in Frankreich lange suchen müssen.

Aus solchen Unterschieden erwachsen auch unterschiedliche Management-Stile. Ich erlebe das bis heute immer wieder bei meinen Vermittlungsversuchen zwischen deutschen und französischen Firmen. So wurde ich vor einiger Zeit beispielsweise von einer französischen Hochschule um Beratung gebeten, die eine Art Niederlassung in Deutschland gründen möchte, eine internationale Schule für Manager. Man hatte mögliche Kooperationspartner zu einem Briefing eingeladen, um über die Finanzierung, den Standort und vor allem das Lehrkonzept zu beraten. Hierbei stellte sich heraus, dass die deutschen Wirtschaftsvertreter in konzeptionellen Fragen seltsam zurückhaltend waren und auf akademischen Expertisen beharrten, während die Franzosen die konzeptionelle Kompetenz eindeutig auf Seiten der Wirtschaft verorteten und den akademischen Experten lediglich den Status von Lehrkräften, also Dienstleistern zusprachen.

In dieser abweichenden Wertung von Theorie und Praxis spiegeln sich nicht nur kulturelle Unterschiede, sondern auch unterschiedliche Erfahrungswelten. Während die deutschen Manager nach wie vor mehrheitlich aus der Praxis kommen, also für ihre Managementtätigkeit gar nicht ausgebildet wurden – unter ihnen gibt es viele Ingenieure und Naturwissenschaftler –, haben die meisten französischen Manager, wie erwähnt, eine Elite-Management-Hochschulbildung durchlaufen. Entsprechend unterschiedlich werden sowohl die eigenen Kompetenzen bewertet wie auch die eigenen Handlungsbereiche abgesteckt. Dadurch entstehen, allgemein gesagt, zwei voneinander abweichende Modelle der Arbeitsteilung, zwei Unternehmensphilosophien, die sich schwerlich in Einklang bringen und schon so manche Kooperation oder Fusion haben scheitern lassen. Auch die spektakuläre Trennung von France Telekom und Mobilcom im Herbst 2002 beispielsweise war meines Erachtens nicht zuletzt durch solche unterschiedlichen Grundkonzepte verursacht, an denen beide Seiten mit einiger Borniertheit festgehalten haben. So etwas gefährdet jede Fusion und kehrt die viel beschworenen Synergieeffekte in ihr Gegenteil um.

Aber zurück zu meiner Karussellfahrt: Da mir das französische Elite-System, das ich ja durchaus bewusst nicht durchlaufen hatte, weil ich als junger Mensch alles Mögliche, aber sicher kein Manager oder Politiker werden wollte, vertraut war, da ich also davon ausging, dass bestimmte Spitzenpositionen nur über einen bestimmten Ausbildungsweg erreicht werden können, brauchte ich offenbar eine lange Zeit, um mental dort anzukommen, wo ich professionell längst stand. Durch allerlei Zufälle und glückliche Umstände sowie durch irgendeine verborgene deutsche Ader hatte ich im Auslandsgeschäft bei Citroën und Renault einen rapiden Aufstieg genommen. Und obwohl ich den beruflichen Erfolg sehr wohl realisierte und ja auch genoss – wenngleich er schon damals durch die vielen Umzüge und meine überwiegende Abwesenheit in der Familie erste Schatten warf –, nahm ich mich selbst immer noch eher als Lernenden wahr, weniger als Macher und schon gar nicht als Chef. Ich war unterwegs und fragte nicht, wohin.

Erst als ich im Januar 1981, noch nicht einmal vierzig Jahre alt, den Vorstandsvorsitz der deutschen Ford-Werke übernahm, hielt ich inne. Dieser Amtsantritt markierte den vielleicht entscheidenden Sprung in meiner beruflichen Laufbahn und er verursachte ganz gewiss den entscheidenden Erkenntnissprung. Ich übernahm eine Aufgabe, deren Dimension alles, was ich bis dahin gemacht hatte, bei weitem überstieg. Die deutsche Ford-Werke AG mit Hauptsitz in Köln war auf weitere vier Standorte verteilt, Wülfrath, Düren, Saarlouis, Berlin-Zehlendorf, und beschäftigte 50 000 Mitarbeiter, für die ich nun verantwortlich sein würde. Plötzlich erkannte ich, dass ich unversehens in der Spitzenregion der europäischen Wirtschaft angekommen war.

Diese Erkenntnis befiel mich wie ein Schock und es dauerte eine ganze Weile, bis es mir gelang, die mir übertragene Position mit meinem Selbstbild auszubalancieren. Zumal ein weiterer Schock hinzu kam, ein Kulturschock gewissermaßen, mit dem ich längst nicht mehr gerechnet hatte. Obwohl Ford ein amerikanisches Unternehmen ist, mit wiederum eigenen kulturellen Besonderheiten, die ich hier jedoch aussparen möchte, sah ich mich das erste Mal mit einem typisch deutschen Vorstand konfrontiert. Und dessen Mitglieder, die sich überwiegend aus dem Ausbildungsapparat der eigenen Firma rekrutierten, sowie die strengen Regularien, denen die Vorstandsarbeit bei Ford unterworfen war, machten mir sehr schnell deutlich, dass ich, der ich mich in dieser Hinsicht eigentlich schon für einen »Kenner« hielt, in Wahrheit noch viel über Deutschland und die Deutschen zu lernen hatte. Ich kam mir plötzlich, obwohl ich mich nun schon einige Jahre im Lande aufhielt, wieder eigentümlich fremd vor.

Jetzt erst, so mein damaliger Eindruck, war ich im »richtigen« Deutschland angekommen. Im neuen Unternehmen betrat ich einen Mikrokosmos, in dem es für jede Lebensäußerung eine Vorschrift zu geben schien. Nichts war hier dem Zufall überlassen, alles genauestens geregelt, die Verantwortlichkeiten unter den Vorstandsmitgliedern penibel und trennscharf aufgeteilt. Das wirkte auf den ersten Blick auch durchaus vernünftig, sehr ordentlich eben. Aber anstatt wie ein Team zu agieren, das sich über das gemeinsame Ziel einig weiß, hatte offenbar jeder im Vorstand vor allem seine eigenen Ziele im Auge. Es herrschte das leicht frostige Klima einer Ellenbogengesellschaft, in der jeder misstrauisch darauf bedacht war, das eigene Kompetenzterritorium vor möglichen Übergriffen zu schützen, als ginge es primär darum, sich selbst und seine Position zu behaupten. Entsprechend steif ging es in den Vorstandssitzungen zu, die stets minutiös vorbereitet waren, so dass niemand Sorge haben musste, durch unvorhergesehene Situationen den Überblick und die Kontrolle zu verlieren. Tages- und Sitzordnung sowie stapelweise Unterlagen ließen keine Spontaneität zu, jeder Halbsatz wurde – dies allerdings auch aus rechtlichen, insbesondere aus Haftungsgründen – protokolliert.

Ich kam mir vor wie in einer anderen Welt. Selbstverständlich hatte auch die Vorstandsarbeit bei den französischen Firmen, für die ich zuvor tätig gewesen war, einem transparenten Regelwerk unterlegen. Doch bei aller notwendigen und sinnvollen Formalisierung war es dort immer wieder zu Diskussionen gekommen, deren Themen man auf der Tagesordnung vergeblich gesucht hätte. Man tauschte auch persönliche Meinungen aus und debattierte über aktuelle Tagesereignisse jenseits des Tellerrandes; natürlich haben wir manchmal gestritten, viel häufiger aber gaben wir uns Anlass zum Lachen. Außerdem wurden viele Entscheidungen ohnehin eher beim gemeinsamen Essen getroffen und während der jeweils nächsten Sitzung lediglich bestätigt. Ganz generell hatte das Savoir-vivre im Business-Alltag bei Citroën und Renault eine tragende Rolle gespielt: Die größten Geschäftsabschlüsse tätigte man bei einem guten Essen und, nicht zu vergessen, bei einer Flasche guten Weins; manchmal wurden es auch mehr.

Das war bei Ford – später auch bei Volkswagen – entschieden anders. Zu lachen schien hier, in den deutschen Vorständen ebenso verpönt zu sein wie während der Arbeit zu essen und erst recht zu trinken. Die verschiedenen Lebenssphären, die sich für gewöhnlich durchdringen und durchmischen, hatten offenbar strikt getrennt zu bleiben. Dienst ist Dienst und Arbeit eine ernste Sache. Sobald ich in den Vorstandssitzungen einen Scherz machte oder eine »sachfremde« persönliche Meinung aussprach, herrschte zumeist betretenes Schweigen. Als ich einmal in einer Beratung über die künftigen Absatzchancen im östlichen Europa einige Jahre vor dem Fall des Eisernen Vorhangs die Überzeugung äußerte, dass die deutsche Teilung in absehbarer Zeit überwunden werde, war das anschließende Schweigen nicht nur betreten, sondern peinlich. Nach der Sitzung kam dann sogar noch der Personalvorstand zu mir, tat seltsam konspirativ und berichtete ebenso stolz wie beflissen, er habe dafür gesorgt, dass meine Bemerkung aus dem Protokoll gestrichen werde. Auf meine Frage, was der Quatsch solle und warum um alles in der Welt er sich zu einer solchen Manipulation veranlasst gesehen habe, blieb er mir eine Antwort schuldig.

Alles, was vom gewohnten Muster abwich und dadurch das eingeübte Ritual infrage stellte, schien die Kollegen nervös zu machen. So wie es mich nervös machte, derart genormt zu agieren, vor jeder Entscheidung alle möglichen Gremien zu konsultieren und über nur enge Handlungsspielräume zu verfügen. Es fiel mir deshalb anfangs schwer, mich in das starre System einzufügen, das grundlegend zu verändern allerdings selbst ein Vorstandsvorsitzender nicht die Macht hat. Das wäre ihm auch gar nicht anzuraten. Denn bevor ich nicht weiß, wie ein Unternehmen »tickt«, muss ich doch davon ausgehen, dass die eingespielten Führungsstile und -strukturen, wie sie sich immer erst in einem langen, sozusagen evolutionären Prozess herausbilden, zweifellos ihre Vorzüge haben müssen, auch wenn diese sich einem von außen Kommenden nicht auf Anhieb erschließen mögen.

So hielt ich mich zunächst einmal zurück und beschränkte mich während der ersten Wochen darauf, zu beobachten, die Abläufe zu verstehen und die handelnden Personen kennen zu lernen, bevor ich später möglicherweise darangehen würde, das eine oder andere nach meinen Vorstellungen zu verändern. Und in der Tat erkannte ich bald, dass der hohe Organisationsgrad, sosehr er einem spontanen Menschen wie mir auch als Korsett erschien, für ein Unternehmen dieser Größenordnung durchaus angeraten war. Die engen Vorgaben beruhten, wie schon erwähnt, auf einer Philosophie der Kontrolle: Sie gaben einerseits Handlungssicherheit und sorgten andererseits für größtmögliche Transparenz in allen operativen Vorgängen, wodurch die Mitarbeiter wiederum sowohl zur Disziplin als auch zur Präzision gezwungen waren. Es dürfte nachvollziehbar sein, dass die Arbeit dadurch an Effektivität gewinnen kann. Sie ist kontrollierbar.

»Vertrauen ist gut, Kontrolle ist besser«, meinte Lenin. Ich meine hingegen: »Kontrolle ist gut, Vertrauen ist besser.« Denn wer in seinen Mitarbeitern die besten Kräfte wecken möchte, sollte ihnen Vertrauen geben. Es ist ein Geschenk, das man im Regelfall tausendfach zurückerhält. Natürlich kann jemand das ihm gewährte Vertrauen auch ausnutzen, aber das ist nach meinen Erfahrungen die absolute Ausnahme. Sobald ich meinen engeren Mitarbeitern meine Schwächen und Lücken offenbarte und ihnen in ihrer Arbeit weitgehend freie Hand ließ, dankten sie es mir für gewöhnlich mit Engagement, Verantwortlichkeit und Loyalität – wodurch am Ende sowohl ihre wie meine Arbeitszufriedenheit und -qualität enorm gesteigert wurden.

Darüber hinaus entsprechen den möglichen positiven Effekten eines primär auf Kontrolle beruhenden Systems meines Erachtens schwer wiegende Nachteile, die vor allem in schwierigen Situationen zum Tragen kommen. Zum einen wird der Effektivitätsgewinn, wenn man genau hinschaut, großenteils schon wieder aufgehoben durch den enormen Aufwand, den die kleinteilige Formalisierung erfordert – eine unendliche Papier-, Vorlagen-, Protokollproduktion, wovon das meiste ungelesen in die Ablagen wandert. Zum anderen nimmt einem das enggeschnürte Korsett zuweilen die Luft zum Atmen, es macht unbeweglich und erstickt die Kreativität. Für Eigeninitiative, für Innovation, für das Neue gibt es schlicht keinen Platz.

Dadurch droht, was auch einem Schachspieler widerfährt, wenn er lange nicht spielt: Man kommt aus der Übung und beherrscht es nicht mehr so gut. Und das schlägt sich irgendwann erkennbar nieder. So kann es dann zu hoffentlich heilsam peinlichen Situationen kommen, wie ich sie auch bei Ford erlebt habe: Als wir einmal eine wie immer staubtrockene Vorstandssitzung abhielten, jeder von uns hinter einem riesigen Haufen Papier versteckt, kam es zu einem unvorhergesehenen Zwischenfall. An dieser Sitzung nahm, wie es hin und wieder vorkam, ein Besucher aus der Chefetage der amerikanischen Zentrale teil, der eine ganze Weile den steifen Sachstatements gelauscht hatte und der uns plötzlich, als wir ein Problem mit unseren Fakten zwar beschreiben, es aber mit Hilfe dieser Fakten nicht lösen konnten, aufforderte: »Well, gentlemen, close your books and just tell me what you think.« Ich habe noch nie eine so lautstarke Stille gehört, wie sie daraufhin eintrat. Hilf- und also sprachlos blickten alle in die Runde, niemand vermochte der Aufforderung zu folgen. Offenbar hatte bis dahin keiner irgendetwas »gedacht«.

Solche Situationen waren Balsam für meine nach mehr Lebendigkeit, Offenheit, Kommunikation strebende Seele, weil sie allen daran Beteiligten – und sei es auch nur kurzfristig – unangenehm vor Augen führten, dass die routinierten Abläufe Mangelerscheinungen verursachten. Wer, insbesondere wenn er eine leitende Verantwortung trägt und sich als herausgehobene Autorität versteht, wird schon gern nach seiner Meinung gefragt und hat keine? Das kratzt am Selbstbewusstsein. Und hier konnte ich ansetzen in meinem Bemühen, die hierarchisch strukturierten und streng reglementierten Abläufe bei Ford vorsichtig zu »deregulieren« und stattdessen mehr Teamgeist zu entfachen – was mir, um es vorwegzunehmen, nur sehr bedingt gelungen ist.

Ich organisierte Gespräche, auch zwischen den verschiedenen Hierarchieebenen, so genannte Skip-Level-Meetings, baute Kontrollmechanismen ab, um den Mitarbeitern mehr Spielräume und Verantwortung zu geben, versuchte es mit Anreizsystemen, um die Einzelnen wie ganze Abteilungen stärker zu motivieren, gab allen Kollegen die Möglichkeit, auch ihre Vorgesetzten zu bewerten – und so weiter und so fort. Manches davon trug auch Früchte, die Atmosphäre insgesamt wurde freundlicher, lebendiger, animierender. Ein wirklicher Durchbruch aber, der einen Mentalitätssprung zur Folge gehabt hätte, ist ausgeblieben. Ich hatte sowohl die Schwerkraft des Apparats als auch die Schwerkraft der deutschen Arbeitshaltung unterschätzt, jene »Das haben wir ja noch nie so gemacht«-Ernsthaftigkeit, der das Improvisieren und Experimentieren eher suspekt ist.

Auch in der amerikanischen Konzernführung, in der man die Dinge für gewöhnlich äußerst pragmatisch zu beurteilen und auch zu entscheiden pflegte, wurden meine Bemühungen nicht nur mit Wohlwollen aufgenommen; sie waren immerhin geduldet, wenngleich einige meine »persönliche Obsession« vermutlich etwas belächelten: Leidenschaftlichkeit passte nicht in das Selbstbild des smarten, harten und erfolgreichen Businessmann. Wenn ich dann in gemeinsamen Sitzungen wieder einmal für meine Ideen warb, wurde ich nicht selten mit der Aufforderung »Daniel, don't get emotional!« gebremst und zu mehr Sachlichkeit ermahnt. Das war nicht gerade hilfreich, fand ich. Denn mit Sachlichkeit und im zurückhaltenden, sprich: langweiligen Berichtsstil, dessen war und bin ich mir sicher, ist es wohl noch nie gelungen, Menschen zu motivieren, sie von einer bestimmten Neuausrichtung zu überzeugen oder gar Begeisterung in ihnen zu entfachen.

Dennoch behalte ich meine Tätigkeit für Ford – ich hatte dort nahezu zehn Jahre den Vorstandsvorsitz inne, länger als alle meine Amtsvorgänger – als eine ungeheuer erfüllte, aufregende und erfolgreiche Zeit in Erinnerung. Dass mir in unternehmensphilosophischer Hinsicht hierbei nicht der ganz große Wurf gelungen ist, habe ich übrigens schon bald keineswegs mehr als Scheitern, sondern als eine eminent wichtige Lektion zu betrachten gelernt. Ich musste erkennen, dass die erfahrenen Ford-Manager ihre deutschen »Pappenheimer« vermutlich weit besser kannten, als ich dachte, ja, dass sie ihre Mitarbeiter in Deutschland besser verstanden als ich damals. Denn das Haupthemmnis bei der

Einführung neuer Arbeits- und Organisationsstile waren durchaus nicht Henry Ford und seine Stellvertreter, auf deren Solidarität und Unterstützung ich mich stets verlassen konnte. Nein, die stärkste Kraftquelle der Beharrung hatte ihren Sitz in den Köpfen, in den Einstellungen und Vorstellungen der Manager und Arbeitnehmer vor Ort.

Kurz, ich hatte die Deutschen noch nicht verstanden. Und insofern war die Lektion bei Ford derart wichtig für mich, denn als ich später in eines der vielleicht deutschesten deutschen Unternehmen, bei Volkswagen in Wolfsburg, einstieg, hatte ich diese Lektion gelernt. Ich wusste nun, dass die Arbeit für die Deutschen mindestens so heilig ist wie das Automobil, und das heißt, dass man nicht einfach nach rein rationalen Kriterien und aus purem ökonomischen Kalkül in die gewohnten Abläufe eingreifen sollte. Jede Veränderung in diesem Bereich, mag sie auch von allen Berühmtheiten der Management- und Personalführungsliteratur gefordert und andernorts bereits erfolgreich angewandt werden, ist nur sinnvoll und durchsetzbar, wenn sie die große Bedeutung berücksichtigt, welche die Arbeit im Leben der Deutschen einnimmt. Andernfalls wird man unweigerlich erleben, was ich erlebt habe – oder gar, wenn die Zusammenhänge zu spät erkannt werden, ein Unternehmen zugrunde richten.

Erst die Arbeit ...

Arbeit, so hat es die deutsche Philosophin Hannah Arendt in ihrem Buch *Vita activa* einmal beschrieben, ist eine menschliche Bedingtheit: Nur sie sichere »das Am-Leben-Bleiben des Individuums und das Weiterleben der Gattung«. Die Arbeit, im Altertum noch als sklavisch verachtet, weil sie durch die Notwendigkeiten des Lebens und die Notdurft des Körpers erzwungen ist, erfuhr in der Neuzeit eine unglaubliche Aufwertung und wurde geradezu zur höchst geschätzten aller Tätigkeiten erklärt: John Locke feierte sie als Quelle des Eigentums, Adam Smith hat in ihr die Quelle des Reichtums ermittelt und Karl Marx ernannte sie gar zur Quelle aller Produktivität und zum Ausdruck der Menschlichkeit des Menschen selbst, zu seiner weltbildenden Fähigkeit. Erst durch Arbeit, so könnte man sagen, erschafft der Mensch sich selbst.

Große Worte, tiefe Gedanken – wobei auffällig ist, dass die größte Erhebung, die Erhöhung der Arbeit ins Existenzielle, Metaphysische, ihre Ineinssetzung mit dem Menschsein an sich, von dem Deutschen Karl Marx vorgenommen wurde. Ich behaupte hier einfach: Das ist kein Zufall – und werde gleich darauf zurückkommen, weil die Marxsche Beschreibung meines Erachtens bis heute sehr viel Treffendes über die deutsche Realität, über des Deutschen Verhältnis zur Arbeit enthält. Zunächst einmal möchte ich jedoch die großen Worte in etwas kleinere umtauschen und eher die Richtung einschlagen, in die John Locke und Adam Smith gegangen sind: Auch sie haben die Arbeit zwar heilig gesprochen, aber die »Kirche«, die sie da beschrieben, sozusagen im Dorf gelassen.

Zu arbeiten, etwas anzubauen oder herzustellen, eine Dienstleistung zu erbringen, sind die Grundaktivitäten jeder Ökonomie und damit auch die Voraussetzung jeder Form von Vergesellschaftung. Die Arbeit entscheidet über Ein- und Auskommen, über Lebenschancen und gesellschaftliche Beteiligungsmöglichkeiten jedes Einzelnen, aber auch über die Gestaltungs- und Handlungsoptionen des sich primär über Abgaben auf Arbeitseinkommen finanzierenden Staates und seiner Verwaltungen.

Die Gestaltung der Arbeitswelt ist daher von elementarer Bedeutung für die Lebensqualität in einer Gesellschaft. Wie Erwerbsarbeit und Lebensbedürfnisse aufeinander abgestimmt werden, welcher Art die Beziehungen zwischen den

Geschlechtern und den Generationen, aber auch zwischen Mensch und Natur sind, wie es um die zwischenmenschliche Solidarität bestellt ist – all das ist entscheidend davon abhängig, wie gut oder schlecht der gesamte Arbeitsmarkt organisiert ist. Arbeitsteilung, -verteilung und -organisation sind damit wichtige Gradmesser sowohl für den Zustand unseres Gemeinwesens wie auch für unseren Umgang mit den natürlichen Ressourcen und der Umwelt insgesamt. Denn dass beides zusammengehört, lehrt schon der gemeinsame griechische Wortstamm der Begriffe Ökonomie und Ökologie: *Oikos* ist der Haushalt, das Haus, an dessen anhaltender Bewohnbarkeit wir ein herausragendes Interesse haben sollten.

Arbeit ist also zweifellos eine menschliche Grundtätigkeit, über die sich trefflich philosophieren lässt, die aber keine unveränderliche Grundkonstante darstellt, sondern einem komplexen Bedingungsgefüge unterliegt. Und diese Bedingungen sind in den vergangenen einhundert bis zweihundert Jahren – ich beziehe dies der Einfachheit halber nur auf die industrialisierten Länder – einem grundstürzenden Wandel unterworfen gewesen. Anders als Marx würde ich diesen Wandel nicht als permanenten Verfall und sein Resultat nicht bloß als »entfremdete Arbeit« beschreiben, wenngleich sich die Marxschen Kapitalismusanalysen in mancherlei Hinsicht gerade heute, nach dem »weltweiten Siegeszug« der Marktwirtschaft und ihrer Alternativlosigkeit, als überraschend hellsichtig und zutreffend erweisen. Dennoch hat dieser Wandel alles in allem nicht in erster Linie soziale Verwerfungen verursacht – das hat er sicherlich auch –, sondern einen unerhörten Fortschritt in Gang gesetzt, gerade in sozialen Belangen. Die sich industrialisierenden Gesellschaften entwickelten sich zu beispiellosen Wohlstandsinseln mit zwar national recht unterschiedlichen, aber insgesamt hohen sozialen Standards.

Diese Entwicklung basiert natürlich auf zahlreichen

Impulsen, unter anderem auf vielen technischen Neuerungen, sie vollzog sich jedoch im Wesentlichen durch eine Revolution des Faktors Arbeit. Viele neue Berufe entstanden, viele alte Berufe lösten sich durch die innovativen Möglichkeiten der industriellen Fertigungstechnik in kleinste, maschinengestützte Handgriffe auf. Eine sich immer stärker ausdifferenzierende Arbeitsteilung sowie eine komplexer werdende Arbeitsorganisation schufen immer spezialisiertere Tätigkeitsfelder, in welchen es für die darin Beschäftigten immer schwieriger wurde, ihre konkrete Arbeit mit einem Endprodukt oder dem Gesamt eines ökonomischen Vorgangs noch in einen sinnstiftenden Zusammenhang zu bringen.

Stark verallgemeinernd lässt sich als Trend zusammenfassen: Die Arbeit wurde zergliedert, formalisiert sowie radikal vergeldlicht, wodurch sie einen Gutteil ihrer Sinnlichkeit und ihres Sinns verlor. Arbeit und Leben, Beruf und Familie, Wirtschaft und Gesellschaft fielen ebenso auseinander wie Bildung und Qualifikation, Wissen und Können. Die »gefühllose bare Zahlung« (noch einmal Marx) ersetzte nach und nach nahezu sämtliche Arbeits-, Tausch- und Austauschvorgänge und reduzierte sie auf bloße ökonomische Operationen, deren Beteiligte sich nicht mehr als Subjekte, von Mensch zu Mensch eben, begegnen, sondern sich lediglich noch in ihren eingeschränkten Eigenschaften als Käufer und Verkäufer, Konsument und Produzent, Empfänger und Sender wahrnehmen und entsprechend berechnend miteinander umgehen.

Man mag all dies als Verlust beklagen und ich klage gern ein wenig mit. Auf der anderen Seite einer objektiven Soll-und-Haben-Bilanz wurden die »Einbußen« jedoch mit wachsendem Wohlstand vergolten, nicht nur mit einer permanenten Erhöhung der Geldeinkommen, sondern auch mit Infrastruktur, medizinischer Versorgung, Altersabsicherung, Verrechtlichung und vielem anderen mehr – wovon ich persönlich nur wenig missen möchte. Dabei geht es mir hier gar nicht darum, solche Errungenschaften in ein goldenes Licht zu tauchen oder gar Dankbarkeit anzumahnen; wir schulden niemandem Dank, sondern haben es uns ja selbst redlich erworben. Ich möchte vielmehr darauf hinaus, dass in dem von mir holzschnittartig skizzierten Prozess eine Neubestimmung der Arbeit erforderlich wurde, dass also ein neues Verhältnis der Einzelnen zu ihrer Arbeitstätigkeit, zu ihrer Beruflichkeit gefunden werden musste.

Diese Entwicklung wird nie abgeschlossen sein, sie ist gerade in den letzten Jahren mit einem erneut forcierten Wandel der Berufswelt wieder stärker in Fluss geraten. Dennoch lässt sich feststellen, dass sich das Verhältnis der meisten Menschen zur Arbeits- und Berufstätigkeit tatsächlich weithin den veränderten äußeren Bedingungen angepasst hat: Es hat sich im Wesentlichen versachlicht, professionalisiert – am wenigsten allerdings, um nun wieder auf meine Erfahrungen bei Ford oder Volkswagen und nicht zuletzt auf den guten Marx zurückzukommen, bei den Deutschen. Mehr als anderswo – und ich sehe hier, wiederum der Einfachheit halber, von einigen asiatischen Ländern ab, in denen ich mich nicht so gut auskenne –, mehr als anderswo hat die Arbeit in Deutschland einen geradezu subjektgründenden Status behalten, hier ist sie »Ausdruck der Menschlichkeit des Menschen selbst« geblieben. Viele Deutsche nehmen kaum etwas so ernst wie ihre Arbeit, im Extremfall opfern sie ihr sogar das Privatleben und die Gesundheit. Das macht sie zwar einerseits zu hervorragenden Mitarbeitern, erfordert aber andererseits ein hohes Maß an Sensibilität, wenn man ihnen zum Beispiel, und sei es als Chef oder Ehepartner, in diese Arbeit hineinreden will.

Selbstverständlich hat die Arbeit, die Berufstätigkeit, auch für einen Franzosen, Amerikaner oder Schweden – bei einem Italiener oder Spanier würde ich da schon gewisse Abstriche machen – eine überragende Bedeutung; sie ist lebenswichtig und für die Stellung und den Status innerhalb der Gesellschaft mitverantwortlich. Sie kann auch Sinn stiften, Selbstvertrauen geben, Macht verleihen. Gleichwohl scheint mir das Verhältnis, das die Menschen außerhalb Deutschlands zur Arbeit an den Tag legen, sehr viel distanzierter, pragmatischer, nüchterner zu sein: Die Arbeit ist ein (Lebens-)Mittel, kein (Lebens-)Zweck. Sie dient dazu, ein Einkommen zu erzielen, Wohlstand zu bilden, eine Position zu erreichen, Erfolg zu haben und sich die Möglichkeiten zu schaffen, allerlei andere Bedürfnisse befriedigen zu können. Sie ist aber nicht unbedingt selbst ein Bedürfnis.

Das ist in Deutschland etwas anders, wo kluge Leute bis heute, ganz in der Marxschen Tradition, die Arbeit mit menschlicher Würde gleichsetzen und ein einklagbares »Menschenrecht auf Arbeit« fordern – wohlgemerkt auf Arbeit, nicht etwa auf Einkommen. Solche Forderung ist insofern auch nachvollziehbar, als die Arbeit in diesem Lande tatsächlich weit mehr ist als ein Produktivitätsfaktor, weit mehr als eine wirtschaftliche Aktivität. Ein Arbeitsplatz in Deutschland ist nicht einfach nur ein Job, eine Gelegenheit zum Gelderwerb. Nein, die Arbeit macht den Deutschen. Und sie ist für ihn die mit Abstand wichtigste Form gesellschaftlicher Teilhabe. Wie nirgendwo sonst identifizieren sich die Menschen hier über den Beruf, über ihre berufliche Qualifikation, über ihre Firmenzugehörigkeit – was insbesondere bei Volkswagen stark ausgeprägt war – und sie beurteilen sich auch untereinander überwiegend danach, womit sie ihr Geld verdienen.

Und dann?

Um nicht missverstanden zu werden: Nichts liegt mir ferner, als mich über die – sicherlich leicht überzogen – beschriebene Haltung lustig zu machen. Ich selbst habe dem Beruf einiges geopfert, bin also in dieser Frage denkbar ungeeignet, um mit dem Finger auf andere zu zeigen. Außerdem habe ich die Arbeitseinstellung, die Gewissenhaftigkeit und Zuverlässigkeit der deutschen Kolleginnen und Kollegen, mit denen ich zusammenarbeiten durfte, immer bewundert. Diese Eigenschaften, von denen ich eine Menge lernen und übernehmen konnte, sind letztlich für meinen beruflichen Erfolg verantwortlich gewesen und sie haben mir wegen ihrer Berechenbarkeit und Verlässlichkeit das Arbeiten in Deutschland enorm leicht gemacht. In jedem Unternehmen, für das ich tätig war, traf ich auf wunderbare Mitarbeiterinnen und Mitarbeiter, auf die ich mich stets voll und ganz verlassen konnte, deren Engagement ich hin und wieder eher bremsen musste, etwa damit sie zwischendurch auch einmal ihre Familien zu Gesicht bekamen.

Kurzum, ich habe an der Arbeitseinstellung der Deutschen aus professioneller Perspektive nicht das Geringste einzuwenden; sie erscheint mir jedoch in menschlicher, sozialer und auch volkswirtschaftlicher Hinsicht mindestens problematisch, auch weil sie unter den sich gegenwärtig verändernden Bedingungen in die Falle führen kann. Es gibt einen ausgeprägten Hang zur Überidentifikation, zum Überengagement und diese Neigung ist es, die nicht nur einen Tunnelblick verursachen kann, der einen rechts und links nichts mehr wahrnehmen lässt, sondern die auch das Phänomen der Arbeitslosigkeit in Deutschland zu einer größeren Katastrophe macht als anderswo. Wer hier eine Kündigung erhält, für den droht im buchstäblichen Sinne seine Welt zusammenzubrechen; er oder sie fühlt sich entwertet, ausgesondert, dem Nichts ausgesetzt und der Blöße des Brachliegens ausgeliefert.

Keine Arbeit zu haben, ist natürlich überall eine Katastrophe, es führt aber meiner Beobachtung nach in keinem anderen Land zu solchen Lähmungs- und Panikerscheinungen wie in Deutschland. Und das ist fatal, denn die so genannte Arbeitslosigkeit ist kein vorübergehendes Desaster, Vollbeschäftigung im klassischen Sinne wird es nicht mehr geben. Schon heute versorgen nur noch rund 30 Millionen Erwerbstätige in Deutschland über 81 Millionen Menschen. Und täglich klafft die Schere weiter auseinander. Angesichts dieser Situation das verstaubte Lexikon der Konjunkturpolitik hervorzukramen, die alten Rezepte wie neue Offenbarungen zu lesen und, derart belehrt, lauthals »Wachstum, Wachstum, Wachstum« zu rufen, kann ich nur noch unverantwortlich nennen. Wer darüber hinaus – wie es in Wahlkämpfen regelmäßig geschieht – auch noch allerlei Steuer- und Lohnkosten-»Entlastungen« ankündigt, wodurch vorgeblich sowohl die Investitionsbereitschaft der Unternehmen als auch die Binnennachfrage der Konsumenten angekurbelt sowie eine nennenswerte Reduzierung der Arbeitslosigkeit erreicht werden könne, bewegt sich hart am Rande der Seriosität.

Die Zusammenhänge sollten inzwischen doch hinlänglich bekannt sein. Wirtschaftliches Wachstum ist schon längst kein Garant mehr für einen Anstieg der Beschäftigtenzahlen, übrigens ebenso wenig wie eine von Seiten der Wirtschaft gebetsmühlenartig geforderte konsequente Liberalisierung. Der Optimismus, wonach es der Markt schon richten werde, wenn man ihn nur endlich sich selbst überlasse, ist durch keinerlei Erfahrungswissen zu stützen. Im Gegenteil, Wohlstandsgesellschaften bringen vielmehr zwangsläufig aus sich selbst heraus jene Kräfte hervor, die ihren Wohlstand gefährden und die umso stärker werden, je weniger Regeln es gibt, die sie zu bändigen vermögen. Denn je höher das Lohn- und

Sozialniveau, desto größer das Bestreben der Unternehmen – zumal wenn sie von allen Fesseln befreit wären –, die Personalkosten durch Rationalisierungen, Betriebsauslagerungen oder weitere Steigerungen der Produktivität zu senken. In der Folge wird für dieselbe oder sogar für eine gestiegene Menge an Arbeit eine immer geringere Anzahl von Menschen benötigt. Und das führt gesamtgesellschaftlich unweigerlich zu sinkenden Einkommen, sinkenden Steuereinnahmen, einem sinkenden Sozialniveau – und so fort, ein Teufelskreis, dem schwer zu entkommen ist.

Wenn die Produktivitätssteigerungsraten höher sind als die Wachstumssteigerungsraten, und das sind sie seit Jahren regelmäßig, ohne dass abzusehen wäre, dass sich daran jemals wieder etwas ändern wird, dann ist es schon rein mathematisch rätselhaft, wie es zu neuen Arbeitsplätzen kommen soll. Es kann deshalb primär gar nicht mehr darum gehen, das Thema Arbeitslosigkeit aufgeregt so zu behandeln, als befänden wir uns inmitten einer überwindbaren Krise. Es geht vielmehr darum, das Thema endlich anders anzupacken und all die fehlgeleiteten Heilungsenergien umzuleiten. Hat man das erst einmal akzeptiert, wird man seinen in wolkigen Höhen umherschweifenden, häufig optimismustrüben Blick automatisch wieder in die Niederungen des Alltags senken. Und aus dieser Perspektive sieht es dann plötzlich so aus, als bestünde das zu lösende Hauptproblem gar nicht in der Arbeitslosigkeit an sich, sondern in der Dauer des Ausscheidens aus dem Erwerbsleben.

Tatsächlich hat es den Anschein, als sei dieser Ansatzpunkt nun endlich auch als wichtigster Hebel erkannt worden. Viele aktuelle arbeitsmarktpolitische Maßnahmen, unter anderem vor allem jene, die die vom Volkswagen-Personalvorstand Peter Hartz geleitete, so genannte Hartz-Kommission vorgeschlagen hat, zielen ja in erster Linie darauf ab, die Arbeitslosigkeit so beweglich wie möglich zu halten sowie die Arbeitsämter, die bislang vorwiegend die

Not verwaltet haben, zu modernen Vermittlungsagenturen von Arbeit umzugestalten. Denn wenn es gelänge, dass nicht immer dieselben Menschen ohne Job sind, verlören sowohl der Begriff wie der Zustand »arbeitslos« einen Großteil ihrer Dramatik und ihres Schreckens. Ob solche Maßnahmen, sofern ihre Umsetzung gelingt, allerdings geeignet sind, die vorhandene Arbeitslosigkeit zu »halbieren«, wie es Peter Hartz – na ja, es waren damals Wahlkampfzeiten – unvorsichtig vollmundig angekündigt hat, wage ich entschieden zu bezweifeln.

Dabei möchte ich keineswegs Schwarzmalerei betreiben; ich hätte es, im Gegenteil, gern bunter, als es ist. Denn meiner Auffassung nach leben wir in Wahrheit gar nicht in einer echten Arbeitslosigkeitsgesellschaft. Arbeit wird es auch weiterhin genug geben. Wir haben es stattdessen mit dem Problem der Berufslosigkeit zu tun. Das macht die Angelegenheit zwar keineswegs weniger dramatisch, markiert aber einen entscheidenden Unterschied. Der Begriff »Beruf« und was er beinhaltet, befindet sich, wie oben geschildert, schon seit langem in starkem Wandel, ohne dass die deutschen Berufstätigen diesem Umstand bisher ausreichend Rechnung getragen hätten – ihre Politiker leider noch weniger.

Eine klassische Erwerbsbiografie – man findet nach Schule und Ausbildung eine Anstellung und behält sie bis zur Rente – wird es für heutige Berufseinsteiger wohl nicht mehr geben. Das Arbeitsleben verläuft nicht mehr wie ein langer, ruhiger Fluss, auf dem man sicher und unbehindert von der Quelle bis zur Mündung gelangt. Schon derzeit gibt es statistische Berechnungen, wonach ein US-Amerikaner in 40 Arbeitsjahren mindestens elf Mal die Stelle wechselt und dabei seine Kenntnisbasis, also das, was wir Beruf nennen, wenigstens drei Mal austauscht. Würde dieser Durchschnittsamerikaner seine Identität an einer konkreten Tätigkeit festmachen, hätte der Beruf ein solches Gewicht in seinem Leben, wie er es nach wie vor für viele Deutsche hat, stünde es wohl schlecht um ihn.

Beweglichkeit ist gefragt, auch und vor allem mentale, geistige. Jede Fixierung auf einen bestimmten Tätigkeitsbereich, alles Feste und Schwere, wie es grob gesagt vielen Deutschen anhaftet, ist hinderlich. Das »Gehäuse«, als das Max Weber jene protestantische Arbeitsethik bezeichnete, die das Leben an feste Regeln, Pflichten und Gewissheiten fesselte – und diese protestantische Disziplin ist mir nicht zuletzt durch meine Frau sehr vertraut geworden –, wird überall durchlässig und vermutlich bald ganz zerbersten. Die hehren Grundsätze, nach denen die Deutschen so gern leben, die festen Standpunkte, um die sie ringen, all die Besitzstände, die es zu wahren gilt, stehen zur Disposition.

Heißt das, dass ich nun doch mit der Zunge der radikalen Liberalisierer spreche, dass ich all die »deutschen« Werte, wie zum Beispiel Zuverlässigkeit, Beharrlichkeit, Gewissenhaftigkeit, Ehrlichkeit, Prinzipientreue zum Teufel wünsche? Die Antwort lautet eindeutig: Nein! Die Freiheit, die ich meine, ist nicht mit Schutzlosigkeit identisch und soll gerade nicht in einer gnadenlos individualistischen Gesellschaft münden, in der sich isolierte Einzelne nur noch als den eigenen Nutzen maximierende Marktteilnehmer begegnen.

Und die Beweglichkeit, die ich meine, wird mit einer zunehmenden Lust und Fähigkeit einhergehen, die eigene Verantwortung zu erkunden und das Leben nach den eigenen Vorstellungen, nicht nach tradierten Mustern, zu gestalten. Damit dies möglich wird, müssen Modi der Mobilität erfunden und entwickelt werden, die es uns erlauben, sowohl mit dem Arbeitsmarkt Schritt zu halten als auch unsere Bedürfnisse nach Festigkeit, Sicherheit, Berechen- und Planbarkeit zu befriedigen. Und um diesen Spagat zu bewältigen und die individuellen Risiken der neuen Mobilität kalkulierbar zu machen, ist nicht weniger, sondern mehr Politik, ist nicht weniger, sondern mehr Solidarität gefordert.

Ach, ich fürchte, das liest sich jetzt allzu sehr nach Sonntagsrede. Ich denke allerdings, wer mit wachen Augen durch die Welt läuft, der kann bereits an vielen Beispielen erkennen, wohin die Reise geht. Insbesondere in der jüngeren Generation mehren sich die Anzeichen für eine Art Mentalitätswandel, für neue Formen der Lebensführung, für einen anderen, eher projektorientierten Arbeitsbegriff. Zahlreiche selbst verwaltete Organisationen zum Beispiel, so etwa die Schülerorganisation »Schüler Helfen Leben« (SHL), die Mitte der 1990er-Jahre gegründet wurde und unter anderem in Bosnien und im Kosovo aktiv ist, entfalten in ihrer Arbeit ein ungeahntes zivilgesellschaftliches Engagement und praktizieren dabei zugleich eine neue europäische Nachbarschaft. Die Strukturen in solchen Initiativen – und deswegen erwähne ich sie hier – sind nichthierarchisch, locker und flexibel, ihre Ziele ergebnisorientiert und pragmatisch: Wenn der Zweck eines Projektes erreicht ist, geht man wieder auseinander und schließt sich dann mit anderen zu einem neuen Projekt zusammen.

Diese neuen Formen des Jugend-Engagement könnten bereits die ersten Ausläufer eines tief greifenden Wandels in den gesellschaftlichen Beziehungen sein. Die jungen Leute wenden sich zunehmend vom klassischen Erwerbsleben wie von der traditionellen Politik ab – laut jüngster Shell-Jugendstudie bezeichnet sich nur noch ein Drittel der deutschen Jugendlichen zwischen 12 und 25 Jahren als »politisch interessiert«, gerade einmal 3 Prozent von ihnen geben an, sich in Parteien zu engagieren –, sie legen sich aber weder auf die faule Haut, noch sind sie unpolitisch. Ihre Zustimmung zu den Grundwerten der Demokratie wie Meinungs- und Organisationsfreiheit, politischer Pluralismus, Streik- und Demonstrationsrecht ist ungebrochen, aber ihr Vertrauen in die alten Muster politischen, gesellschaftlichen und wirtschaftlichen Handelns schwindet. Und an die Stelle dieser Muster tritt nicht etwa Unverbindlichkeit, sondern der Wille, selbstverantwortlich zu handeln; was ganz ausdrücklich die Bereitschaft beinhaltet, sich für die selbst gewählten, zum Teil ganz unterschiedlichen Aufgaben auch jederzeit die erforderlichen Fertigkeiten anzueignen.

Solche Beispiele sind beileibe keine Einzelfälle, auch wenn sie sich noch von der medialen Öffentlichkeit weitgehend unbemerkt vollziehen. Es gibt sie, sie finden immer mehr Zulauf – und sie lassen mich hoffen. Weil sie zumindest eine Teilstrecke des Weges vorausgehen, den meines Erachtens auch die deutsche Arbeitnehmerschaft insgesamt wird beschreiten müssen, und dabei ein in Deutschland bislang wenig bekanntes Terrain erkunden, mit dem sich auch die Älteren besser vertraut machen sollten. Viele der wunderbaren »deutschen« Tugenden können selbstverständlich dorthin mitgenommen werden, sie behalten auch unter veränderten Bedingungen ihre Gültigkeit.

Einen einzigen Hinweis nur würde ich meinen deutschen Freunden gern mit auf den Weg geben wollen: Überprüft vor der Abreise bitte eure Identität! Man sollte nicht mit seiner gegenwärtig ausgeübten Tätigkeit eins werden, man sollte sich nicht mit seinem Land eins fühlen – erst recht nicht mit seinem Auto und nicht einmal mit seinem Partner –, man sollte einzig und allein mit sich selbst eins sein. Das ist schwer genug, und nicht jedem oder jeder wird es gelingen. Alles andere aber ist weniger als Ersatz.

Ich bin ein wenig unschlüssig, ob ich den Ratschlag stehen lassen soll. Gabi wird ihn bestimmt überheblich finden – und obendrein verschwiemelt. Ist er in gewisser Weise ja auch. Aber das liegt an der eigentümlichen deutschen Sehnsucht nach Identität, nicht an meinem Ratschlag, der ja gerade davon abzulassen empfiehlt.

Was soll's? Ich lass das jetzt so stehen. Und schreib einfach weiter, bevor ich Gabi diesen Teil zu lesen gebe. Dann hat sie gleich mehr Stoff und wird sich nicht in Details verstricken. Außerdem fühle ich, dass mein Text seinem Ende zustrebt. Da muss ich vorher unbedingt noch ein wenig Wiedergutmachung betreiben – für so manche Bosheiten, die ich hier notiert habe, die aber, das gelobe ich, von Herzen kommen.

Französisch-deutsche Bekenntnisse

Schicksal ist ein Pseudonym, das
Gott benutzt, wenn er nicht mit
eigenem Namen unterschreiben will.
GABRIEL LAUB

Während meiner noch heute zahlreichen Reisen nach Deutschland passiert es manchmal, dass ich im Flugzeug einnicke. Wenn ich dann unsanft geweckt werde, weil im Landeanflug das Anschnallzeichen ertönt oder eine scheppernde Durchsage die Landung ankündigt, ist es schon vorgekommen, das ich für einen ersten kurzen Moment des Erwachens nicht recht wusste, in welcher Richtung und wohin ich gerade unterwegs war – ich komme viel herum. Würde mir dies einmal auch einen Moment später, bereits erwacht, noch immer nicht einfallen – hier lege ich allerdings großen Wert auf den Konjunktiv, denn das ist natürlich noch nie vorgekommen –, genügte mir ein Blick aus dem Fenster, um die Orientierung zügig wieder zu erlangen. Vorausgesetzt, es wäre nicht gerade stockdunkle Nacht, könnte ich von oben sehr schnell erkennen, ob wir uns etwa einer französischen oder einer deutschen Stadt nähern.

Es sind die Friedhöfe. Ein französischer Friedhof beispielsweise – Ähnliches gilt für die Friedhofsanlagen in den meisten Ländern, die ich kenne – ist auch aus großer Höhe sofort als solcher zu erkennen. Es sieht aus wie ein Teppichmuster, alles ist streng funktional, symmetrisch angeordnet, die Gräber dicht an dicht, als herrsche akuter Platzmangel. Aus der Vogelperspektive sind solche konzentrierten Grabsteinfelder unmöglich zu übersehen, und wenn die Landung nicht ausgerechnet vom Meer aus erfolgt, wird man garantiert eines, zumeist sogar mehrere davon zu Gesicht bekommen.

Schwebt man hingegen über einer deutschen Stadt ein, wird man vergeblich nach einem ähnlich markanten Blickfang suchen. Als gäbe es in Deutschland keine Friedhöfe. Erst unmittelbar vor der Landung, zum Beispiel in Hamburg, ließe sich der erste Augenschein revidieren: Schon fast am Boden, sieht man plötzlich auf einer Grünfläche, die man von weiter oben für einen großzügig angelegten Park gehalten hatte, weitläufig verstreute Grabsteine stehen, inmitten eines wunderschönen, gepflegten Gartenareals mit altem Baumbestand und einem Meer aus Rhododendrenblüten. Also doch Friedhöfe, aber völlig anders angelegt als in Frankreich und von oben nicht als solche zu identifizieren.

Dass sich die Stadtbilder, vom Flugzeug aus betrachtet, unterscheiden, war mir schon aufgefallen, als das Reisen für mich zum berufsbedingten Alltag wurde. Ich habe jedoch lange gebraucht, um diesen einen, für mich auffälligsten Unterschied tatsächlich dingfest machen zu können: Es sind die Friedhöfe. Allein anhand dieses Merkmals könnte ich heute – angenommen, ich *würde* einmal schlaftrunken um Orientierung ringen – sofort erkennen, ob ein Flugzeug, in dem ich mich befinde, zur Landung in einer deutschen Stadt ansetzt. Ich habe diese kleine Orientierungshilfe, um es erneut zu betonen, bislang noch nicht wirklich benötigt, überprüfe aber häufig aus Interesse, ob sie funktioniert. Und in den allermeisten Fällen finde ich meine Beobachtung bestätigt.

Die Friedhöfe in Frankreich, wie auch anderswo, sind reine Bestattungsstätten, Orte der Toten und des Todes, der letzten Ruhe, des Jenseits, so schmucklos und kühl, dass sich dort niemand länger aufhalten mag, als es Pietät und Konvention vorschreiben. Das ist in Deutschland anders: Hier scheinen die Friedhöfe in erster Linie nicht für die

Gestorbenen, sondern für die Lebenden da zu sein, es sind Ruheräume für die Trauernden, diesseitige Orte der Erinnerung, des An- und Nachdenkens, der Besinnung. Sie dienen nicht primär der Konfrontation mit dem Tod – das auch, er wird ja keineswegs vertuscht oder verdrängt –, sondern der Konfrontation mit dem Überleben der Zurückgebliebenen.

Ich könnte das nun als billige Bestätigung verbuchen und sagen: Na bitte, da sieht man es wieder einmal. Wie in vielerlei anderer Hinsicht machen es sich die Deutschen auch angesichts des Todes eben besonders schwer. Anstatt den Schrecken in Ritualen und Zeremonien zu bannen, den Tod kenntlich zu machen und sich möglichst deutlich davon zu distanzieren, wie dies etwa in stärker katholisch geprägten Ländern wie Italien und Frankreich geschieht, ergeben sie sich ihrem Schmerz und begeben sich auch noch an Orte, deren Schönheit und Atmosphäre den Verlust sogar lebendig erhalten. Statt Abschied zu nehmen, setzen sie sich dem Vergangenen immer wieder aufs Neue aus, wobei sie hierbei von einem bestimmten Zeitpunkt an gar nicht zuerst der Toten gedenken. Nein, ich glaube, im Zentrum ihrer Trauer stehen der eigene Schmerz, das eigene, nun ärmer gewordene Dasein sowie die Sehnsucht nach einem besseren, erfüllteren Leben.

Ja, das alles mag stimmen, es ist mir aber zutiefst sympathisch und bedient in diesem Fall gerade nicht das schon mehrfach erwähnte Stereotyp von den durch ihre selbst auferlegte Lebenslast so eingezwängten und daher bewegungsarmen Deutschen. Denn die leicht schwermütige, melancholische Stimmung, in die man sich auf deutschen Friedhöfen versetzt sieht, ist dem Denken zuträglich. Und wenn überhaupt irgendetwas, dann wirft der Tod doch die Frage nach dem Leben auf. Er führt uns die eigene Vergänglichkeit vor Augen – ein ebenso unvermeidbarer wie scheinbar sinnloser Skandal, der sich wohl nur ertragen lässt, wenn ich ihn entweder sozusagen religiös aufkläre, ihn dadurch rituell bändige und ihn beispielsweise zu einem Übergang erkläre, oder wenn ich aus ihm eine Lehre ziehen und ihm damit letztlich doch einen Sinn entlocken kann.

Was aber soll der Tod, etwa eines geliebten Menschen, für einen Sinn haben? Ich glaube, dieser Sinn besteht in der Suche danach, im Innehalten, in der Besinnung selbst. Und hierfür bieten deutsche Friedhöfe eine förderliche Umgebung. Was ist wichtig? Was ist richtig? Was können wir wissen? Was sollen wir tun? Wie können wir leben, damit der Tod seinen Schrecken verliert? Wer so fragt – und meistens bedarf es dazu äußerer Anlässe, und sei es der Tod eines Nahestehenden –, bleibt auch im höchsten Leid bei Bewusstsein. Wer so fragt, steht nicht still, sondern ist unterwegs, beweglich, strebt nach Neuem und wird irgendwann möglicherweise bereit sein, das Risiko von Veränderungen einzugehen. Sofern sie gründlich genug bedacht sind.

Einzig diese deutsche Gründlichkeit – auch im Ergründen, im Bedenken-, Benennen-, Begreifen- und Beherrschenwollen – kann dazu führen und führt nicht selten dazu, dass dieser produktive Prozess dann doch in einen Zustand der Erstarrung umkippt. Da die Fragen nach einem guten Leben in einem endlichen, endgültigen Sinne nicht beantwortet werden können und weil sich, sobald zumindest einzelne, individuelle Antworten gefunden wurden, die entsprechenden Vorstellungen nur unter größten Anstrengungen und selten ohne Kompromisse einzugehen in die Praxis umsetzen lassen, droht man in eine Fragespirale zu geraten, aus der schwer wieder zu entrinnen ist. Am Ende bleibt dann manchmal nichts als der – weiter vorn schon behandelte – Konjunktiv: »Ach, wie würde ich anders gelebt haben, wenn ich anders hätte leben können. Wie viel besser könnte es mir gehen oder wäre es mir ergangen, wenn …« Wer sich nur mit der besten aller denkbaren Möglichkeiten zufrieden gibt, wird unzufrieden bleiben.

Ich weiß leider auch nicht, ob und wie diese Gefahr wirklich abzuwenden wäre. Es ist vermutlich eher davon auszugehen, dass sie dem Nachdenken inhärent ist. Denken ist und bleibt gefährlich, sonst wäre es keins; Denken kann Horizonte öffnen, den Möglichkeitssinn stimulieren, Alternativen aufzeigen, Utopien nähren; im Denken können sich aber auch Abgründe auftun, denkend werden auch die eigenen Schwächen, Fehlbarkeiten, Unvollkommenheiten offenbar. Das ist unvermeidlich und birgt das Risiko der Verzweiflung und der – vorn schon einmal mit Thomas Manns Hilfe beschriebenen – Enttäuschung. Diese Gefahr ist wohl nicht auszuschließen, und jeder wird einen eigenen Weg finden müssen, damit umzugehen. Meine Methode – die ich hier wiederum nur zu bedenken geben kann –, das Risiko für mich zumindest klein zu halten, bestand und besteht darin, dass ich stets bereit bin, mich auch mit weniger als dem denkbar Besten, mit weniger als der letzten Wahrheit zufrieden zu geben. Denn auch die »Wahrheit«, so habe ich mich von Adolf Muschg belehren lassen, »ist kein Trost für entgangenes Leben«.

O Gott, ich fürchte, nun haben mich die Friedhöfe allzu pathetisch werden lassen. Ich hoffe, dass dennoch deutlich geworden ist, worauf ich hinauswill, schreibe es aber lieber noch einmal hin: Viele der bislang kritisch skizzierten Eigenschaften des »deutschen Michels« haben, in Maßen genossen, ihre überaus positiven Seiten. Wir Franzosen beispielsweise haben weit mehr von den Deutschen gelernt, als die meisten von uns jemals zugeben würden; wir könnten uns immer noch so einiges von ihnen abschauen. Und auch ich, als Einzelner, habe weit mehr erhalten, als ich zurückgeben kann.

Überhaupt ist das Verhältnis zwischen Frankreich und Deutschland ein ganz besonderes, weshalb es für mich als

Franzosen wohl angebracht ist, es wenigstens an einer Stelle in diesem Buch einmal direkt anzusprechen.

Szenen einer Nachbarschaft

Jahrhundertelang war das deutsch-französische Verhältnis vor allem durch Rivalitäten und manifeste Gegnerschaft geprägt; mehr als zwanzig Mal sind die Nachbarn gegeneinander in den Krieg gezogen. Da es eigener Bücher bedürfte, um diese Beziehungsgeschichte auch nur einigermaßen konsistent nachzuerzählen, möchte ich hier lediglich an einige wenige, aber wesentliche Stationen erinnern: zum Beispiel an die Französische Revolution von 1789, die das ohnedies prekäre Verhältnis zwischen Franzosen und Deutschen noch einmal akzentuiert, die deutsch-französischen Animositäten damit nachhaltig verstärkt und auch das Geschehen in Deutschland selbst wie kaum ein anderes Ereignis beeinflusst hat.

Auf der *einen* Seite standen neben Goethe und Schiller, Hegel und Kant viele deutsche Dichter und Denker, die sich von den Vorgängen in Paris und der von ihnen ausgehenden Entdeckung der Menschenrechte sowie von der Idee nationalstaatlicher Demokratie fasziniert zeigten und die ihr Denken eigenständig daran ausrichteten, ohne selbst zu Revolutionären zu werden; denn auf der gleichen Seite standen auch Menschen wie Heinrich Heine, Ludwig Börne, Georg Forster und viele andere, die nicht nur analysierten und kommentierten, sondern zu glühenden Anhängern der Revolution wurden und zu entsprechendem Handeln bereit waren – und die dann später in Frankreich Asyl fanden, als man sie wegen eigener revolutionärer Umtriebe aus den deutschen Landen verjagte. Denn auf der *anderen* Seite standen die deutschen Fürsten, die den »französischen Virus«, den sie für alles Schlechte verantwortlich machten, natürlich fürchten mussten und die ihre ganze Macht einsetzten, um ihre Privilegien zu erhalten und alle von diesem Virus infizierten Bauernaufstände und Kleinbürgerrevolten in den eigenen Ländern gewaltsam zu unterdrücken.

Doch nicht nur der aus Frankreich unaufhaltsam eindringende revolutionäre Geist machte den in Deutschland Mächtigen zu schaffen; Frankreichs militärische Stärke und Napoleons Expansionslust waren eine noch viel größere Bedrohung. Nachdem Napoleon dann tatsächlich mehrfach mit seinen Heeren durch die deutschen Territorien gezogen war, hierbei stets eine Spur der Verwüstung hinterlassen hatte und 1806 schließlich nach der Niederlage Preußens bei Jena und Auerstädt mit imperialem Gestus in Berlin einmarschierte, taten sich die bis dahin zersplitterten König- und Fürstentümer zusammen, köderten ihre Bevölkerungen mit dem Versprechen einer nationalen Einigung und zogen 1812 gemeinsam in die so genannten Befreiungskriege. Zwei Jahre später, 1814, musste Napoleon schließlich kapitulieren, und diesmal marschierten die alliierten Heere zur Siegesparade in Paris ein – ein Trauma für die *Grande Nation*.

Es sollte bekanntlich nicht die letzte Demütigung bleiben: 1871 marschierten die Deutschen erneut in Paris ein und ernannten den preußischen König ausgerechnet in Versailles zum deutschen Kaiser; 1914 kann die deutsche Besetzung von Paris nur mit letztem Einsatz der alliierten Kräfte verhindert werden, und 1940 schließlich erreichen die deutschen Soldaten die französische Hauptstadt ohne nennenswerten militärischen Widerstand und errichten dort ein Regime, mit dessen Bewertung die Franzosen bis in die Gegenwart hinein ihre liebe Mühe haben.

Die Zerstörung Europas im Zweiten Weltkrieg war ein Schock, der sich aber insofern als heilsam erwies, als danach endlich erkannt wurde, dass eine Fortschreibung der deutsch-französischen Feindschaft fatale Folgen haben würde und wieder in die Katastrophe führen könnte. Nach der Maxime: Wer sich nicht besiegen kann, muss sich befreunden, setzten der Franzose de Gaulle und der (West-) Deutsche Adenauer deshalb von nun an folgerichtig auf Kooperation, auf institutionelle und wirtschaftliche Zusammenarbeit.

Diese neue Verbundenheit stand jedoch noch lange im tiefen Schatten der Vergangenheit. Vor allem die Enthüllung des ganzen Ausmaßes der massenmörderischen Verbrechen Nazi-Deutschlands führte zu einer sehr ungleichen Rollenzuweisung: auf der einen Seite die Täter, die für das Geschehen bis 1945 eindeutig verantwortlich waren, die sich deshalb nun in neuer Bescheidenheit zu üben und insbesondere zu beweisen hatten, dass und wie sie ihre Schuld annehmen und am Ende vielleicht »wiedergutmachen« würden; auf der anderen Seite die zu guter Letzt siegreichen »Opfer«, die in ihrem Sieg noch einmal doppelt Größe zeigen, indem sie ihren einstigen Peinigern nicht nur die Hand, sondern eine Chance zur Rehabilitation bieten. Diese Fremd- und Selbstzuweisung wurde von beiden Partnern unausgesprochen akzeptiert, führte aber auf Seiten der Franzosen zu einer seltsamen Realitätsverschiebung. Während die Deutschen ihren mühevollen, von vielen Rückschlägen begleiteten Weg in die »Vergangenheitsbewältigung« antraten, wurde Frankreich von einer Art Amnesie erfasst. Eine differenzierte, auch die eigenen Verantwortlichkeiten beleuchtende Auseinandersetzung mit den gerade zurückliegenden Ereignissen fand nicht statt.

In der Rückschau betrachtet, hatte das jedoch zunächst vorwiegend positive Effekte. Ohne die bedingungslose Schuldannahme der Deutschen und ohne ein Vergessen der französischen Mitwirkung am schuldhaften Geschehen wäre die bemerkenswerte Kooperation der »Erbfeinde« nur wenige Jahre nach Beendigung des Krieges wohl nicht möglich gewesen. Vielleicht war die französische Amnesie damit sogar die Voraussetzung für die in den 1950er- und 1960er-Jahren beginnende wirtschaftliche Einigung Europas sowie dafür, dass sich bald auch andere Länder, in denen sich ebenfalls das Vergessen breit machte, dem »Projekt Europa« anschlossen. Die gesamte »Last der Geschichte«, so könnte man sagen, trugen stellvertretend die Deutschen.

Diese Rollenzuweisung hat aber andererseits die politische Einigung Europas blockiert und erschwert sie bis heute. Das wurde insbesondere mit dem Epochenjahr 1989 deutlich, als sich nicht nur das Tor zur Zukunft, sondern mit der plötzlich wieder aufkommenden Frage nach einer »europäischen Identität« zwangsläufig auch die Tür zur Vergangenheit öffnete. Und plötzlich war in Frankreich wieder eine alte Angst zu spüren, die Angst vor einem größeren, politisch erstarkenden Deutschland, das sich in die bislang eingeübte Rolle des zwar wirtschaftlich zug- und zahlungskräftigen, aber politisch eher anlehnungsbedürftigen Partners nicht mehr fügen würde. Nirgends war deshalb wohl der Widerwille gegen die deutsche Vereinigung größer als in den Reihen französischer Politiker, von denen sich einige bis heute nicht damit abgefunden haben. Das gilt in diesem Fall aber nahezu ausschließlich für die in Machtkategorien denkende politische Klasse. Denn unter den Franzosen insgesamt, das bestätigen aktuelle Umfragen, genießt die Bundesrepublik mehr Wohlwollen denn je.

Das Ende der europäischen Teilung brachte aber auch in anderer Hinsicht die in die Dunkelheit des Vergessens abgedrängte Vergangenheit wieder ans Licht. Das wie kein anderes Land in Europa stets um seine Souveränität und politische Eigenständigkeit ringende Frankreich fürchtete nicht nur – und zwar unberechtigterweise – eine Wiederkehr alter Verhältnisse und damit den möglichen Verlust seiner Rolle als politische Führungsmacht. Darüber hinaus erzwang die Neuformierung Europas auch eine politische und historische Selbstvergewisserung. Denn zu bestimmen, wo man hinwill, setzt die Kenntnis voraus, woher man kommt, erfordert also einen Orientierung gebenden Blick auf die eigene Geschichte. Zukunft braucht Herkunft – oder, wie es der französische Staatspräsident Jacques Chirac im Dezember 1997 formulierte: »Die Vergangenheit anzunehmen bedeutet, sich die Mittel in die Hand zu geben, um die Zukunft zu bauen.«

In solchem Annehmen der Vergangenheit hätten die Franzosen schon frühzeitig so manches von den Deutschen lernen können. Stattdessen sollte es fünfzig Jahre dauern, bis derselbe Jacques Chirac, es war im Juli 1995 anlässlich des 53. Jahrestages der antisemitischen Razzia im Stadion Vel'-d'Hiv, erstmals die französische Mitverantwortung an der Ermordung der europäischen Juden eingestand. Er schlug damit ein neues Kapitel in der französischen Nachkriegsgeschichte auf, das viele lieber weiterhin geschlossen gesehen hätten: Plötzlich wurde öffentlich über die Kooperation Vichy-Frankreichs mit Hitler-Deutschland gesprochen, über die Bereitschaft Marschall Pétains, das Land und damit die republikanischen Ideen kampflos preiszugeben, über die administrative Zuarbeit zum deutschen Massenmord, über den Mythos der Résistance. »Le retour de la culpabilité« – die Rückkehr der Schuld – überschrieb das *Magasin Littéraire* eine eigens herausgegebene Sondernummer.

Zu dieser Wendung hatten zweifellos drei spektakuläre Prozesse beigetragen, in deren Zentrum die in Frankreich begangenen Naziverbrechen sowie die Kollaboration französischer Behörden mit nationalsozialistischen Institutionen standen. Die mit größter öffentlicher Anteilnahme geführten Verhandlungen gegen Klaus Barbie (1984), Olivier Touvier (1994) und Maurice Papon (1996-1998) entfachten hoch emotionale Debatten zwischen jenen, die sich der Vergangenheit endlich stellen wollten und die bereit waren, die Geschichte Vichys und der Résistance neu zu schreiben, sowie jenen, die die nationale Ehre befleckt sahen und darauf beharrten, dass die im französischen Namen begangenen Verbrechen mindere Vergehen gewesen seien, weil sie unter Zwang geschahen und dass der heldenhafte Widerstand so vieler Franzosen gegen die Nazi-Besatzung nicht verunglimpft werden dürfe – ein Widerstand, dessen symbolische Bedeutung freilich weit größer ist, als es seine faktische Bedeutung jemals war.

Solche Auseinandersetzungen sind unumgänglich und sie werden umso heftiger geführt, je länger die in Rede stehenden Sachverhalte zurückliegen, je mehr Zeit also die das Vergangene überlagernden Legenden hatten, um die Erinnerung zu verschleiern. Im Grunde tobt der Streit bis heute. Und hierbei geht es durchaus nicht ums Rechthaben. Es geht um einen manchmal schmerzhaften Prozess der Aufklärung, der dann einsetzt, wenn Geschehnisse oder Erinnerungen mit nationalen Idealbildern kollidieren. Die meisten Deutschen werden wissen, wovon ich spreche. Und das ist in den seltensten Fällen angenehm, kann aber bei glücklichem Ausgang in einem buchstäblichen Sinne zukunftsfähig machen.

»Es wird Zeit«, schrieb der französische Historiker Henry Rousso 1998, »*mit* der Tragödie leben zu lernen, anstatt zu versuchen, *ohne* sie zu leben wie nach dem Krieg oder *gegen* sie wie heute.« So verstanden, mag man die deutsche Erinnerungskultur für eine Obsession halten. Sie hat jedoch, möchte ich behaupten, dazu geführt, dass die Deutschen recht gut gelernt haben, mit der Tragödie zu leben. Und die hierbei gesammelten Erfahrungen könnten sich auch andere zu nutze machen, nicht zuletzt, um manche Fehler zu vermeiden, um also beispielsweise weder in Wehleidigkeit zu verfallen noch in Scham zu versinken – wozu der »deutsche Michel« leider eine verhängnisvolle Neigung hat.

Es wäre sicher besser gewesen, wenn die Auseinandersetzung mit der eigenen Geschichte auch in Frankreich viel früher eingesetzt hätte, noch bevor sich die eine oder andere Lebenslüge im nationalen Selbstverständnis hätte festsetzen können. Dann könnten wir uns heute manchen Krampf und manche Dummheiten ersparen. Wir müssen ja nicht gleich so übertreiben wie die Deutschen. Obwohl deren zunächst fremd-, dann selbst auferlegte »Qualen« offenkundig durchaus ihr Gutes hatten. Denn alles in allem erlebe ich die Deutschen – und das hat fraglos auch mit dem langwierigen und bisweilen selbstquälerischen Prozess der Aneignung ihrer Geschichte zu tun – inzwischen viel weniger wehleidig und schamhaft als vielmehr offen und direkt, auch und gerade im Umgang mit den eigenen Fehlern. Offener und direkter übrigens, als ich die meisten Franzosen erlebe.

Bevor ich nun zu viel über die Franzosen nachdenke – dafür ist hier nicht der Ort –, möchte ich lieber das Thema wechseln. Oder nein, nicht das Thema, sondern die Tonart. Ohnehin schweifen meine Gedanken bei den Stichworten »offen« und »direkt« in andere Beispielregionen ab. Ich nehme das als zusätzlichen Wink und ergreife, nicht unwillig, die Gelegenheit, um wieder ins »leichtere Fach« zu wechseln. Denn wenn ich schreibe, wie ich die Deutschen erlebe, dann betrifft dies natürlich in erster Linie, jedoch keineswegs ausschließlich, eine Deutsche, *mit der ich meinen Alltag teile. Gerade im Alltag, im Kleinen können die historisch gewachsenen, auf unterschiedlichen Erfahrungen basierenden nationalen Differenzen deutlich werden – neben vielen ganz anders gearteten, möglicherweise geschlechtsspezifischen oder astrologisch zu erklärenden (Gabi ist Skorpion, ich bin Wassermann) Unterschiedlichkeiten selbstverständlich. Woher bestimmte Eigenarten, Verhaltensmuster, Marotten, Vorlieben rühren, ist daher wohl nur selten trennscharf auszumachen. Sie sind aber, ich habe das schon mehrfach betont, das Salz in unserer Ehe-*

Suppe – Verzeihung, ich meine natürlich: die Sahne auf unserer vorzüglichen Ehe-Torte.

Szenen einer Ehe

Im Vergleich zu meiner Frau bin ich, im Vergleich zu den Deutschen sind die Franzosen eher leichtfertig, nachlässig, oberflächlich, ausschweifend, häufig unpräzise und sicher auch ein wenig eitel. Wir nennen es mit stolzem Unterton Eleganz, Lebensart, Leichtigkeit, Lässigkeit, Savoir-vivre; Gabi nennt es zum Beispiel Geschwafel. Wir Franzosen mögen es, unsere Reden mit schönen Wortgirlanden zu schmücken, wir schweifen ab, holen weit aus, brillieren mit unserem Wissen und hören uns selbst gern dabei zu, sodass ich in Vorstandssitzungen manchmal erst durch die irritierten Blicke einzelner Kollegen bemerkte, dass ich mich von meiner eigenen Rede habe mitreißen lassen und vom Thema und damit auch von der heiligen Tagesordnung abgekommen war. Ich glaube, das hat den Sitzungen häufig gut getan, es nahm den steifen Runden etwas von ihrem Ernst und es wurde in der Regel von niemandem bemängelt. Ich stand schließlich in der Hierarchie recht weit oben. Wenn ich hingegen zu Hause monologisiere, ermahnt mich meine Frau oft, doch endlich zum Punkt zu kommen, und fragt mich, je nach Dauer des Monologs mehr oder weniger genervt, was ich denn nun eigentlich sagen wolle.

Ihre Intervention ist, das muss ich einräumen, zumeist berechtigt. Ich brauche für gewöhnlich viel mehr Worte für eine Aussage als Gabi, die im Unterschied zu mir direkt zur Sache zu kommen pflegt. Um mir nun aber die Peinlichkeit von Beispielen zu ersparen, die mich schlecht aussehen ließen, möchte ich diese deutsche Effizienz ausnahmsweise einmal an einem Witz veranschaulichen: Im Mittelpunkt der kleinen Geschichte steht Karl, der in seiner Sprachentwicklung behindert scheint. Als ihm auch im Alter von drei Jahren noch kein Wort zu entlocken ist, gehen die besorgten Eltern schließlich zu einem Arzt. Der Mediziner kann jedoch auch nach ausgiebiger Untersuchung weder Fehlfunktionen noch körperliche Symptome feststellen und rät den Eltern abzuwarten. Irgendwann würde Karl schon zu sprechen anfangen. Als jedoch weiterhin alles Warten nichts nützt, der Junge bleibt stumm, wird endlich ein Spezialist konsultiert, der aber ebenfalls keinerlei Ursachen der Sprachlosigkeit ausmachen kann. Also geht die Familie nach Hause und wartet weiter. Eines Tages, Karl ist bereits zwölf Jahre alt, sitzt die Familie um den Abendbrottisch, als der bis dahin Stumme plötzlich zu seiner Schwester sagt: »Kannst du mir bitte das Salz reichen.« Die Eltern sind natürlich hellauf begeistert und fragen ihren Sohn mit Freudentränen in den Augen: »Aber Karl, du kannst ja sprechen, warum hast du denn so lange nichts gesagt?« Darauf Karl: »Bis jetzt war alles perfekt.«

Ein wenig erinnert mich dieser Witz an die Situation in meiner Dortmunder Gastfamilie, an den Umgang zwischen Freimut und seiner Mutter, die sich, wie weiter vorn geschildert, im Alltag seltsam wortkarg verständigten. Alles war so gut organisiert und geregelt, die Aufgaben und Verantwortlichkeiten so klar verteilt, dass die Kommunikation darüber auf einen kleinen, effizienten Kern reduziert blieb. Freimut und seine Mutter machten nicht viele Worte. Doch was mich zunächst befremdete, weil ich es aus dem redseligen Frankreich ganz anders kannte, und was ich damals als kühl, streng und ein wenig unlebendig empfand, habe ich später durchaus zu schätzen gelernt. Ach, was heißt später? Schon die Gespräche, die Gabi und ich als Teenager führten, waren von einer Intensität, wie ich sie in französischen Konversationen bis dahin noch nicht erlebt hatte.

Das heißt, die Distanziertheit, Knappheit, Sachlichkeit und scheinbare Unnahbarkeit, die ja zum Beispiel den Norddeutschen in besonders ausgeprägter Form nachgesagt wird, hat eine Kehrseite. Zwar ist es nicht leicht, einen unverbindlichen Smalltalk zu führen, wodurch mancher Versuch der Kontaktaufnahme kläglich scheitert; hat man aber erst einmal die anfängliche Sperrigkeit eines deutschen Gesprächspartners überwunden, entwickelt sich häufig ein echter Gedankenaustausch. Mit zum Teil frappierender Offenheit werden Meinungen, Einstellungen, Überzeugungen ausgesprochen, sodass man auch als Gegenüber unversehens das Visier öffnet und eigene Reserviertheiten ablegt. Das ging bei mir manchmal so weit, dass ich mich und mein Verhalten in einem Gespräch kaum wiedererkannte.

In anderen Worten: Ich habe noch nirgends so konzentrierte, um inhaltliches Gewicht und persönliche Aufrichtigkeit bemühte Gesprächspartner getroffen wie in Deutschland. Das ist zwar manchmal anstrengend – man ist ja schließlich nicht immer auf Nähe und Tiefe gestimmt –, der Ertrag solcher Begegnungen wiegt aber ungleich schwerer als der aus vergnüglichen, unverbindlichen Plaudereien gezogene Lustgewinn. Auch solche Plaudereien gibt es selbstverständlich und mein Talent hierzu trifft nicht selten auf Anerkennung. Doch haftet dem Smalltalk in Deutschland immer etwas leicht Falsches, Uneigentliches, Unaufrichtiges, Gleichgültiges, ja sogar Verlogenes an. Wer um Unverbindlichkeit bemüht ist, im Gespräch nichts preis-, sich also nicht zu erkennen gibt, dem ist nicht zu trauen, der ist an seinem Gegenüber nicht interessiert, so der gegen solch vermeintliche Oberflächlichkeit gehegte Verdacht.

Es dürfte nicht überraschen, dass ich eine solche Wertung für falsch halte. Dahinter verbirgt sich meines Erachtens wieder jenes Defizit, das ich oben schon einmal mit Helmuth Plessners Hilfe zu beschreiben versucht habe. In der bei den Deutschen beobachtbaren Distanziertheit offenbart sich gerade ein Mangel an Distanz, nicht ein Zuviel, sondern ein Zuwenig. Ihre Distanziertheit entsteht aus Angst vor distanzloser Nähe, die schnell als Übergriff auf die eigene Person erlebt, aber auch als Zugriff auf einen anderen praktiziert wird. Diese Grenzverletzungen wiederum resultieren aus einem überhöhten Anspruch nach Wahrhaftigkeit, Authentizität sowie aus einem allzu starken Bedürfnis nach Zugehörigkeit, Anerkennung und Liebe, das, sofern es auch an Fremden Befriedigung sucht, ja geradezu enttäuscht werden muss. Und jede neue Enttäuschung schürt die Angst weiter, vor der dann jedoch auch eine noch so große Distanziertheit nicht zu schützen vermag. Im Gegenteil: Im selben Maße wie die Angst vor Nähe zunimmt, wächst auch das dadurch immer weniger befriedigte Bedürfnis danach; mit steigendem Misstrauen wird auch die Sehnsucht nach Vertrauen größer. Eine unglückselige Dynamik, der nur entkommt, wer sich im Miteinander an ein Abstandsgebot zu halten bereit ist.

Denn im Unterschied zur geschilderten Distanziertheit entsteht die Distanz, die ich meine – und die Helmuth Plessner meinte –, keineswegs aus Angst vor Nähe, sondern sie ist überhaupt erst die Voraussetzung dafür, dass sich zwei Menschen nahe kommen, sich hierbei aber in ihrer jeweiligen Eigenheit und Integrität akzeptieren und bewahren können. Solche Beziehungen zu entwickeln, in denen klare Grenzen respektiert werden, scheint vielen Deutschen nach wie vor schwer zu fallen, deren Zuneigung und Liebe immer gleich stark vereinnahmende, besitznehmende, auf Einheit, Symbiose, Gleichklang, uneingeschränkte Harmonie ausgerichtete Züge entfalten – und damit in Wahrheit ihr Scheitern bereits in sich tragen. Als ginge es jedes Mal, in jeder neuen Bekanntschaft, Freundschaft, Liebe ums Ganze sowie darum, aus einem anderen, einer anderen etwas Eigenes zu machen, mit ihm oder ihr eins zu werden.

Bevor ich nun jedoch wieder in alte Themen zurückfalle und mich zu wiederholen beginne, möchte ich hier selbst dieser häufig Unglück stiftenden Eigenart noch einige positive Seiten abgewinnen. Denn selbstverständlich ist die Angst weder ein überflüssiges noch ein nur negatives Gefühl. Aus dem Versuch, die Ängste der Einzelnen zu bannen, ist letztlich die Gesellschaft hervorgegangen. Sich aus Angst zu schützen, ist daher sehr vernünftig und kann Folgen zeitigen, die das soziale Miteinander insgesamt erträglicher machen und angenehmer gestalten. Man denke an den Rechtsstaat. Im Grunde dient jede Regel immer auch der Angstabwehr, sie soll das Leben verlässlicher, übersichtlicher, sicherer, berechenbarer machen. An der Regelungsdichte ließe sich deshalb gewissermaßen der Angstpegel einer Gesellschaft ablesen, und der liegt in Deutschland sicher höher als anderswo.

Natürlich kann man die Regulierung auch übertreiben, aber dass man im gesellschaftlichen Miteinander Regeln braucht, wird hoffentlich niemand mehr ernsthaft infrage stellen. Zwar ist es im Prinzip ausreichend, eine Regel sowie die auf ihre Verletzung angedrohten Sanktionen zu akzeptieren, dennoch ist das vorherrschende Regelverständnis ein interessantes Indiz für den Zustand eines Gemeinwesens. Und in dieser Hinsicht gibt es deutlich erkennbare Unterschiede etwa zwischen Frankreich oder Italien und Deutschland. Die Franzosen haben ein eher formales Regelverständnis: Das bestehende Regelwerk ist ein notwendiges Übel, ein eher äußerliches Steuerungs- und Ordnungsinstrument, das ganz pragmatischen Zwecken dient und durchaus großzügig ausgelegt werden kann.

Für die Deutschen, so könnte man sagen, hat jedes Regelwerk hingegen eine über seinen Steuerungs- und Ordnungscharakter hinausweisende Bedeutung. Regeln erfüllen nicht nur den Zweck, der in ihnen formuliert ist, sie sind vielmehr zugleich Instrumente der Aufmerksamkeit für und der Rücksichtnahme auf andere. Als würden die Deutschen die eigenen Schwächen bestens kennen, werden Verhaltensregeln und Vorschriften so ausgelegt und angewandt, dass sie die Defizite ausgleichen können und zum Beispiel verhindern, dass man seinen Mitmenschen zu nahe tritt. Diese Lesart, für die erst Gabi mir in unserem Alltag die Augen geöffnet hat, ist mir außerordentlich sympathisch, weil sie eher die soziale als die formale Funktion von Regeln betont.

Bevor ich mich nun weiter im Philosophischen verheddere, will ich versuchen, diese soziale Funktion an einem ganz unspektakulären Beispiel zu veranschaulichen: Wenn wir zu Freunden zum Mittagessen eingeladen sind, mache ich kein großes Aufhebens. Ich ziehe an, was mir im Kleiderschrank so entgegenkommt, was mir bequem erscheint, streife dieselben Schuhe über, in denen ich am Tag zuvor mit dem Hund spazieren war, und sage zu Gabi: »Wir können los.« Aber nein, nichts da! Zunächst einmal werde ich von oben bis unten gemustert.

»So willst du losgehen, in den Schuhen?«

»Was ist denn mit den Schuhen?«

»Na ja, einmal kurz geputzt wäre vielleicht nicht schlecht.«

»Aber wir leben hier auf dem Land.«

»Na und? Deswegen kann man sich doch anständig anziehen. Und sieh mal hier, dein Hemd. Mit dem Kragen kannst du dich unmöglich sehen lassen. Außerdem, hast du nicht etwas Blaues? Dann könnte ich die gelbe Bluse anziehen.«

»Aber wir müssen doch nicht farblich abgestimmt dorthin gehen. Das ist doch keine Kommunion. Wir besuchen Freunde.«

»Das ist kein Grund, nicht korrekt aufzutreten. Als würde dir die Einladung gar nichts bedeuten.«

Also fange ich daraufhin noch einmal von vorn an, putze meine Schuhe und suche mir ein anderes Hemd in der zu ihrem Outfit passenden Farbe, bis ich wieder, fast wie ein kleiner Junge, vor ihr stehe und gemustert werde. Und damit nicht genug. Der Dialog geht noch weiter:

»Wann sollen wir dort sein?«

»So gegen eins.«

»Und wie spät ist es jetzt?«

»Zwölf.«

»Ja warum machst du dich denn schon fertig? Wir haben doch noch Zeit.«

Womit meine Frau natürlich Recht hat. Wenn ich für dreizehn Uhr eingeladen bin, nehme ich es als Franzose nicht so genau und tauche unter Umständen auch schon um viertel nach zwölf auf. Aber dann stehen unsere Gastgeber garantiert in der Küche und sind mit Vorbereitungen beschäftigt, bei denen sie nur ungern gestört werden wollen. Pünktlichkeit wäre in dieser Situation keine sture Regelauslegung, keine Pedanterie, sondern ein Akt der Rücksichtnahme. Und Ähnliches gilt für die Kleiderfrage: Zwar heißt es im Französischen, dass die Kutte noch keinen Mönch macht, aber indem ich auf mein äußeres Auftreten Wert lege, bekunde ich meine Wertschätzung gegenüber unseren Gastgebern.

Es sind diese kleinen Gesten der Aufmerksamkeit und des Respekts, die mich die Deutschen, allen voran Gabi, gelehrt haben – und die eben nicht mit spießiger Regelgefolgschaft verwechselt werden dürfen. Viele Konventionen, Vorschriften, Verabredungen haben, wenn man sie genau bedenkt, ihren Ursprung und Sinn darin, ein rücksichtsvolles Miteinander zu befördern. Sie sind nicht primär dazu da, den Einzelnen zu gängeln, seine Rechte zugunsten aller einzuschränken, sondern dienen einem pfleglichen und respektvollen Umgang untereinander. Diesen Zusammenhang verkennt die französische Lässigkeit ebenso wie das modische Aufbegehren vieler junger Leute, die ein Weniger an Regeln für ein Mehr an Freiheit halten. Dabei lehrt jede historische Erfahrung, dass gerade dort, wo die Regeln außer Kraft geraten, wo sie systematisch gebrochen werden oder plötzlich nicht mehr für alle gleichermaßen gelten, Zwang und Unfreiheit einziehen.

Ich denke, ich sollte hier abbrechen. Nun verteidige ich zu guter Letzt sogar noch die berühmt-berüchtigte deutsche Regelungswut. Es wird Zeit, dass ich zum Schluss komme. Sonst dementiere ich mich am Ende noch selbst. Und dieser Eindruck wäre falsch. Alles, was ich zuvor über die deutsche Gründlichkeit, Verknotetheit, Überorganisiertheit und so weiter zu Papier gebracht habe, unterstreiche ich hiermit noch einmal. Ich habe in den letzten Absätzen lediglich anzudeuten versucht, dass diese Eigenheiten zumindest ambivalent sind und welchen Nutzen ich selbst daraus gezogen habe. Gerade wegen dieser von mir nicht geteilten Eigenheiten fühle ich mich in Deutschland so überaus wohl, trotz meines Andersseins fühle ich mich von den Deutschen angenommen und verstanden.

Ich kann bis heute nicht richtig verstehen, was mir passiert ist und welchen Verlauf mein Leben warum genommen hat. Und weil ich das nicht verstehen kann, bin ich geneigt, obwohl das eigentlich nicht meine Art ist, vom Schicksal zu sprechen. Denn schicksalhaft war meine Beziehung zu Deutschland von Beginn an.

Die Macht des Schicksals

Durch ein schmerzliches Scheitern in der Schule, durch ein Sitzenbleiben wurde meine Liebe zur deutschen Sprache geweckt. So hat es angefangen. Aus dem Versuch, eine Schulschwäche zu beheben, entwickelte sich – auch dank meines Lehrers, Monsieur Dienne – ein natürliches Interesse, aus der Pflicht wurde Leidenschaft.

Durch eine eigentlich irreguläre Schüleraustauschreise, an der ich noch gar nicht hätte teilnehmen dürfen, kam ich nach Dortmund, wo sich meine Liebe zur deutschen Sprache um die Liebe zu Gabi erweiterte. Nachdem diese Liebe gescheitert war, schien auch das Deutschland-Kapitel für mich abgeschlossen – und sollte tatsächlich überhaupt erst noch beginnen, ohne dass ich selbst hierzu irgendeine Initiative entfaltet hätte.

Eher aus der Not heraus legte ich als junger Familienvater dann sogar meine germanistischen wie auch meine literarischen und pädagogischen Interessen beiseite und wurde zu einem Autoverkäufer, und zwar nicht, weil ich mich auch nur in Ansätzen dazu berufen fühlte, sondern nur deshalb, weil mich zufällig eine Stellenannonce von Citroën besonders angesprochen hatte. Doch anstatt nun den Franzosen französische Autos zu verkaufen, verschlug es mich, wiederum durch eine Reihe von Zufällen, recht bald zunächst in die Schweiz und dann doch wieder nach Deutschland, wo sich meine alte Liebe zu den Deutschen und dem Deutschen schnell erneuerte. Hier fand ich mein berufliches Glück und nahm eine Karriere, die mich bis in den Vorstand eines der größten und renommiertesten deutschen Unternehmen, dem VW-Konzern, führen sollte.

Dem beruflichen folgte das private Glück. Weil Gabi, als sie sich einen Krimi im Fernsehen anschauen wollte, aus Versehen ein falsches Programm einschaltete und bei einer Live-Sendung landete, in der ich gerade zu Gast war, bekam sie mich nach vielen Jahren wieder zu Gesicht und nahm daraufhin die Spur meiner Existenz auf. Ohne zu ahnen, was passieren würde, trafen wir uns und spürten sofort, dass unsere Zuneigung füreinander die Zeiten überdauert hatte. Aus der einst gescheiterten Liebe wurde unsere Lebensliebe.

All diese Wendungen für eine Aneinanderreihung von glücklichen Zufällen zu halten, käme mir unangemessen fatalistisch vor – und irgendwie undankbar. Ich bin stattdessen, wie schon erwähnt, geneigt, vom Schicksal zu sprechen, von einem unsichtbaren Skript, auf dem ein unbekannter Autor, wahrscheinlich eher eine Autorin, die Dramaturgie meines Lebens mitgestaltet hat. Keine Sorge, ich werde nun nicht in Esoterik abdriften, aber wie die Deutschen, so kann auch ich mich nur schwer mit dem Unerklärlichen abfinden. Und der Glaube an irgendeine Art von Vorsehung, Bestimmung bietet immerhin hilfsweise einen Erklärungsansatz – sowie eine Instanz, der ich Dank entrichten kann.

So viele Zufälle? Und ich habe bei weitem nicht alle aufgezählt und werde hier auch nicht alle aufzählen. Nur eine Kostprobe noch: Mitte der 1990er-Jahre, einige Zeit nach meinem Ausscheiden bei Volkswagen, mietete ich in Dortmund Büroräume an, um für mein Campus-Projekt, den damals geplanten Aufbau einer internationalen Managerschule, vor Ort zu sein. Meine Mitarbeiterin aus dem Genfer Büro, in dem ich die Jahre zuvor für die von Michail Gorbatschow geleitete Stiftung »Green Cross International« als Vizepräsident tätig gewesen war, hatte sich bereit erklärt, mich für ein oder zwei Jahre nach Deutschland zu begleiten. Also fuhr sie eines Tages nach Dortmund, um sich eine Wohnung zu suchen und den Umzug vorzubereiten. Nur kurz darauf teilte sie mir telefonisch mit, dass sie fündig geworden sei, dem Beginn der Arbeit also nichts mehr im Wege stünde. Als ich eine ganze Weile später, schon in Dortmund, ihre Adresse erfuhr, konnte ich es kaum glauben. Sie hatte eine Wohnung in der Wittelsbacherstraße 15 bezogen, in demselben Haus, in dem ich als Austauschschüler bei Freimut und seiner Mutter gewohnt hatte. Und damit nicht genug: Als Gabi und ich sie daraufhin voller Neugier besuchten, stellten wir konsterniert fest, es war nicht nur dasselbe Haus, sondern meine Sekretärin bewohnte dieselbe Wohnung, in der mehr als dreißig Jahre zuvor meine Gastfamilie gelebt hatte. Es ist unbegreiflich: In einer Großstadt mit mehr als einer halben Million Einwohnern wurde ihr, ohne dass sie selbst den Zufall bemerkte, ausgerechnet diese Wohnung angeboten, das Domizil meines ersten Deutschland-Aufenthalts.

So viele Zufälle sind ebenso wenig zu fassen wie all das Glück, das mir in meinem Leben zuteil wurde. Und damit meine ich nicht nur all die Fügungen und Begegnungen, die meinen beruflichen Erfolg befördert haben. Noch glücklicher hat mich gemacht, dass meine Liebe, Zuneigung und Sympathie, die ich für Deutschland und die Deutschen hege, stets erwidert wurden. Ich fühlte und fühle mich zurückgeliebt von Mitarbeitern und Kollegen, von Zuhörern und Lesern, für deren enormen, in zahlreichen Gesprächen und Briefen geäußerten Zuspruch ich mich nur von ganzem Herzen bedanken kann.

Ja, selbst von Deutschland, so seltsam das klingen mag, fühle ich mich aktiv angenommen und anerkannt. Im Jahr 1994 ließ mir das deutsche Staatsoberhaupt eine große Ehre zuteil werden, die vielleicht größte, die man einem Ausländer in Deutschland erweisen kann: Im Auftrag des Bundespräsidenten wurde mir vom deutschen Botschafter in der Schweiz das Bundesverdienstkreuz verliehen – eine Geste, die mich unglaublich gerührt und mit Stolz erfüllt hat. Zumal die Ehrung nicht lediglich aus Anerkennung für meine Leistungen in der deutschen Wirtschaft erfolgte. Das wäre auch des Guten zu viel gewesen, denn für diese Leistungen bin ich schließlich ordentlich bezahlt worden.

Nein, wie schon vier Jahre zuvor, als mich der französische Staatspräsident François Mitterrand zum Mitglied der Ehrenlegion ernannt hatte, wollte man auch mit der deutschen Ehrung meinen Beitrag für die deutsch-französische Verständigung würdigen und die gute Ausstrahlung anerkennen, die mein berufliches Beispiel beiderseits des Rheins ausgeübt hätte. Das hat mich mit Stolz erfüllt. Und es lässt mich hoffen, dass ich für all das, was mir Deutschland und die Deutschen gegeben haben, mindestens einiges zurückgeben konnte.

Eine noch größere Ehre allerdings als die symbolische Auszeichnung ist mir meine persönliche Bekanntschaft mit

Willy Brandt gewesen. Die Atmosphäre, in der wir unsere Gedanken ausgetauscht und Projekte erarbeitet haben, war stets von einer produktiven Intensität. Vielleicht konnten wir uns deshalb so gut verstehen, weil er sich als weltoffener Deutscher in Südfrankreich so wohl gefühlt hat wie ich mich als Franzose in Norddeutschland. Wir empfanden uns beide, lange vor dem Ende der europäischen Teilung, als Europäer. Und wir hatten, wenn ich das ganz unbescheiden sagen darf, in mancher Hinsicht recht ähnliche Einstellungen.

Willy Brandt zeigte kein Verständnis für diejenigen, die glaubten, in sicherem Besitz von Antworten zu sein, für diejenigen, die komplizierte Zusammenhänge auf ein moralisches Entweder-Oder reduzieren, für diejenigen, die die Aktualität von Fragen dadurch verharmlosen, dass sie nach wie vor davon ausgehen, man könne die Vergangenheit in die Zukunft verlagern. Willy Brandt hat Macht und Spiritualität verknüpft, sodass sein Einfluss sogar noch wuchs, je mehr er auf Macht verzichtete. Sein Beispiel zeigt, dass man auch in Amt und Beruf zuallererst Mensch sein sollte. Und er hat bewiesen, dass die philosophische Armut des politischen Berufs weder zwingend und schon gar nicht wünschenswert ist, dass das Denken dem Machen in jedem Fall vorausgehen sollte.

Anlässlich meines Geburtstags schrieb er mir einmal: »Bleiben Sie ein guter Freund der Deutschen und weltoffener Europäer, bleiben Sie ganz einfach so, wie Sie sind.« Ob ich, abgesehen vom Alter, heute noch bin, wie ich damals war, müssen andere beurteilen. Es sollte aber deutlich geworden sein, wie wenig schwer es mir bis heute fällt, dem anderen Teil seines Wunsches, ein Freund der Deutschen zu bleiben, nachzukommen. Ich kann gar nicht anders.

Denn trotz mancher Biestigkeiten, die ich meinen deutschen Leserinnen und Lesern hier zugemutet habe, trotz all der Eigenheiten, durch die sich die Deutschen etwa von den

Franzosen unterscheiden, gibt es alles in allem weit mehr Gemeinsamkeiten als Differenzen. Ich denke, wir sollten sogar Acht geben, dass wir uns am Ende nicht zu ähnlich werden. Unter dem Signum der Globalisierung und unter dem Einfluss moderner Kommunikations- und Informationsmittel ist schon seit längerem die starke Tendenz erkennbar, dass sich die meisten Unterschiede zwischen den Nationen abschleifen. Weihnachtsmärkte oder das Angebot verschiedener Brotsorten in Frankreich, Baguette oder Café au lait in Deutschland sind noch die harmlosesten Indizien für das Durchlässigwerden der Grenzen. Dieser Prozess des »Melangierens« darf nicht zu weit getrieben werden. Denn es sind die kleinen und größeren Differenzen, die kleinen und größeren Fremdheiten, die Neugier wecken und Liebe stiften können. Vive la différence!

So bleibt mir nur, den Wunsch Willy Brandts zurückzusenden und die Deutschen zu bitten: »Bleiben Sie so, wie Sie sind.« Das gilt natürlich nicht in jeder Hinsicht (siehe das vorliegende Buch); in ein wenig mehr Zufriedenheit, Gelassenheit und Distanz sollten Sie sich schon noch einüben. Im Großen und Ganzen aber wünsche ich mir tatsächlich, dass die Deutschen bleiben, wie sie sind. Und dieser Wunsch kommt von Herzen.

Abendessen bei Kerzenlicht

Lieben heißt: in dem anderen sich selbst erobern.

FRIEDRICH HEBBEL

»Denkst du an die Kerzen? Ich bin hier gleich fertig.«
Die Kerzen! Wie könnte ich die jemals wieder vergessen? Ich sitze neben dem gedeckten Tisch, auf dem auch drei bereits entzündete Kerzen stehen, im Sessel und blättere im Manuskript, während Gabi in der Küche das Abendessen vorbereitet. Es ist der Manuskriptausdruck, den meine Frau in den letzten Tagen noch einmal intensiv gelesen und in dem sie für meinen anstehenden Schlussdurchgang einige Korrekturen angebracht sowie hin und wieder Bemerkungen an den Rand notiert hat. Ich bin neugierig, vor allem auf die Bemerkungen, die – wie es Gabis Art ist – zumeist sehr direkt und unmissverständlich ausfallen, die aber, wie ich zu meiner Beruhigung feststelle, alles in allem auf einen positiven Lektüreeindruck schließen lassen. Es sieht so aus, als wäre daran nun nicht mehr so viel zu tun.

»Was machst du da, Goeudevert?«, werde ich plötzlich von der Seite angeraunzt. »Erst muss man dich zur Arbeit tragen und nun kannst du kein Ende finden. Wir wollen jetzt essen.«

»Ich wollte nur schnell sehen, worauf ich mich einzustellen habe, ob dies ein Arbeits- oder ein Abschlussessen wird.«

»Wofür, glaubst du, habe ich vorhin den Champagner kalt gestellt?«

Wir sitzen uns jetzt am Tisch gegenüber und sehen uns in die Augen. Gabi lächelt. »Glücklich ist, wer sieht, was er liebt«, fällt mir bei ihrem Anblick ein, ich weiß aber nicht mehr, wo ich diesen Satz gelesen habe und von wem er stammt. Also spreche ich ihn nicht aus und wende mich der Suppe zu.

»Also gut«, sagt meine Frau, während wir essen. »Erwarte bitte kein überschwängliches Lob, das müsste ich mir schon aus taktischen Gründen verkneifen. Bei deiner Eitelkeit. Aber ich finde, du kannst die Sache jetzt abschließen. Es gäbe sicher noch eine Menge zu sagen, doch das würde deinen Text vermutlich nur verwässern. Er gefällt mir jetzt so, wie er ist. Und weißt du was, Daniel? *(Sie hat mich beim Vornamen genannt! Das verspricht ein wunderschöner Abend zu werden.)* Dieses Buch hat mir von all deinen Büchern am meisten Spaß gemacht.«

»Dann hat sich die Mühe schon jetzt für mich gelohnt«, erwidere ich.

Der weitere Verlauf unseres Abends geht niemanden mehr etwas an. Die Kerzen brannten noch lange.